Helmut Schreier

Die Sache des Sachunterrichts

Entwurf einer Didaktik auf der Grundlage
der Erfahrungspädagogik

Bestellnummer 13230

Ferdinand Schöningh
Paderborn   München   Wien   Zürich

Alle Rechte, auch die des auszugsweisen Nachdrucks, der fotomechanischen Wiedergabe und der Übersetzung vorbehalten. Dies betrifft auch die Vervielfältigung und Übertragung einzelner Textabschnitte, Zeichnungen oder Bilder durch alle Verfahren wie Speicherung und Übertragung auf Papier, Transparente, Filme, Bänder, Platten und andere Medien, soweit es nicht §§ 53 und 54 URG ausdrücklich gestatten.

Gesamtherstellung: Ferdinand Schöningh, Paderborn.

© 1982 by Ferdinand Schöningh at Paderborn. Printed in Germany.

ISBN 3-506-13230-X   1. 2. 3. 4. 5. Druck 82 83 84 85 86

Inhaltsverzeichnis

Vorrede 5

1. Die Grundlage: Der Erfahrungsbegriff des Pragmatismus 9

Erste Überlegungen zum gegenwärtig vorherrschenden Verständnis von „Erfahrung" 9
Zum Erfahrungsbericht der Erfahrungswissenschaften 12
Selbsterfahrung — psychoanalytische Technik und Weg der Selbsterkenntnis zugleich 15
Spuren und Konturen eines handlungsbezogenen Erfahrungsbegriffes . . . 19
Der Erfahrungsbegriff in der Erziehungsphilosophie des *John Dewey* . . . 26

2. Ein Modell zur Rekonstruktion des Sachunterrichts 35

3. Rekonstruktion des Sachunterrichts unter dem Gesichtspunkt des Wissenschaftsbezugs 45

„Wissenschaftsorientierung" als curriculares Problem des Sachunterrichts . . 46
Die Einheit der Wissenschaften — eine philosophische Dimension als didaktische Bezugsgröße 51
Biologie als Arbeitsfeld für den Sachunterricht 56
Physik als Arbeitsfeld für den Sachunterricht 64
Das Integrationsproblem als didaktische Kernfrage für die Rekonstruktion des Sachunterrichts 68

4. Der Bereich individueller Erfahrungen als Ausgangsbasis für die Rekonstruktion des Sachunterrichts 73

Facetten des „heimlichen Lehrplans" als Aspekte der Situation der Lernenden im Sachunterricht 74
Die Beziehung zu Pflanzen und Tieren als Ausgangspunkt für den Sachunterricht 84
Das Bedürfnis nach Affirmation als Ausgangspunkt des Sachunterrichts . . 90

„Heimat" als Bezugsgröße des Sachunterrichts 97
Die sexuelle Disposition als Gegenstand des Sachunterrichts 110
Das Phantastische als Element der individuellen Erfahrung und als Keim einer utopischen Perspektive im Sachunterricht 116

5. Bedingungen des Handlungslernens im Schnittfeld von individuellen Erfahrungen und allgemeinen Problemen 127
Zum Stellenwert von Planungsvorgaben 128
Zum medialen Aspekt der Wirklichkeit: Erfahrung aus zweiter Hand . . . 133
Zur Verantwortung der Lehrenden und Lernenden: Lehrerrolle und Schülerinteressen 145

Literaturverzeichnis 155

Vorrede

Was die Sache des Sachunterrichts sein könnte, in der ganzen Weite und Tiefe, ist als Möglichkeit denen bekannt, die sich an den Wissensdurst und an das staunende Gefühl gegenüber den Dingen und Sachverhalten erinnern, das sie in ihrer eigenen Kindheit begleitete.

Henry Miller bemerkt an einer Stelle im „Wendekreis des Steinbocks" über seine Interessen als Zehnjähriger:

„Auch erscheint es mir heute nicht seltsam, daß sich unsere Gespräche damals meist um entlegene Länder wie China, Peru, Ägypten, Afrika, Island und Grönland drehten. Wir sprachen über Gespenster, über Gott, über die Seelenwanderung, über die Hölle, über Astronomie, über seltsame Vögel und Fische, über die Bildung von Edelsteinen, über Gummiplantagen, über Foltermethoden, über Azteken und Inkas, über das Leben im Meer, über Vulkane und Erdbeben, über Begräbnis und Hochzeitszeremonien in verschiedenen Teilen der Erde, über Fremdsprachen, über den Ursprung des amerikanischen Indianers, über das Aussterben der Büffel, über merkwürdige Krankheiten, über Kannibalismus, über Hexerei, über Reisen zum Mond und wie es dort wohl aussah, über Mörder und Wegelagerer, über die Wunder, über die Herstellung von Keramiken, über tausendundein Themen, die zu Hause oder in der Schule nie erwähnt wurden und die uns lebhaft beschäftigten, weil wir nach Wissen hungerten, weil die Welt voller Wunder und Geheimnisse war und wir nur, wenn wir fröstelnd auf dem leeren Grundstück standen, zu ernsthaften Gesprächen kamen und ein Mitteilungsbedürfnis empfanden, das gleichzeitig angenehm und erschreckend war." [95, S. 134/135]

Derartige Unersättlichkeit der Wißbegierde korrespondiert mit der Unerschöpflichkeit dessen, was gelernt werden kann. Aber auch die Tiefe des Blickes, die angeborene Fähigkeit zum Philosophieren, kommen in den jungen Jahren der Menschen zum Vorschein und verlangen nach Nahrung und Anerkennung.

So hat *Ernst Bloch* in den „Spuren" das Staunen-Können als Grundlage der Philosophie und als Eigenschaft der frühen Jugend zugleich dargestellt:

„Ja, denken Sie nur, es regnet. Die das fühlte, plötzlich darüber staunte, war weit zurück, weit voraus. Wenig fiel ihr eigentlich auf und doch war sie plötzlich an den Keim alles Fragens gerückt. In der Jugend sind wir häufig so leer und rein gestimmt. Wir sehen zum Fenster hinaus, gehen, stehen, schlafen ein, wachen auf, es ist immer dasselbe, scheint nur in dem sehr dumpfen Gefühl: wie ist das alles doch unheimlich, wie übermächtig seltsam ist es, zu ‚sein'. Sogar diese Formel ist schon zu viel, sieht aus, als ob das nicht Geheure nur am ‚Sein' läge. Denkt man sich aber, daß nichts wäre, so ist das nicht weniger rätselvoll. Es gibt keine rechten Worte dafür oder man biegt das erste Staunen um.
...
Ja, selbst die Elfen, die Erzengel so hypothetisch wie unwillig zugegeben: sind sie etwas anderes als nun noch eine Art zu ‚sein', neben, über dem andern ‚Seienden'? Ist es nicht genau so dunkel, wenn sie wären, wie der Grashalm oder der Ast einer Fichte? Gibt der Ast nicht nach wie vor so namenlos viel zu denken, dies Stück Alles, das man nicht nennen kann? Hängt er mit seinem ‚Sein' nicht genau so gut ins ‚Nichts' über, in dem er nicht wäre oder nicht so wäre, und das ihn doppelt befremdend macht? Geht die Frage des schlichten Staunens nicht ebenso in dies ‚Nichts' hinaus, in dem sie ihr All zu finden hofft? — mit dem Chok, wie unsicher und dunkel der Grund der Welt ist, mit der Hoffnung, daß gerade deshalb noch alles anders ‚sein' kann, nämlich so sehr unser eigenes ‚Sein', daß man keine Frage mehr braucht, sondern diese sich im Staunen völlig stellt und endlich ‚Glück' wird, ein Sein wie Glück. Die Philosophen sind hierin etwas betroffener als richtige oder okkulte Wissenschaft, Das Staunen ist ihnen seit Platon eine ausgemachte Sache oder der Anfang: aber wie viele haben auch hier die Wegweisung des Anfangs behalten? Fast keiner hielt das fragende Staunen länger an als bis zur ersten Antwort; niemand hat die ‚Probleme', sich konkret ergebend, fortdauernd an diesem Staunen gemessen, sie als dessen Brechungen

oder Verwandlungen gefaßt. Erst recht gelang es schwer, im Staunen nicht nur die Frage, sondern auch die Sprache einer Antwort, das mittönende ‚Selberstaunen', diesen gärenden ‚Endzustand' in den Dingen zu vernehmen. Immerhin war der Anfang philosophisch nie ganz auszutreiben; er klingt in den großen Systemen bedeutend nach, ist, was den Metaphysiker von den bloßen Rechnungsräten der Welterklärung unterscheidet. Auch verbindet er Philosophie immer wieder mit der Jugend, macht Metaphysik an jedem Punkt wieder unruhig, gewissenhaft." [8, S. 216/217]

Die *Sache des Sachunterrichts* müßte es sein, dieses Staunen aufzugreifen und mit der unerschöpflichen Weite der Welt die unauslotbare Tiefe der Dinge und Ereignisse den Schülern vor Augen zu führen. Stattdessen, so beobachten wir, werden die brennenden Fragen in einer Art Beschwichtigungsritual im Unterricht ausgelöscht und die kümmerlichen Reste auf das Selektionsgeschäft verwendet.

Die Frage, wie Sachunterricht dem Anspruch der Dinge und Sachverhalte gerecht werden und zugleich das Verlangen der Kinder nach Wissen und Einsicht befriedigen kann, ist die fachdidaktische Zuspitzung eines allgemeinen Problems, das die Beziehung der Menschen zu den Dingen in der gegenwärtigen gesellschaftlichen Situation betrifft und auch die Vernutzung der Gegenstände im Schulunterricht beeinflußt: Die Bedeutung der Alltagsdinge wird gering eingeschätzt, Oberflächlichkeit und Beschränktheit des Blicks herrschen vor und spiegeln jenen inneren Zustand des Menschen wieder, den man als Entfremdung von der Wirklichkeit seines eigenen Lebens bezeichnet hat.

Wie sich dieser immer wieder verwendete und dabei leider zur leeren Begriffshülse verkommende Begriff tatsächlich auswirkt, hat *Walter Höllerer* in einem seiner „Extrablätter aus dem Dreißigjährigen Frieden" eindrucksvoll geschildert:

„Mir ist in diesen Tagen aufgefallen, daß Wörter, die Alltagssachen bezeichnen, immer seltener werden, und daß man schließlich und endlich auch die Sache gar nicht mehr bekommt, weil man die Wörter dafür nicht mehr parat hat. Es muß irgend etwas Brimboriumhaftes zur Zeit in den Köpfen herumgehen, das verdrängt, daß man mit kleinen faktischen Dingen wirklich viel anstellen oder abstellen kann.

...

Wenn man demnächst erkennen wird, daß Leute immer reduzierter, hilfloser und neurotischer werden, weil sie sich auf die Abgüsse von Abgüssen von Theorien verlassen und dabei nicht mehr bedenken, wo tatsächlich etwas bricht, etwas verletzt wird und eine Glücksmöglichkeit zerstört wird, dann wird die Lebensdynamik so ins Minimale absinken, daß nur noch lustlose Hin- und Herwendungen mit nicht gerade freudvollen Ausgängen übrigbleiben." [67, S. 41]

Ganz ähnlich, wie es im Leben allgemein nicht auf das Ausgefallene, Sensationelle ankommt, sondern darauf, daß der Anspruch der Alltagsdinge erfaßt werde, geht es auch im Sachunterricht nicht um exotische Inhalte — das Exotische ist nur eine Projektion unserer alltäglichen Wünsche und Vorstellungen — und begriffliches Brimborium, sondern um alle möglichen Gegenstände aus der alltäglichen Erfahrung.

Es geht letztlich darum, die Menschen zu befähigen, daß sie aus ihren eigenen Erfahrungen lernen.

In dieser didaktischen Absicht steckt eine gesellschaftspolitische Perspektive: Demokratie gewinnt Realität in dem Maß, in dem die Probleme der Leute von ihnen selber bestimmt und gelöst werden, nicht aber die von außen ihnen vorgesetzten, „offiziösen" Fragen, auf die sie nur äußerst geringen Einfluß nehmen können.

Das vorliegende Buch stellt den Versuch dar, die Konturen einer solchen Didaktik für den Sachunterricht zu umreißen. Es erschließt die pragmatistische Erziehungsphilosophie in dieser Hinsicht. Daß die auf den Fortgang des Erziehungsgeschäfts insgesamt gerichtete Pädagogik *John Deweys* als Instrument für die Beförderung einer Fachdidaktik benutzt wird, kann nur mit dem umfassenden, kaum auslotbaren Anspruch des Faches selbst gerechtfertigt werden. Sachunterricht — als Klammer und Wurzel sämtlicher gesellschafts- und naturwissenschaftlicher Disziplinen — bildet den inhaltlichen Kern der institutionalisierten Erziehung.

Mittel- und Ausgangspunkt des Entwurfs ist der Begriff der Erfahrung in seinem pragmatistischen Verständnis. Es wird sich zeigen, daß die Befürchtung, diese begriffliche Grundlage werde ein allzu schmales Fundament geben, unbegründet ist; eher kann der Erfahrungsbegriff einem Schlüssel verglichen werden, der Verbindungstüren öffnet, weshalb zu hoffen bleibt, daß die verstreuten Ansätze eines „offenen", „schülerzentrierten", „projektorientierten", „handlungsbezogenen" oder sonstwie „progressiven" Sachunterrichts ihre gemeinsame Richtung endlich finden.

1. Die Grundlage: Der Erfahrungsbegriff des Pragmatismus

Erste Überlegungen zum gegenwärtig vorherrschenden Verständnis von „Erfahrung"

Es ist in den letzten Jahren nicht nur innerhalb der didaktischen Diskussion, sondern eigentlich in allen Bereichen gesellschaftlichen Lebens in Mode gekommen, über „Erfahrung" zu reden. Derartige Aktualität hat für sich genommen gar nichts Verachtenswertes, könnte es doch sein, daß auf diese Weise das Unbehagen an der Überfrachtung erzieherischen Denkens mit einer komplizierten Begrifflichkeit zum Vorschein kommt, die nicht allein einen Mangel an Gedankentiefe und -schärfe zu überspielen suchte, wie dies oft genug zu beobachten ist, sondern auch eine Kluft schafft zwischen denen, die das Theoretisieren als ihre Domäne beanspruchen und denen, die das Erziehungsgeschäft praktizieren. Die Gefahr liegt aber, wie stets beim inflationären Gebrauch eines Begriffes, in der Unbestimmtheit seiner Verwendung. Je abgegriffener das Wort von der „Erfahrung" ist, um so eher wird man das Schillernde, das Abgründige seiner Bedeutung übersehen.
Wenn der Verfasser eines Entwurfs für einen Teilbereich des Sachunterrichts beispielsweise davor warnt, daß die Schüler ihre eigene Erfahrung „verabsolutieren", und dagegen empfiehlt, die Kinder mit den geschichtlichen Erfahrungen anderer zu konfrontieren, so springt angesichts solcher naiv anmutender Verwendung die Doppelbödigkeit des Begriffs ins Auge. (*Klaus Lampe:* Geschichte in der Grundschule. [84, S. 120—122]): Wie kann meine eigene Erfahrung, die ich direkt erworben habe, mit der Erfahrung von Menschen vermittelt werden, die vor mir gelebt haben und von ihrem Tun und Denken lediglich einige Spuren zurückließen?
Oder: Da alle Welt auf „Erfahrungen" pocht, drängt sich die Frage nach dem Gehalt solcher Begrifflichkeit auf, und es kommt einem die vielleicht allzu abfällige Bemerkung *Herbarts* in den Sinn, daß die Erfahrung eines neunzigjährigen Dorfschulmeisters die Erfahrung neunzigjährigen Schlendrians sei. Demnach gibt es offenbar Erfahrungen, die diesen Namen eher zu verdienen scheinen als andere, als ob der Erfahrungsbegriff in sich Abstufungen, Schattierungen enthalte, und die Frage liegt nahe, mit welcher Elle denn die Qualität von Erfahrungen abgemessen werden soll.
Oder: Das häufige Auftauchen des Begriffes gerade in der didaktischen Diskussion scheint auf einen Zusammenhang zwischen Erfahrung und Lernen hinzudeuten. Wie soll derartiges Erfahrungslernen aber aufgefaßt und im Unterricht inszeniert werden? Würde eine in diesem Verständnis planvoll betriebene Lehre nicht eine planvoll veranstaltete Erfahrungsfolge bedeuten? Und wäre ein derart systemgebundenes Lernen aus Erfahrungen nach allem, was wir über das eher Zufällige am Charakter des Erfahrungsprozesses vermuten können, nicht ein Widerspruch in sich selbst?
Solche Fragen kommen schon bei kurzem Nachdenken auf und führen die Erfordernis einer genaueren Bestimmung dessen vor Augen, was die rätselhafte Erscheinung eigentlich beinhalten soll.
„Was ist Erfahrung?" lautet die Überschrift eines Aufsatzes von *Otto Friedrich Bollnow*, der möglicherweise Aufschluß geben kann (in: [11, S. 19/21]). Der Existenzphilosoph *Bollnow* versucht hier zu zeigen, daß die exakte Sinnsetzung der Erfahrungswissenschaften dazu wenig beitragen kann, daß man das Wesentliche an der Erfahrung erfasse: Als

die Naturwissenschaften entstanden, stellten sie dem auf Autorität gerichteten scholastischen Denken das Pathos menschlicher Erfahrung gegenüber; seither sei diese Basis methodisch kanonisiert, im Lauf der Jahrhunderte starr geworden; heute müsse man zwischen „Forschen" und „Erfahren" unterscheiden. Die strikte Trennung der beiden Bereiche bildet das Grundmuster von *Bollnows* Gedankenführung. Dem Wesen der in Frage gestellten Erscheinung versucht er durch eine Art Hineinhorchen in den allgemeinen sprachlichen Gebrauch auf die Spur zu kommen; dabei entwickelt er zwei miteinander verwobene Argumentationsstränge: Erstens, daß Erfahrung notwendigerweise aus enttäuschter Erwartung hervorgehe — als Erfahrende seien wir Erleidende, und das Unvorhergesehene sei ein Wesensmerkmal des Erfahrungsvorgangs. Zweitens, daß Erfahrenheit als die Eigenschaft, die der Mensch durch Erfahrung erwerben könne, der Fähigkeit gleichzusetzen sei, sich in unerwarteten, irgendwie gefahrvollen Situationen zu bewähren.

Wenden wir diese existenzphilosophischen Gedanken auf die Zusammenhänge von Schule und Unterricht an, so müssen wir die Vergeblichkeit unserer Mühen erkennen, die Erfahrungen der Schüler mit systematisierten Lehrgängen zusammenzubringen. Da Erfahrung nach *Bollnow* nämlich die Funktion hat, das Unerwartete und daher gänzlich Nichtplanbare in den geplanten Gang der Dinge hineinzubringen, entzieht sie sich aller menschlichen Anstrengung nach geistiger Ordnung, ist jener Disziplin des Denkens abhold, die schließlich auch den Mittelpunkt aller didaktischen Überlegungen bildet: „Weil dieser Zufall von außen hereinbricht, unvorhersehbar und unberechenbar, darum kann man die Erfahrung und die auf dieser Erfahrung begründete Ausweitung des Lebens nicht willkürlich erzwingen." [11, S. 226] — Wie wollten wir hoffen, das jeweils über uns Hereinbrechende für das Lernen fruchtbar zu machen? Allenfalls das wäre zu lernen, daß man erträgt, dem man ausgeliefert ist.

Allerdings kommen uns auch Zweifel am Ausschließlichkeitsanspruch solcher existenzphilosophischer Haltung. Vergleichen wir die hier entwickelte Vorstellung des Erfahrungsbegriffes mit der zuvor angedeuteten, umfassenden Idee, so bezieht sich die *Bollnowsche* Bestimmung auf die Darstellung eines einzigen Aspektes, herausgegriffen aus seiner immer noch facettenreicheren, noch immer unausgeloteten Bedeutung.

Die Bindung an seine umgangssprachliche Verwendung bringt allenfalls das in der betreffenden Sprache enthaltene Weltbild hervor; wie weit darin auch allgemeingültige Erkenntnisse enthalten sind, müßte besonders geprüft werden. Daß Sprachen eine jeweils besondere Beschreibung der Wirklichkeit darstellen, ist durch linguistische *(Whorf, Sapir)*, anthropologische *(Leiris, Castaneda)* und kommunikationstheoretische *(Watzlawik)* Untersuchungen hinlänglich bekannt geworden. Verfahren, die sich etymologisierend in eine Sprache hineinbegeben, um dort die Wurzeln der Erkenntnis aufzuspüren, relativieren sich von selbst. Unsere Skepsis wächst angesichts der Festschreibung von Erfahrung aufs Erleiden schmerzhafter Enttäuschungen. Gibt es nicht — abgesehen von den erfreulichen Erlebnissen im Leben, die *Bollnow* für zu leicht befindet, um sein Wahrnehmungs-Filter als „Erfahrungen" zu passieren — auch die Erfahrung der Gnade im Religiösen? Und weshalb sollte es uns verboten sein, die tiefen Beziehungen, die in Freundschaft und Liebe zwischen Menschen möglich sind, als „Erfahrungen" zu bezeichnen, obwohl sie keineswegs ausschließlich als schmerzhafte Enttäuschungen erfahren werden?

Daß wir durch Leiden geläutert werden — *per aspera ad astra* — ist übrigens ein Vorurteil, dessen weite Verbreitung es nicht wahrer werden läßt. Während einzelne Fälle bekannt sind, in denen eine besonders leidvolle Kindheit zu einer menschlich besonders noblen, verständnisvollen, weisen Einstellung des Erwachsenen geführt hat (— vgl. beispielsweise den Aufsatz von *Hartmut v. Hentig* über die Lebenserinnerungen des *Moses Maimon* in der „Neuen Rundschau" Sept./Okt. 1979 —), scheint doch die Regel zu sein, daß erlittenes Leid über Generationen hin stets neues Leiden erzeugt. (Zum Verständnis der Übertragungsvorgänge, die dabei eine Rolle spielen, vgl. beispielsweise [117]. Man denke an die ungeheuerliche Summe des von Menschen in diesem Jahrhundert, in diesem Land erfahrenen Leidens, und frage, welche erzieherischen Wirkungen dies ganze Elend mit sich gebracht hat: Sind die Menschen geläutert worden? Ich neige zum Zweifel, und ich zweifle auch daran, daß die Erfahrenheit im Sinne *Bollnows,* die eine Art Abgesalzen-Sein, Mit-allen-Wassern-gewaschen-Sein darstellt, auf diesem Wege erzeugt wird.

Darüber, ob jemand aus seinen Erfahrungen überhaupt etwas lernt, entscheidet wohl weniger die lust- oder leidvolle Richtung des Vorgangs, als vielmehr die Stärke der Verbindung zwischen seinem Denken und dem, was ihm im Leben widerfährt: Nur insoweit, als es uns gelingt, unsere Erfahrungen geistig zu „verarbeiten", können wir an ihnen gleichsam emporwachsen. Wo diese Arbeit ungetan bleibt, bleibt die Erfahrung „wie in Wasser geschrieben", um eine Formulierung *Deweys* aus „Demokratie und Erziehung" zu gebrauchen.

Mit diesen Gedanken haben wir uns in äußerstem Grade von der Auffassung *Bollnows* entfernt: Setzt man nämlich voraus, daß es überhaupt möglich ist, Erfahrung und Lernen im Bereich des eigenen Lebens zusammenzubringen, so ist damit nicht nur die Ohnmacht des Menschen gegenüber den Ereignissen verringert, die über ihn hereinbrechen könnten, sondern es eröffnet sich von hier aus auch die Möglichkeit eines planvollen Lernens aus Erfahrung: Ausgehend von dem Lebenscurriculum des einzelnen könnte man zum Lehrplan der Schulen kommen.

Wenden wir uns deswegen von allgemeinen Überlegungen ab, hin zu dem erwartungsgemäß klar umrissenen Erfahrungsbegriff der Erfahrungswissenschaften, auf dessen methodisch einwandfreier Anwendung ihre glänzenden Erfolge zu beruhen scheinen: zu sehen, ob dieser Begriff von „Erfahrung" zur Konstruktion einer entsprechenden Didaktik beitragen kann!

Zum Erfahrungsbegriff der Erfahrungswissenschaften

Die den Wissenschaften zugrundeliegende Auffassung ist für den Sachunterricht auch im Zusammenhang mit der jüngsten Entwicklung der didaktischen Diskussion von Interesse: Daß alles Lernen an den Wissenschaften sich zu orientieren habe, ist ein didaktisches Dogma, das für den Sachunterricht härtere Folgen nach sich zog als für andere Bereiche des Lehrens. Nun hat sich die Wissenschaftsorientierung im Sachunterricht vor allem in Gestalt eines dominierenden Begriffs- und Merksatzlernens niedergeschlagen: Man gibt die Fachbezeichnungen für die einzelnen Bestandteile eines Aggregats, einer biologischen oder physikalischen Erscheinung, einer wirtschaftlichen oder juridischen Institution, und läßt diese Worthülsen von den Schülern auswendig lernen und den bezeichneten Bestandteilen zuordnen. Wenn dies Verfahren auf den ersten Blick mit dem Anspruch der Wissenschaften, die Welt zu erkennen, so gut wie nichts zu tun hat, so liegt in dem Verfahren selbst doch auch eine Parallele zum empiristischen Sinnkriterium: Ebenso, wie der an den Wissenschaften sich orientierende Didaktiker des Sachunterrichts das Gebäude der Wissenschaften als eine gegebene Größe betrachtet, deren Schlüsselbegriffe, Basiskonzepte oder sonstwelche Hauptmerkmale er zu vermitteln bestrebt ist, betrachtet nämlich auch der am empirischen Sinnkriterium sich orientierende Wissenschaftler die Dinge der Welt als gegeben. Es kommt darauf an, dieser einmal gegebenen und den Menschen gleichsam entgegenstehenden, objektiven Wirklichkeit gegenüber ein System von Aussagen zu entwickeln, dessen Stimmigkeit im Gegebenen nachweisbar sein muß. Daß nur solche Aussagen Sinn ergeben, deren mögliche Nichtübereinstimmung mit dem Gegebenen aufweisbar sei (Falsifizierbarkeit), ist lediglich eine Variante, die *Karl Popper* in das Spiel eingebracht hat, dessen Grundregeln auf die alte Gegenüberstellung einer äußeren Welt (res extensa) und des erkennenden Subjekts (res cogitans) zurückgehen, wie sie von *Descartes* begründet worden ist. Mehr oder weniger streng wird dieser Dualismus, die Trennung von Subjekt- und Objektwelt, als Glaubensbekenntnis den Erfahrungswissenschaften zugrundegelegt.

Man hat, wie naheliegend, den Anspruch dieses Erfahrungsbegriffs auf Objektivität kritisiert: Daß die Bindung an das „Gegebene" die Enthaltsamkeit gegenüber den Fragen nach der Richtung der wissenschaftlichen Arbeit, nach den gesellschaftlichen Folgen für unzulässig erachtet, als ob das vermeintlich „Objektive" nicht selbst ein Vermitteltes sei, als ob das Unternehmen Wissenschaft aus der Geschichte gleichsam herausfalle: „Alle Fragen nach Ursachen, nach Normen, nach Sinn und Ziel werden als vorwissenschaftlich, theologisch und metaphysisch abgetan." [116, S. 90] Daß sie die drängenden gesellschaftspolitischen und ethischen Fragen als unwissenschaftliche verworfen hat, mit denen sich die menschlichen Gesellschaften abplagen, hat dazu geführt, daß die empirische Wissenschaft häufig zur Dienstmagd der jeweils Herrschenden heruntergekommen ist. Die Frage nach dem Sinn der jeweiligen Staats- und Wirtschaftsaufträge bleibt ausgespart, an ihre Stelle ist weithin die Haltung des Zweckrationalismus getreten, mit einer Reihe unerwünschter Ergebnisse, von denen uns eines gegenwärtig besonders deutlich wird — die fortschreitende Zerstörung der Natur im Namen des Fortschritts, den eine „positivistisch" verstandene und technisch umgesetzte Wissenschaft zu verantworten hat (vgl. die Ausführungen von *Mumford, Lovins, Schumacher, Traube*).

Was den methodologischen Apparat der empirischen Wissenschaften betrifft, so breitet sich zunehmend das Bewußtsein aus, daß wir uns hierbei nicht etwa einem „unreinen", quasi auf alle Ewigkeit abgesicherten Forschungsinstrument gegenübersehen, sondern daß gesellschaftliche Einflüsse gerade an dieser Stelle in den Prozeß wissenschaftlichen Arbeitens hineinspielen (vgl. [81]).

Der Vorgang dieser allmählichen Bewußtseinserhellung macht die bewußte Erarbeitung der weithin verdrängten Wechselwirkung zwischen gesellschaftlicher und wissenschaft-

licher Entwicklung möglich und begründet die Hoffnung darauf, daß die Blindheit der Naturwissenschaften für ihr soziales Bezugsfeld künftig abgebaut werde.
Der Erfahrungsbegriff ist, so betrachtet, weniger das feste Fundament der Erfahrungswissenschaften, als vielmehr ein Werkzeug, dessen sich die als wissenschaftlich verstandene Arbeit in ihren verschiedenen Epochen jeweils bediente, eine Art Universalwerkzeug außerdem, das ganz unterschiedlich interpretiert worden ist. Betrachtet man die inhaltlichen Wandlungen, denen der Erfahrungsbegriff im Lauf der Wissenschaftsgeschichte unterzogen worden ist, so wird seine Vielschichtigkeit, ja das Schillernde an diesem Begriff deutlich.
Jürgen Mittelstrass hat den Wandel als historische Übersicht verschiedener Begriffe dargestellt: Während die Physik des *Aristoteles* der alltäglichen Praxis entsprochen habe und somit aus einer *phänomenalen Erfahrung* hervorgegangen sei, habe die Leistung *Galileis* in der Konstruktion einer *instrumentalen Erfahrung* gelegen, einem Begriff, der die getrennten Traditionen der technischen Praxis und der akademischen Praxis verband und mit der Einführung des Experiments die Dominanz des Theoretischen innerhalb der Physik festlegte. *Descartes* habe mit seinem Unternehmen, die „physikalische Realität selbst durch die geometrische Eigenschaft der Ausdehnung" zu bestimmen, den Begriff einer *meditativen Erfahrung* begründet, bei dem die Physik die Evidenz des Gegebenen nachweist. Wie *Descartes* mit seinem System die theoretische Seite der Physik verselbständigte, so habe der englische Empirismus, vertreten durch *Locke* und *Newton*, die andere Seite betont und mit dem *empirischen Erfahrungsbegriff* an die Tradition der technischen Praxis angeknüpft. In gewisser Hinsicht sind im empiristischen Erfahrungsbegriff, wie *Mittelstrass* zeigt, auch die phänomengebundenen und kosmologischen Spielarten der Erfahrung „aufgehoben", womit die beherrschende Wirkung des Empirismus auf die Physik erklärbar erscheint. Erst *Kant* in seiner Theorie der Erfahrung sei es aber gelungen, die rationalistische Ausrichtung im Sinne von *Descartes*, in der sich die rein theoretische akademische Tradition fortschreibe, und die empiristische Ausrichtung im Sinne *John Lockes*, die auf eine Fortführung der Tradition technischer Praxis hinauslaufe, zu überwinden. Sein *konstruktiver Erfahrungsbegriff* wird von *Mittelstrass* als der wissenschaftstheoretisch gewichtigste betrachtet (vgl. [97, S. 142—154]).

Unser besonderer didaktischer Blickwinkel legt beim Thema der unterschiedlichen Erfahrungsbegriffe die Frage nach der kulturspezifischen Tradition dieser Begriffe nahe: In den angelsächsischen Ländern ist es die als selbstverständlich akzeptierte Pflicht des Naturwissenschaftlers, seine Forschungen einem breiten Publikum zugänglich und plausibel zu machen, während die Vertreter der Wissenschaften auf dem europäischen Kontinent weithin Schwierigkeiten mit dem haben, was — nicht ohne einen verächtlichen Beiklang — als „Populärwissenschaft" bezeichnet wird. Wie ist dieser gerade für die Didaktik des Sachunterrichts bedeutsame Unterschied zu erklären? Könnte es nicht sein, daß die in den Ländern auf dem europäischen Festland geübte Forschung stärker an jene akademische Tradition anknüpft, die in der mittelalterlichen Scholastik wurzelt, und daß sie mit der rationalistisch-theoretisierenden Schlagseite auch das Bedürfnis nach einer sich absondernden Sprache und damit auch die Haltung des Klerus gegenüber dem Laienvolk fortführt, während die sensualistische Tradition Englands mit der Sinnlichkeit der Erfahrung zugleich deren allgemeine Verfügbarkeit im Sinne des *common sense* betont? — Mit dem Problem, wie die didaktische Unzugänglichkeit der Wissenschaft hierzulande zu überwinden ist, werden wir uns in einem folgenden Kapitel befassen; dabei soll die naturwissenschaftliche Didaktik *Michael Faradays* als Beispiel für jene erstrebenswerte angelsächsische Beziehung zu wissenschaftlicher Arbeit ausgeführt werden.
Ziehen wir das Fazit unserer Betrachtung des erfahrungswissenschaftlichen Erfahrungsbegriffs: Zugrundegelegt ist stets eine Gegenüberstellung des denkenden Wesens auf der

einen, und der gegebenen Wirklichkeit auf der andern Seite. Verschiedene Auffassungen gibt es über das Zustandekommen dieser Wirklichkeit und das Verhältnis zwischen Geist und Welt. Innerhalb der geschichtlichen Entwicklung der Erfahrungswissenschaften hat sich die Betrachtungsweise durchgesetzt, wonach das Gegebene für objektiv gilt; es ist das entscheidende Feld, auf das der denkende, erkennende Mensch seine Aussagen bezieht, an dem er deren Stimmigkeit „erfährt". Diese Auffassung ist insofern kritikbedürftig, als die Wechselwirkung mit der gesellschaftlichen Realität des erkennenden Menschen ausgeblendet bleibt. Was Erfahrung sei, ist also selbst innerhalb der Erfahrungswissenschaften ein Diskussionsgegenstand, eine wieder neu zu bestimmende Größe. Demnach ist es zweifelhaft, ob hier ein hilfreicher Beitrag zu einer erfahrungsbezogenen Didaktik des Sachunterrichts gefunden werden kann.

Wenden wir uns nun dem Verständnis von Erfahrung zu, das dem erfahrungswissenschaftlichen entgegengesetzt erscheint, bezieht es sich doch ebenso exklusiv auf die Innenwelt des erkennenden Subjekts, wie die empirische Wissenschaft die Erkenntnis der Außenwelt zum ausschließlichen Gegenstand hat.

Selbsterfahrung — psychoanalytische Technik und Weg der Selbsterkenntnis zugleich

Die Aktualität der Rede von der Erfahrung geht mit der Ausbreitung psychoanalytischer Ideen zusammen; die Gleichzeitigkeit dieser Bewegung soll im folgenden näher erläutert werden.

Da sich die psychoanalytische Perspektive auf den Pol (Gegenpol zur Erfahrung der Außenwelt) der Selbsterfahrung bezieht, muß die pädagogische Betrachtung auch diese Seite mit berücksichtigen.

Haben die empirischen Wissenschaften vor allem im Sachunterricht ihre Spur in Form des „wissenschaftsorientierten" Ansatzes hinterlassen, so erzeugt die psychoanalytische Bewegung mit ihren zahlreichen „Schulen" und Gruppierungen Niederschläge im gesamten pädagogischen Feld: Man denke an die in Mode gekommene Redeweise von der „Angst des Lehrers" (und der seiner Schüler) (— im Anschluß an das Buch von *Horst Brück*: [13]), an die in der didaktischen Diskussion zunehmend ernstgenommenen Versuche, gesprächstherapeutische u. ä. Ansätze im Unterrichtsalltag anzuwenden (beispielsweise *Margret Imhof* [72]), oder an das von *Ruth Cohn* entwickelte, unter der Bezeichnung „Themenzentrierte Interaktion (TZI)" bekannte System von Verhaltensregeln, das sich geradezu anbietet, in ein Modell zur Unterrichtsführung umgemünzt zu werden (vgl. [129] vor allem S. 77 ff.).

Der Begriff der Selbsterfahrung ist nicht auf eine Definition hin angelegt — eine Bestimmung nach Art des empiristischen Sinnkriteriums würde sein Verständnis nicht erfassen können —, sondern hat sich im Sprachgebrauch ohne eindeutig umrissene Konturen eingebürgert. Dabei wird seine Ambivalenz offensichtlich: Einerseits drückt sich im Begriff der „Selbsterfahrung" eine Zielvorstellung aus, die dem alten delphischen Motto „Erkenne dich selbst!" ähnlich ist, andererseits wird er als Oberbegriff gebraucht, unter dem verschiedene psychoanalytische Techniken zusammengefaßt sind. Diese beiden Auffassungen führen zu unterschiedlichen pädagogischen Auswirkungen.

Daß Selbsterfahrung so etwas ist wie ein Weg nach Innen, um die Misere der menschlichen Existenz zu überwinden, ist eine altehrwürdige religiöse Vorstellung, die auf die Transzendenz der Alltagserfahrung zielt und im Ideengebäude verschiedener psychoanalytischer Schulen aufgegriffen und neu entwickelt wird. *Ronald Laing* hat in seiner „Phänomenologie der Erfahrung" [82] diese Bedeutung ausgebreitet. Sein Verständnis des Erfahrungsbegriffs, das religiöse und gesellschaftspolitische Aspekte einschließt, wird an vielen Stellen dieses sehr persönlich verfaßten Buches deutlich; beispielsweise verbindet er die Begriffe „Erfahrung", „Evidenz" und „Psychologie" in einer Passage folgendermaßen:

„Ich kann deine Erfahrung nicht erfahren. Du kannst meine Erfahrung nicht erfahren. Wir sind beide als Menschen unsichtbar. Jeder ist für den anderen unsichtbar. Erfahrung ist die Unsichtbarkeit des Menschen für den Menschen. Erfahrung nannte man früher ‚Seele'. Erfahrung als Unsichtbarkeit des Menschen für den Menschen ist gleichzeitig evidenter als irgend etwas sonst. *Einzig* Erfahrung ist evident. Erfahrung ist die *einzige* Evidenz. Psychologie ist der Logos der Erfahrung. Psychologie ist die Struktur der *Evidenz*, und deshalb ist Psychologie die Wissenschaft der Wissenschaften." [82, S. 12]

Nach *Laing* stellt die Normalität dessen, was gemeinhin unter „seelischer Gesundheit" verstanden wird, selbst eine wenn auch weitverbreitete Krankheitsform dar, die er als „Entfremdung" bezeichnet:

„Die Gesellschaft schätzt ihren normalen Menschen. Sie erzieht Kinder dazu, sich selbst zu verlieren, absurd zu werden und so normal zu sein.
Normale Menschen haben in den letzten fünfzig Jahren vielleicht hundert Millionen normale Mitmenschen getötet.

Unser Verhalten ist eine Funktion unserer Erfahrung. Unser Handeln entspricht unserer Sicht der Dinge.
Wenn unsere Erfahrung zerstört ist, wird unser Verhalten zerstörerisch sein.
Wenn unsere Erfahrung zerstört ist, haben wir unser eigenes Selbst verloren." [82, S. 22]

Interessant ist der Stellenwert dieses Erfahrungsbegriffs: Hier liegt der Schlüssel zum Verständnis der ganzen Problematik und der Punkt, an dem der Hebel angesetzt werden müßte, wenn man die Lage der Menschen zu bessern versucht. Zugleich entzieht sich der Begriff aber einer genaueren Bestimmung, denn was unsere Erfahrung ist, können wir nicht sehen, solange sie zerstört ist. Damit gewinnt dieser Begriff etwas Utopisches, — eng verbunden mit den Vorstellungen seelischer Ganzheit und Gesundheit, beschreibt Erfahrung den künftig möglichen, heilen Zustand des Menschen in einer heil gewordenen Gesellschaft. Selbsterfahrung ist die notwendige Therapie, der Schritt auf dem Wege zur unzerstörten Erfahrung. Weil Therapeut und Patient so betrachtet in der gleichen Lage sind, muß eine Psychotechnik, mit deren Hilfe der eine den anderen „kuriert", als verwerflich gelten. Die Macht des Therapeuten wird durch einen ethischen Auftrag relativiert:

„Psychotherapie muß *der obstinate Versuch zweier Menschen bleiben, die Ganzheit der Existenz durch ihre Relationen zueinander wiederherzustellen.*" [82, S. 46]

Daß der Therapeut selber Patient, daß der Lehrende selber ein Lernender sein müsse, ist eine Forderung, die beispielsweise auch von *Erich Fromm* und *Carl Rogers* erhoben wird: Alle sind Lernende, die Erfahrung des Lernens ist ein Prozeß, der seinen Sinn in sich selbst trägt.

Diese Auffassung steht Grundgedanken aus dem Pragmatismus nahe, wie noch zu zeigen sein wird, betrifft außerdem aber auch die Pädagogik. Tatsächlich sind die Übergänge zu erziehungsphilosophischen Gedanken fließend, und es ist nur von der anderen Seite her gesehen, wenn der Philosoph und Pädagoge *Klaus Prange* in seinem Werk „Pädagogik als Erfahrungsprozeß" mit dem Begriff der Selbsterfahrung die höchste Stufe des gesellschaftlichen Erfahrungsprozesses bezeichnet.

Prange entwickelt einen sozusagen dreiteiligen Erfahrungsbegriff: Zuerst die „Umgangserfahrung", der er das „Hauswesen" als Erziehungszusammenhang zuordnet, eine Art „mitgängigen" Lernens und den Begriff der Enkulturation, als deren pädagogischen Ort er die Familie betrachtet. Zweitens die „wissenschaftliche" Erfahrung, der er den Erfahrungsbegriff der empirischen Wissenschaften zurechnet, eine Art „objektiver" Erfahrung, und der Begriff der Sozialisation, als deren pädagogischen Ort er die Schule betrachtet, in der sich „scholastisches" Lernen ereignet. Drittens die „Selbsterfahrung", künftiger Zustand, in dem Freiheit und Mündigkeit angesteuert werden; dieser Phase ordnet er die Personwerdung des einzelnen zu, die Umsetzung dessen, was in die Kategorien „Sittlichkeit" und „Verantwortung" gefaßt ist.

Mit diesem Dreischritt entwirft *Prange* also die Idee, Entfremdung, die mit den empirischen Wissenschaften in die Welt gekommen ist, zu überwinden durch Selbsterfahrung, — einem Begriff, der also neben einer psychoanalytischen auch eine pädagogische Dimension aufweist.

Zu *Pranges* Drei-Phasen-Theorie sei an dieser Stelle eine Anmerkung eingeschoben: Das Grundaxiom der Darstellung, vor allem im zweiten Band, bildet das Verhältnis zwischen der geistesgeschichtlichen europäischen Gesamtentwicklung einerseits und der geistigen Entwicklung des Individuums andererseits. Während die Überwindung der durch die Empirie mitverursachten Entfremdung durch eine Bewegung zur Selbsterfahrung leicht einsichtig ist — jedenfalls als zu fordernde Möglichkeit —, erscheint mir der Zusammenhang von Entfremdung und Selbsterfahrung auf seiten des einzelnen Menschen nicht zwingend so als Kausalität gegeben, wie es *Prange* nahelegt: Ob Entfremdung mit Notwendigkeit vorausgehen müßte, um Selbsterfahrung in Gang zu setzen, ist insofern fraglich, als ebensogut ein ursprüngliches Wissenwollen der Kinder in dieser Richtung angenommen werden kann. Eine Gesellschaft, in der die Erfahrung im Sinne *Laings* nicht zerstört ist — und nur von Utopischem ist ist hier ja die Rede — dürfte den Zustand der Entfremdung überhaupt nicht mehr gestatten.

Angesichts derartiger Zielvorstellungen, in denen psychoanalytische mit pädagogischen Überlegungen zusammentreffen, hat die Feststellung zunächst etwas Verblüffendes, daß im Rahmen des didaktischen Geschehens, also gewissermaßen innerhalb der Pädagogik selbst, gerade die pädagogische Dimension der Selbsterfahrung in der Gefahr steht, bei der praktischen Umsetzung augeklammert zu bleiben. Tatsächlich ist zu beobachten, wie hier die Reduktion des Anspruchs von „Selbsterfahrung" auf die psychotechnisch-manipulative Seite der Angelegenheit die Oberhand zu gewinnen droht.

Die These von *Horst Brück* im Buch „Die Angst des Lehrers vor seinem Schüler" beispielsweise, daß die privat-familialen Einflüsse im Unterrichtsbetrieb unterdrückt werden, weil sie das institutionsabhängige Selbstverständnis der Lehrerinnen und Lehrer bedrohen, wird von *Brück* selbst als Beitrag zur Effektivierung der Veranstaltung des Unterrichts wahrgenommen, obwohl darin doch der Hebel für eine umwälzende Veränderung des gesamten Unterrichtswesens steckt. So läuft das Plädoyer lediglich auf die Forderung hinaus, einen psychoanalytischen Strang der Lehrerausbildung zu dem Zweck einzurichten, daß die Lehrerinnen und Lehrer Unterrichtsstörungen besser zu handhaben verstehen. Wo immer ein psychoanalytischer Ansatz im Namen der Selbsterfahrung auf Schule angewandt wird, scheint zuallererst das Bedürfnis ausschlaggebend, Störungen zu beseitigen, — in der unterrichtsbezogenen Anwendung der von *Berne* und *Harris* entwickelten „Transaktionsanalyse", wie bei der „Themenzentrierten Interaktion" mit der Regel, daß Störungen Vorrang haben (, — eine Regel, die übrigens nur dann funktioniert, wenn man die Bereitschaft der Gesprächsteilnehmer voraussetzen kann, Störungen als Störungen zu erkennen und irgendwann im Lauf des Gesprächs auf die vorgegebene Sache zu kommen.)

Damit erhält der Begriff der Selbsterfahrung eine manipulative Schlagseite, und es passiert gerade das, wovor Laing u. a. gewarnt haben: Die Lehrenden verzichten darauf, sich selbst als Lernende in den Prozeß der Selbsterfahrung hineinzubegeben und damit dessen Anspruch erst einzulösen, um vielmehr mittels psychoanalytischer Manipulationen und Arrangements den reibungslosen Ablauf des Unterrichtsplans zu bewerkstelligen. Was Ziel und Absicht des Zusammenseins von Menschen in der Schulsituation hätte bedeuten können, Selbsterfahrung als Weg der Erziehung, verliert seine pädagogische Macht und wird zur Dienstmagd der Institution.

Da wir erst am Anfang einer Entwicklung stehen, bei der die auf Selbsterfahrung zielenden Ansätze breiten Einfluß auf die Schulpädagogik gewinnen, bezieht sich meine Kritik auf eine Tendenz: Weil die Bewegung die Chance zur Pädagogisierung des Unterrichtsbetriebs enthält, ist vor den Anfängen einer weiteren Entpädagogisierung zu warnen. Allerdings muß man auch die beträchtliche Länge des Wegs richtig einschätzen, der zurückgelegt sein will, bevor Selbsterfahrung in den Unterricht so eingebracht ist, daß der dem Begriff innewohnende Anspruch einlösbar wäre. Das würde nicht allein eine psychotherapeutische Ausbildung der Lehrerinnen und Lehrer voraussetzen, weil damit die Gefahr der manipulativen Vernutzung dieser Kenntnisse weiter gegeben wäre, sondern auch die Orientierung dieser Ausbildung an erziehungsphilosophischen Grundsätzen.

Fragen wir nach den Folgen dieses Begriffs der Selbsterfahrung, der durch besonders hohe Ansprüche und Gefahren gekennzeichnet ist, für unsere Didaktik des Sachunterrichts: Gesetzt den Fall, die ideale Ausbildungsform wäre bereits gefunden und verwirklicht, so daß Selbsterfahrung im Rahmen des Schulunterrichts gefördert werden kann — wäre damit auch ein Erfahrungsbegriff angestrebt, der als hinreichende Grundlage für den Sachunterricht geeignet ist? Mir scheint, daß der didaktische Anspruch des Sachunterrichts zu umfassend ist, um aus der Perspektive der Selbsterfahrung gänzlich eingelöst werden zu können. Zwar gehört die Erfahrung der eigenen Wirklichkeit unabdingbar zum Ganzen der Erfahrung, aber die Außenwelt ist mehr und anderes als lediglich eine Projektionsfläche für das eigene Selbst; obwohl die äußere Realität durch Spiegelungen und Widerspiegelungen untrennbar mit der inneren „verknotet" ist, besitzt sie eigene Strukturen, weist eigene Gesetze und einen eigenen Anspruch auf, dem nicht gerecht werden kann, wer sie lediglich als Anhängsel einer übermächtigen innerseelischen Gesetzmäßigkeit betrachtet. Eine Didaktik des Sachunterrichts, die Selbsterfahrung zum einzigen Bezugspunkt erheben wollte, könnte dem Anspruch der Dinge und Sachverhalte nicht gerecht werden. Die pädagogische Idee der Selbstverwirklichung ist wichtig, aber auch die äußere Welt will konstituiert sein.

So trifft zwar zu, was *Norbert Groddeck* beschreibt:

„Die erfahrungsoffene Auseinandersetzung ist das Produktionsmittel, mit dem sich das Subjekt selbst erzeugt und so von der erdrückenden Übermacht, mit der die Ereignisse auf ihn einwirken, schrittweise befreien kann." [49, S. 144]

Aber die Konstitution der Wirklichkeit betrifft auch die andere Seite, die gesellschaftlichen Rahmenbedingungen ebenso wie die physikalischen Aspekte der Welt. In diesen Belangen erweist sich der blinde Fleck der psychoanalytischen Betrachtungsweise. Erstrebenswert ist dagegen eine Sicht, die Außen- und Innenwelt umfaßt, ohne doch in Beliebig- und Zufälligkeit zu verschwimmen oder durch Starrheit zu lähmen.

Selbsterfahrung in ihrem pädagogisch-psychoanalytischen Sinn ist eine notwendige, aber keine hinreichende Grundlage des Sachunterrichts.

Spuren und Konturen eines handlungsbezogenen Erfahrungsbegriffes

Sowohl der Erfahrungsbegriff aus den empirischen Wissenschaften — ein Mittel, um die Außenwelt dingfest zu machen —, als auch der Begriff der Selbsterfahrung im Kontext psychoanalytischer Ansätze — ein Weg zur Selbsterkenntnis — sind der grundsätzlichen Unterscheidung in eine Subjekt- und eine Objektwelt verhaftet. Dieser Dualismus spiegelt sich in vielen didaktischen Entwürfen des Sachunterrichts darin, daß der Lernbereich entlang den Linien der Sozial- und Naturwissenschaften aufgeteilt wird, ohne daß doch auf den Anspruch der Einheit des ganzen Bereichs irgendwo verzichtet würde. Der Widerspruch im didaktischen Feld kann nur durch die Überwindung des Dualismus gelöst werden, der in den Köpfen der Menschen als Denktradition verankert ist, und die Welt in einen Außen- und einen Innenbezirk teilt.

Deshalb soll jetzt gezeigt werden, daß im Erfahrungsbegriff selbst der Zwiespalt aufgehoben ist, wenn man den Begriff auf die handelnde Auseinandersetzung des Menschen mit der Welt als Prozeß bezieht. Diese Aufhebung gelingt bei einer pragmatistischen Betrachtungsweise der Dinge (griechisch πρᾶγμα-Handlung); hier konstituiert sich die äußere Wirklichkeit ebenso durch handelnde Erfahrung wie die innere Welt des Denkens. Wenn *Dewey* schreibt: „Durch Erfahrung lernen heißt, das, was wir den Dingen tun, und das, was wir von den Dingen erleiden, nach rückwärts und vorwärts miteinander in Verbindung zu bringen" [32, S. 187], so ist damit nicht allein die Beziehung zwischen den passiven und den aktiven Anteilen auf der Subjektseite angesprochen, sondern mehr noch der Einfluß des Menschen auf die Welt der Dinge und Sachverhalte. Die biologisch-anthropologisch betrachtete Evolution des Menschen ist unter solcher Perspektive nichts anderes als ein langer Erfahrungsprozeß, dessen Ablagerungen die Verfassung des menschlichen Geistes gebildet haben. Der pragmatistische Philosoph *Alfred North Whitehead* hat eine Reihe von Entsprechungen in den Strukturen des Kosmos und den Grundformen des geistigen Verhaltens aufgewiesen, deren Zustandekommen er in diesem Sinn als Ergebnis des handelnden Sich-Einlassens des Menschen mit der Welt deutet.

Derartige Überlegungen nun sind nicht von den pragmatistischen Philosophen erfunden worden — sie haben sie lediglich weitergetrieben und aus ihnen ein System zu entwickeln versucht —, sondern entstammen einer sehr alten und weitverbreiteten Anschauung, die zwar zumal in Europa von den offiziösen Lehren überlagert worden ist, deren Spuren wir aber allenthalben finden können. Es ist die Auffassung, daß die Welt nicht vollkommen fertig, sondern erst im Werden begriffen ist, daß die bloße Erkenntnis letzten Endes unfruchtbar bleibt, daß es also darauf ankommt, Erkennen und Handeln miteinander zu verbinden, daß Wahrheit nicht durch bloßes Denken gefunden werden kann, sondern durch Handeln realisiert sein muß, daß schließlich auch der menschliche Geist ein Werkzeug ist, das wir auf dem Wege der gesellschaftlichen Entwicklung einsetzen können, ohne je mit Gewißheit den wahren Stand der Dinge zu erfassen, ohne die Gewißheit des Dogmas.

Man kann diese Tradition des handlungsbezogenen Denkens dadurch kennzeichnen, daß man sie als den Weg der Erfahrung im Gegensatz zum Weg der Erkenntnis bezeichnet. Einige Beispiele sollen das umreißen, wobei es mir nicht um einen irgendwie systematischen Überblick geht, sondern lediglich um die Illustration dessen, was unter „Spuren und Konturen eines handlungsbezogenen Erfahrungsbegriffs" zu verstehen ist.

Daß die äußere Wirklichkeit zugleich mit der geistigen Wirklichkeit beim Kinde durch Handeln aufgebaut wird, in einem Prozeß, bei dem die Auseinandersetzung mit der Objektwelt die Entwicklung entsprechender geistiger Strukturen voranbringt, ist in der heutigen Entwicklungspsychologie als Grundannahme unbestritten. So kennzeichnet die folgende Charakteristik eine derart erfahrungsbezogene Psychologie bei *Leontjew*:

„Weder die Idealisten noch die naiven Materialisten haben recht. In sorgfältiger und experimenteller Überprüfung und theoretischen Differenzierung eines *Marxschen* Ansatzes hat der Psychologe *Leontjew* nachgewiesen, daß ein Drittes: die menschliche Handlung ... als die eigentliche Ursache der menschlichen Erkenntnis anzusehen ist." [123 S. 87/113]

Das Grundmuster, wonach die geistige Entwicklung weder in der endlosen Anpassung an die gegebenen Umstände noch in der endlosen Formung der Welt besteht, sondern als Wechselwirkung dieser beiden Seiten durch handelnde Erfahrung zustandekommt, wird auch in *Piagets* Erklärung deutlich, bei der dieser Vorgang auf ein Gleichgewicht zwischen der Akkomodation an gegebene Strukturen und ihrer Assimilation im heranwachsenden Menschenkinde hinausläuft.

Bei ihrem Bemühen, die quasi objektiven Gegebenheiten der Welt zu erfassen, sind gerade die Naturwissenschaften an einen Punkt gelangt, von dem aus einsichtig ist, wie vergeblich das Bestreben bleiben muß, die Welt auf den angemessenen Begriff festzulegen, sie gewissermaßen dingfest zu machen. Stattdessen ist die Prozeßhaftigkeit der Dinge herausgekommen, und ein dynamisches Weltbild hat sich durchgesetzt. Längst ist bekannt, daß die Welt der kleinsten Dinge — der Mikrokosmos — unzugänglich bleiben muß, weil eine Beobachtung seiner Strukturen notwendigerweise den verändernden Eingriff des Beobachters voraussetzen würde (*Werner Heisenberg* entwickelt seinen Begriff der „Unschärferelation" auf anschauliche Weise in: [58]). Gegenwärtig ist unter Physikern übrigens eine Theorie weithin als wahrscheinlich zutreffend akzeptiert, nach der auch die Bestandteile des Atomkerns nicht für alle Ewigkeit stabil sind, sondern — nach unvorstellbar langer Zeit — zerfallen. Wenn diese Theorie vom Protonenzerfall zutrifft, dann gibt es buchstäblich Nichts von ewigem Bestand, und der Prozeß der Veränderung wäre universal.

Wie die kleinsten entziehen sich die Strukturen des Makrokosmos ebenfalls dem Zugriff des Menschen: Was wir vom gestirnten Himmel über uns wissen, läuft darauf hinaus, daß alles in Bewegung ist, aber keiner wird sagen können, wohin die Reise geht.

In diesem Zusammenhang ist übrigens das Modell von Interesse, das im Sachunterricht der Schulen noch vor wenigen Jahren in Gebrauch war, um die Umlaufbahn der Erde um die Sonne und die des Mondes um die Erde vor Augen zu führen. Es sollte dazu dienen, eine Vorstellung von diesen Verhältnissen zu vermitteln, und viele glauben, daß die Idee des Ganzen dabei sinnlich faßbar wird, wenn auch die Entfernungen und Größenverhältnisse notgedrungen verzerrt sind. In Wirklichkeit bildet der Mechanismus dieser Apparatur eine unzutreffende Vorstellung ab, denn selbstverständlich bewegt sich auch die Sonne auf einer Bahn innerhalb der Galaxie, und die Galaxie selbst ist unterwegs, so daß anstelle der kreisförmigen Bahn der Ausschnitt einer endlosen Spirale die sachangemessene Darstellungsart wäre. Allein die Vorstellung, daß die Welt der Sterne gleichsam auseinandertreibt, ohne daß wir das Ziel dieser Bewegung je kennen könnten, hat etwas Beunruhigendes, und so verzichtet man darauf, im Unterricht diese Überlegungen überhaupt in der Klarheit darzustellen, die durch den Stand der Forschung längst gerechtfertigt wäre.

Einen ähnlichen Kampf wie die Astronomie hat auch die mit Hilfe des Zeugnisses der Fossilien aufgebaute Geologie geführt, bis nach *Lyells* Systematik an den ungeheuren Zeiträumen und den umwälzenden Veränderungen auf der Oberfläche des Planeten nicht mehr gezweifelt werden konnte, die der Geschichte der Menschheitsentwicklung und erst recht der Entwicklung der Zivilisationen eine Rolle am Rande des Geschehens zuwies. Von Interesse für den Erfahrungsbegriff sind in diesem Zusammenhang vor allem Forschungen, die ein Licht auf den Motor der Entwicklung der Organismen werfen. Beispielsweise kombinieren *Lamar* und *Merifield* die Entstehung des Erde-Mond-Systems und das relativ unvermittelte Erscheinen vieler Organismen mit einer harten Außenschale zu Beginn des Kambriums vor etwa 600 Millionen Jahren. Aus dem Erdzeitalter vorher,

dem Präkambrium, sind so gut wie keine Fossilien erhalten, was aber keineswegs bedeutet, daß es damals noch keine Lebewesen gegeben hätte, sondern vielmehr, daß jene alten Vertreter des Lebens keine Hartteile wie etwa Krusten o. ä. besaßen, die hätten im Versteinerungsprozeß konserviert werden können. *Lamar* und *Merifield* deuten den Zusammenhang mit dem Erscheinen des Mondes nun folgendermaßen: Die Entstehung der Gezeiten führte im Flachwasser — der Zone mit dem wahrscheinlich höchsten Anteil von Organismen, — zu Turbulenzen, — eine Veränderung der Umwelt, die solchen Lebewesen, die von einer schützenden Schale umgeben waren, enorme Überlebensvorteile verschaffte (vgl. [83]).
Das Beispiel macht deutlich, daß Veränderungen auf der Oberfläche des Planeten den Hauptmotor für die Entwicklung der Organismen darstellen; innerhalb ihres besonderen strukturellen Bedingungsrahmens bilden die lebenden Organismen gleichsam die Veränderungen der Umweltbedingungen ab. Immer wieder, so machen Forschungen auf diesem Gebiet deutlich, kam es zu Veränderungen der Umwelt, als ob der Lebensprozeß als Ganzes stets neu zu bewältigenden Aufgaben gegenübergestellt wurde, die durch Anpassung in Form und Differenzierung gelöst werden mußten. Die Veränderung der Umweltbedingungen ist nicht immer, wie im Fall der Entstehung des Erde-Mond-Systems, ohne Zutun der Organismen selbst zustandegekommen; viele neue Aufgaben haben sich aus ihrer eigenen Funktion ergeben. So ist beispielsweise der Sauerstoff-Anteil in der Lufthülle des Planeten von den grünen Pflanzen erzeugt worden; vorher gab es keinen gasförmigen Sauerstoff. Diese als Stoffwechsel-Produkt der Pflanzen zunehmende Gasmasse stellte anfangs eine Bedrohung des Lebens dar, eine Art Umweltverschmutzung, wenn man will, bis die lebenden Organismen dieser Herausforderung begegneten, indem sie die besonderen Eigenschaften des Gases für den eigenen Lebensprozeß nutzten und die wechselseitige Abhängigkeit der stickstoff- und sauerstoffproduzierenden Lebewesen begründeten, die wir heute als ökologisches System vor Augen haben, an dem wir selbst partizipieren.

Dies Grundmuster der Entwicklung als Prozeß einer permanenten Bewältigung von Problemsituationen spiegelt für den pragmatistischen Philosophen eine ganz ähnliche grundlegende Figur geistigen Verhaltens: Denken ist stets auf die Lösung von Problemen, Impulsen, Trieben, Interessen gerichtet. *George Herbert Mead* hat es in einem Grund-Satz folgendermaßen formuliert:
„All thinking is instrumental to the consummation of an interest or impulse." [92, p. XIII]
Denkend füllt der Mensch die gleichen Strukturen aus, denen die vor ihm bewußtlos lebenden Organismen nachkommen, zur Überwindung einer Sache, die er als Schwierigkeit wahrnimmt. Die Erfahrung des Menschen ist zwar als geistige etwas Besonderes, folgt aber den entwicklungsgeschichtlich vorgezeichneten und in uns eingegrabenen Spuren.
An dieser Stelle ist der Einfluß der Evolutionslehre Darwins auf die Philosophie unübersehbar. Nicht alle Philosophen bezogen diese Ideen so vollkommen in ihr Gebäude ein wie die Pragmatisten, aber die Auswirkungen des sich von den Wissenschaften her ausbreitenden dynamisch-evolutiven Weltbildes lassen sich vielerorts feststellen.
Kürzlich wurde eine Interpretation des Werks von *Friedrich Nietzsche* vorgelegt, in der die Idee des Übermenschen auf die Konsequenz der *Darwinschen* Überlegung zurückgeführt wird, daß die Evolution des Menschen selbst keinesfalls als abgeschlossen betrachtet werden darf [6]. Wie man auch immer derartige aus dem Rahmen des eingebürgerten Verständnisses herausfallende Deutungen zu betrachten geneigt ist, — jedenfalls gehört *Nietzsche* zu den Denkern, die die Prozeßhaftigkeit allen Lebens vertreten. In seinem „Ecce Homo" wird das alte Lebenssymbol der Flamme — an und für sich ein

Beleg der Tradition eines prozeßhaften Lebensverständnisses — im Sinne der evolutionstheoretischen Untermauerung machtvoll herausgestellt:

„Ja, ich weiß, woher ich stamme!
Ungesättigt gleich der Flamme
Glühe und verzehr ich mich.
Licht wird alles, was ich fasse,
Kohle alles, was ich lasse:
Flamme bin ich sicherlich!"

Freilich mußte eine Betrachtung, die das Prozeßhafte des Lebensvorgangs und die Kontinuität der Erfahrung aller lebenden Organismen in den Mittelpunkt stellte, wie es im Pragmatismus geschah, die Wechselseitigkeit jenes Prozesses im Namen der Erfahrung zeigen, war doch die Einseitigkeit des Anpassungsvorgangs der Organismen an die Bedingungen der Umwelt die gleichzeitig vorherrschende Auffassung. *G. H. Mead* ist es in den zwanziger Jahren dieses Jahrhunderts gelungen, die Doppelseitigkeit des Assimilationsprozesses herauszustellen, die sowohl im Leben niederer Organismen als auch unter Menschen dazu führt, daß die Welt der Objekte überhaupt zustande kommt:

„In gewisser Weise schaffen organische Prozesse oder Reaktionen selbst die Objekte, auf die sie eine Reaktion darstellen; das soll heißen, daß der jeweilige biologische Organismus irgendwie verantwortlich ist für die Existenz der Objekte (im Sinn ihrer Bedeutung für ihn), auf die er physiologisch und chemisch reagiert. Es gäbe z. B. keine Nahrung — keine eßbaren Objekte —, wenn es keine Organismen gäbe, die sie verdauen können. Ebenso schafft der gesellschaftliche Prozeß die Objekte, auf die er reagiert oder denen er sich anzupassen hat. Das soll heißen, daß Objekte, was ihren Sinn betrifft, innerhalb des gesellschaftlichen Erfahrungs- und Verhaltensprozesses durch die gegenseitige Anpassung der Reaktionen oder Handlungen der verschiedenen in diesen Prozeß eingeschalteten individuellen Organismen geschaffen werden.
...
Objekte werden im wahrsten Sinn des Wortes innerhalb des gesellschaftlichen Erfahrungsprozesses geschaffen, durch Kommunikation und gegenseitige Anpassung des Verhaltens einzelner Organismen, die in diesen Prozeß eingeschaltet sind und ihn ablaufen lassen.
...
Er kann die neuen Objekte in der Natur nur insoweit schaffen, als er die Kommunikation zwischen den betroffenen Organismen ermöglicht. Er ist für diese Objekte — tatsächlich für die Existenz der ganzen Welt der Objekte des gesunden Menschenverstandes — in dem Sinne verantwortlich, daß er ihre Abstraktion aus der Gesamtstruktur der Ereignisse bestimmt, konditioniert und ermöglicht: als Identitäten, die für das tägliche gesellschaftliche Verhalten relevant sind. Insofern existieren sie nur im Hinblick auf dieses Verhalten. Ebenso ist auf einer späteren, weiter fortgeschrittenen Entwicklungsstufe die Kommunikation für die Existenz des ganzen Bereiches der wissenschaftlichen Objekte verantwortlich: wiederum als Identitäten, die aus der Gesamtstruktur der Ereignisse abstrahiert sind aufgrund ihrer Relevanz für wissenschaftliche Zwecke." [92, S. 116—119]

Damit sind die inneren Bedingungen für die Konstitution jenes „Gegebenen" bezeichnet, das im empiristischen Sinnkriterium als objektiv verfügbarer Maßstab unterstellt wird.

Das dynamisch-evolutive Weltbild, zu dem die Wissenschaften gelangt sind, darf indes nicht als die einzige Wurzel betrachtet werden, aus der sich eine handlungs- und erfahrungsbezogene Philosophie nährte. Wichtiger noch ist jene altüberlieferte Denktradition, von der oben bereits die Rede war.

Wir müssen die eigene Wahrnehmung, durch die wir immer wieder in eine dualistisch geprägte Weltbetrachtung hineingeraten, als Ergebnis einer besonderen Denktradition betrachten lernen, die mit der von *Aristoteles* begründeten Logik verbunden ist. Diese Form logischen Denkens ist uns u. a. durch die Sprache derart vertraut, daß wir sie für die einzig mögliche zu halten geneigt sind. So übersehen wir, daß zu anderen Zeiten, in anderen Kulturen, aber auch immer wieder unter der Oberfläche der eigenen abendländischen aufscheinend, eine Strömung des Denkens mächtig wird, die das Erfahrbare nicht anhand des Musters „entweder — oder" auseinanderlegt, sondern es gleichsam mit einem „sowohl — als auch" zusammenhält.

Erich Fromm hat diese Tradition als die der „paradoxen Logik" bezeichnet und folgendermaßen beschrieben:

„Dieses Axiom der aristotelischen Logik hat unsere Denkgewohnheiten so tief beeinflußt, daß es als ‚natürlich' und selbstverständlich empfunden wird, während andererseits die Feststellung, das X gleich A *und* nicht gleich A ist, unsinnig zu sein scheint. Im Gegensatz zu der aristotelischen Logik steht das, was man als *paradoxe Logik* bezeichnen könnte: die Annahme, daß A und Nicht-A sich als Aussagen von X nicht gegenseitig ausschließen. Die paradoxe Logik war im chinesischen und indischen Denken dominierend, aber auch in der Philosophie Heraklits, und schließlich wurde sie — unter der Bezeichnung ‚Dialektik' — zur Logik von Hegel und Marx. Das allgemeine Prinzip der paradoxen Logik ist sehr deutlich von Laotse beschrieben worden: ‚Worte, die strenggenommen wahr sind, sind *paradox*' Und Tschuantse sagt: ‚Das, was eins ist, ist eins. Das, was nicht eins ist, ist auch eins.' Diese Formulierungen der paradoxen Logik sind positiv: *Es ist und es ist nicht.* Eine andere Formulierung dagegen ist negativ: *Es ist weder dies noch das.* Die erste Formulierung finden wir im Taoismus, bei Heraklit und schließlich in der Hegelschen Dialektik; die zweite ist in der indischen Philosophie häufig." [51, S. 100/101]

Um diese Form logischen Denkens erfassen zu können, muß ihre Verbindung mit dem praktischen Handeln berücksichtigt werden: während die Aristotelische Logik ohne derartige Rückbindung geübt werden kann (*Dewey* hat die Philosophie der Griechen übrigens aus der gesellschaftlichen Trennung der Arbeit erklärt, die Sklaven und Handwerkern — „Banausen" — zugeteilt war), ist die paradoxe Logik an ein Handlungsinteresse gekoppelt. Die Notwendigkeit solcher Verbindung wird am Verständnis des zunächst theoretisch anmutenden Wahrheitsbegriffes deutlich.

Was Wahrheit sei, beantwortet eine Parabel aus dem alten Hindostan in folgendem Bilde:

Sechs Blinde wollen die Gestalt eines Elefanten erkennen. Der erste faßt den Bauch des Tieres und vergleicht den Elefanten mit einer Mauer, der zweite einen Stoßzahn, er vergleicht den Elefanten mit einem Speer, der dritte den Rüssel, und vergleicht ihn mit einer Schlange, der vierte ein Bein, mit einem Baumstamm, der fünfte ein Ohr, wie ein Palmwedel, der sechste den Schwanz, wie ein Strick. So hat jeder ein Stück erfaßt, und doch keiner ganz recht. Da wir in der Lage der Blinden sind, ist es uns nicht möglich, die wahre Beschaffenheit der Dinge zu erkennen, aber die einzelnen Sichtweisen werfen ein Licht auf verschiedene Aspekte, und alle zusammengebracht nähern uns der Wahrheit.

Die heutige Physik besitzt vier in sich völlig geschlossene, systematische Beschreibungen der Wirklichkeit, die einander gleichwohl im Sinne der Aristotelischen Logik widersprechen. (Die Newtonsche Mechanik, die von *Julius Robert Mayer* entwickelte thermodynamik, die Quantenmechanik und die Einsteinsche Relativitätstheorie; zur Diskussion der Problematik dieses Nebeneinander vgl. [59].)

Die daraus resultierende Uneindeutigkeit wird überwindbar nur dadurch, daß die Theorien sich ihres dogmatischen Wahrheitsanspruchs begeben und als Instrumente der Welterkenntnis dem handelnden Menschen verfügbar werden. Darin liegt ein pragmatisches Moment, das *Tyndall* bereits 1857 bei einem Vortrag in der „Royal Institution" in London mit den folgenden Worten umrissen hat:

„In unseren Begriffen und Schlußfolgerungen, welche sich auf Naturkräfte beziehen, machen wir ständig von Symbolen Gebrauch, welchen wir den Namen Theorie verleihen, wenn sie eine deutliche Anschauung geben. Durch gewisse Analogien bestimmt, schreiben wir die elektrischen Erscheinungen der Wirkung eines eigenthümlichen Fluidums zu, welches bald fortströmt, bald sich ruhig verhält. Solche Vorstellungen besitzen ihre Vortheile und Nachtheile; sie gewähren dem Geiste eine Zeit lang ein friedliches Unterkommen, allein sie umgrenzen auch seinen Gesichtskreis und mit der Zeit, wenn der Geist zu groß für seine Wohnung geworden ist, wird es ihm oft schwer die Wände niederzureißen, welche ihm zum Gefängnis anstatt zur Heimath geworden sind." [138, S. 50]

Daß derartige Überlegungen auf anderen Gebieten ebensolche Geltung beanspruchen können, zeigen die ganz ähnlichen, aber auf das Erziehungsgeschäft bezogenen Äußerungen von *F. A. W. Diesterweg:*

„Die Pädagogik hat es mit dem Menschengeschlecht zu tun, das, in einer beständigen Veränderung begriffen, zu einer unendlichen Entwicklung bestimmt ist. Darum kann und darf keine Zeit kommen, wo das Erziehungssystem stationär werden könnte. Vielmehr ist den Pädagogen die Aufgabe gestellt, den allgemeinen, unabänderlichen Teil ihres Lehrgebäudes stets auf Ort und Zeit anzuwenden und je nach Verschiedenheit der Verhältnisse und Umstände zu modifizieren, um das Menschengeschlecht in nie stillstehendem Entwicklungsprozeß zu erhalten." [65, S. 114]

Der Begriff der Wahrheit selbst wird, so betrachtet, zu einem Instrument der „Förderung des menschlichen Berufes auf Erden", wie *Diesterwegs* Lehrer *Schleiermacher* das Ziel der Erziehung umschreibt. Niemand hat diese Funktion des Wahrheitsbegriffs treffender ausgeführt als *Lessing* in der „Ringparabel" im Schauspiel „Nathan der Weise". In dieser Parabel wird erzählt, daß ein Mann im Besitze eines Ringes war, der die geheime Kraft hatte, vor Gott und den Menschen angenehm zu machen; der vererbte seinen drei Söhnen, die ihm gleich lieb waren, drei identische Ringe, und die Frage ist, wer hat den rechten? *Lessing* bezieht diese Frage bekanntlich auf die drei Weltreligionen des Islam, des Christentums und des jüdischen Glaubens, die in Jerusalem aufeinandertreffen. Am Ende der Parabel stehen die Worte des weisen Richters, der von den drei Söhnen um eine Entscheidung angerufen worden ist:

„Es eifre jeder seiner unbestochnen
Von Vorurteilen freien Liebe nach!
Es strebe von euch jeder um die Wette,
Die Kraft des Steins in seinem Ring' an Tag
Zu legen! komme dieser Kraft mit Sanftmut,
Mit herzlicher Verträglichkeit, mit Wohltun,
Mit innigster Ergebenheit in Gott
Zu Hilf'! Und wenn sich dann der Steine Kräfte
Bei euern Kindes-Kindeskindern äußern:
So lad ich über tausend tausend Jahre
Sie wiederum vor diesen Stuhl. Da wird
Ein weisrer Mann auf diesem Stuhle sitzen
Als ich; und sprechen. Geht! —"

Noch deutlicher macht *Lessing* den instrumentellen Charakter des Wahrheitsbegriffs an einer Stelle des Streits mit dem Hamburger Hauptpastor *Göze:*

„Nicht die Wahrheit, in deren Besitz irgendein Mensch ist oder zu sein vermeinet, sondern die aufrichtige Mühe, die er angewandt hat, hinter die Wahrheit zu kommen, macht den Wert des Menschen. Denn nicht durch den Besitz, sondern durch die Nachforschung der Wahrheit erweitern sich seine Kräfte, worin allein seine immer wachsende Vollkommenheit besteht. Der Besitz macht ruhig, träge, stolz ... Wenn Gott in seiner Rechten alle Wahrheit und in seiner Linken den einzigen immer regen Trieb nach Wahrheit, obschon mit dem Zusatze, mich immer und ewig zu irren, verschlossen hielte und spräche zu mir: ,Wähle!' ich fiele ihm mit Demut in seine Linke und sagte: ,Vater, gib! die reine Wahrheit ist ja doch nur für dich allein!' " [88]

Die Spur eines handlungsbezogenen Erfahrungsbegriffs, auf die wir in den Schriften *Lessings* stoßen, ist um so wichtiger zu nehmen, als dieser deutsche Schriftsteller sich in ähnlichem Sinne auch zu Grundfragen der Erziehung unmittelbar geäußert hat. In „Die Erziehung des Menschengeschlechts" entwirft er das Bild eines dreiphasigen Prozesses, in dessen Verlauf immer sublimere Methoden erzieherischer Gewalt angewendet werden — von der physischen Gewalt zur Abhängigkeit von der Liebe Gottes und dem drohenden Liebesentzug —, bis die Menschen einen Stand sittlicher Eigenständigkeit erreicht haben, der ihnen künftig volle Freiheit ermöglicht. Eine ganz ähnliche Vorstellung — ohne Bezug auf den Entwurf *Lessings* — hat *Erich Fromm* in „Die Kunst des Liebens" angedeutet [51, S. 109], und in „Ihr werdet sein wie Gott" ausgeführt. Tatsächlich entspricht die Idee der menschlichen Freiheit in einem transzendentalen Verständnis dem Zustand der Gottähnlichkeit. Wir sehen, daß die religiösen Bindungen des Menschen, ähnlich wie vorher die Wahrheitsbegriffe, instrumentalisiert sind, mit der Absicht, den Prozeß der Freisetzung des Menschen weiterzutreiben. Darin, daß dies Ziel in einem ungefähren, letztlich theoretisch nicht zu bestimmenden Bereich verbleibt, liegt die Notwendigkeit der Hinwendung zur Praxis.

Damit gelangen wir zum Selbstverständnis pragmatistischer Philosophie: Erziehung in diesem Sinn ist identisch mit bewußter Erfahrung. Philosophie ist Erziehung in ihrer allgemeinsten Phase. „Die technische Funktionalität der Philosophie besteht darin, das Universum so zu entwerfen, daß unser bewußtseinsgebundenes Menschenleben als eine Phase seiner fortschreitenden Entstehung erkennbar wird." [93, p. XLVII, Eigenübersetzung]

Der Erfahrungsbegriff in der Erziehungsphilosophie des John Dewey

Innerhalb der handlungsbezogenen Weltsicht hat *John Dewey* den Erfahrungsbegriff als Grundlage für die Erziehung, die er ihrerseits als eine konkrete Phase der Philosophie auffaßte, systematisch entwickelt. So bekannt sein Name im Zusammenhang mit der internationalen Bewegung zu einer Erziehungsreform am Beginn des Jahrhunderts geworden ist, so beschränkt sich die Kenntnis seiner Überlegungen doch auf einen kleinen Kreis von Pädagogen. In den Vereinigten Staaten von Amerika selbst hat die Philosophie des Instrumentalismus keinen direkten Einfluß auf die Schulen nehmen können, sondern ist dort von Personen vermittelt worden, die sich darauf verstanden, sie auf die Art von Begriffen zurückzuführen, die im Unterrichtsbetrieb maßgeblich sind. So hat *Kilpatrick* die Idee des Projekts als Projektmethode handhabbar gemacht, indem er sie methodisch in vier Abschnitte zerlegte, Purposing, Planning, Executing, Judging.
Es versteht sich sozusagen von selbst, daß auf dem Wege solcher Vermittlung Mißverständnisse nicht ausbleiben konnten — etwa die verbreitete Auffassung, daß progressive Erziehung die völlige Beliebigkeit des Unterrichtsinhalts und eine chaotische Unterrichtsform bedeutete, — das, was man später als Stil des „Laisser-Faire" bezeichnet hat, während *Deweys* Name in Wirklichkeit für den Begriff der Disziplin stehen müßte. Ihm ging es darum, die als sinnleer empfundene Schuldisziplin durch die Verbindung mit der Erfahrung der Schüler mit Sinn zu füllen und dadurch Disziplin in ihrer Bedeutung erst zu erschließen und auf dem Wege des öffentlichen Schulwesens im Leben der Menschen zu verankern.
Die Hauptschwierigkeit bei der Rezeption *Deweys* in den USA resultiert aber weniger aus den Verkürzungen und Mißverständnissen, denen seine Philosophie im Rahmen des Schulbetriebs ausgesetzt war, als aus der radikaldemokratischen Tradition, der er zugehört, und die ihn mit dem Sozialismus in Verbindung brachte. Wenn die Amerikaner jemanden suchen, dem sie die Schuld am angeblichen Versagen des amerikanischen Erziehungswesens in dem technologischen und Rüstungswettlauf mit der Sowjetunion geben können, kommen sie in der Regel auf reformerzieherische Ansätze und die Erziehungsphilosophie *Deweys* zu sprechen.
Eine gewisse Ironie liegt darin, daß genau die Vertreter des amerikanischen Imperialismus, wie z. B. der Admiral *Hyman Rickover*, der in den fünfziger Jahren gegen *Deweys* Einflüsse wetterte, seine Gegner im eigenen Lande sind, die von der außeramerikanischen Kritik seiner Philosophie als deren wichtigste Nutznießer erklärt werden.
Von marxistisch-leninistischer Warte aus gilt der Pragmatismus als eine reaktionäre Philosophie, die der Ausbeutung der Arbeiterklasse die Legitimation verleiht. „Die fortschrittlichen Kräfte in der Welt führen einen ständigen Kampf gegen die Philosophie des Pragmatismus und insbesondere gegen die pragmatische Pädagogik." So lautet dementsprechend das Leitmotiv für die Auseinandersetzung mit *Deweys* erziehungsphilosophischen Vorstellungen [80, S. 325], — eine Kette von Argumenten, deren wichtigstes bezeichnenderweise mit dem Haupteinwand der Neothomisten gegen den Pragmatismus übereinstimmt: Beiden Positionen gibt der undogmatische Ansatz des Pragmatismus Anlaß zu Bedenken, die dem Inhalt nach verschieden, der Form nach aber gleich sind; jener ethische Relativismus, der die Möglichkeit bestreitet, Wahrheit im Sinne der einzig zutreffenden Lehre zu besitzen, und sie stattdessen wie ein durch Handeln zu realisierendes, in immer anderen Situationen stets neu und anders erscheinendes Bild betrachtet, ist den rechtgläubigen Katholiken wie den linksgläubigen Leninisten ein Greuel (vgl. die Darstellung des Pragmatismus bei *Theodor Schwerdt*).
Angesichts dieser Konstellation — *Dewey* sitzt mit seiner Auffassung gewissermaßen zwischen den Stühlen, auf denen man sitzen muß, um für „maßgeblich" zu gelten —, ist das eher distanzierte Verhältnis der bundesdeutschen Didaktik zu *Dewey* kaum verwun-

derlich. Zwar mangelt es nicht an Hinweisen und Zitaten, die in alle möglichen Zusammenhänge eingebracht werden, als ob das Werk von mehr als 900 Publikationen, das *Dewey* im Lauf seines über neunzig Jahre umfassenden Lebens schuf (1858—1952), als eine Art Steinbruch oder „Zitatenschatz" verfügbar sei. (Obgleich nur ein geringer Bruchteil der Schriften *Deweys* ins Deutsche übersetzt worden ist.) Aber Sinn und Richtung des Ganzen, der Instrumentalismus, der das Denken als Instrument zur Beförderung des menschlichen Interesses systematisch betreibt, werden einer ernsthaften Auseinandersetzung nur selten für wert befunden. Die Studien von *Hans-Jürgen Apel* [3] und *Fritz Bohnsack* [10] sind Ausnahmen innerhalb einer weithin oberflächlichen Rezeption, in der manchmal außerdem antiamerikanische Ressentiments zum Ausdruck gelangen. Andererseits sind manche Grundsätze aus der Philosophie des Instrumentalismus von andauernder Aktualität und tauchen, ähnlich wie im Falle der Renaissance des Projektbegriffs im Unterricht, auf diesem oder jenem Wege wieder im Hauptstrom der Diskussion auf, ohne daß dabei die Bezeichnung „Pragmatismus" oder der Name *Deweys* ausgesprochen würden. Dies hängt mit dem oben angedeuteten umfassenden Kontext einer handlungsbezogenen Weltansicht zusammen, der auch die pragmatische Erziehungsphilosophie zuzuordnen ist. Die diesem Kontext entstammenden Ideen entziehen sich — ähnlich wie die Bestimmung von „Erfahrung", aber anders als die begriffliche Systematik des Instrumentalismus — der Etikettierung und Festlegung im Sinne des amerikanischen Sprichworts „Give a dog a bad name and hang it."

Wo man es allerdings unternimmt, mit Hilfe eines Begriffs der Erfahrung einen bereichsdidaktischen Ansatz zu konstruieren, ist dessen Bestimmung unerläßlich, und es empfiehlt sich, die Arbeit derer mitzuberücksichtigen, die Überlegungen in gleicher Richtung entwickelt haben. Keiner hat den Erfahrungsbegriff für die Erziehung derart weit bearbeitet, keiner hat ihn im Hinblick auf die praktische Umsetzung in der gegebenen Schulsituation so konkret werden lassen wie *John Dewey*.

(Mindestens in den folgenden vier Werken *Deweys* spielt der Erfahrungsbegriff die entscheidende Rolle:
— Democracy and Education. New York 1915; dt.: Demokratie und Erziehung. Braunschweig, 3. Aufl. 1964 — Experience and Nature. New York 1929 — Art as Experience. New York 1934 — Experience and Education. New York 1938; dt.: Erfahrung und Erziehung. In: Dewey, Psychologische Grundfragen der Erziehung. München, Basel 1974)

Als Achtzigjähriger veröffentlichte er 1938 die Schrift unter dem Titel „Erfahrung und Erziehung", in der er eine Zwischenbilanz der progressiven Erziehungsbewegung zog, die Disziplinlosigkeit und ähnliche Mißverständnisse geißelnd, die sie aus der Art hatten schlagen lassen. Er versucht hier, noch einmal die Theorie der Erfahrung im Hinblick auf das Erziehungsgeschäft auf den Begriff zu bringen, ein Fundament zu geben, auf dem die weitere Arbeit aufbauen kann, indem er die wesentlichen Prinzipien einer auf Erfahrung gründenden systematisch vorangetriebenen Erziehung knapp umreißt. In dieser Skizze entwickelt *Dewey* den Erfahrungsbegriff anhand einer Betrachtung, die gleichsam den Längs- und den Querschnitt des Erfahrungsprozesses umfaßt. Die Darstellung des Längsschnitts bezieht sich auf das Prinzip der Kontinuität von Erfahrung, die des Querschnitts auf das der Wechselwirkung. Beide Sichtweisen ergänzen einander; sie sollen hier nachvollzogen und im Hinblick auf unser didaktisches Interesse interpretiert werden.

Das Prinzip der Kontinuität von Erfahrung

Erziehung ist eine soziale Notwendigkeit, weil, so führt *Dewey* aus, die Mitglieder der menschlichen Gesellschaft nicht ewig leben: Wären die Menschen unsterblich, so könnten sie darauf verzichten, ihre Kinder zu erziehen; würden alle auf einmal sterben, so wäre es mit der Gesellschaft zu Ende. Tatsächlich haben wir es mit einem Zwischenzustand zu tun, in dem der Tod des einzelnen zwar gewiß ist, aber doch die Möglichkeit besteht, die Erfahrungen wie in einer Kette an die folgenden Glieder weiterzugeben. Viele der uns umgebenden und uns beeinflussenden Faktoren können wir als eine Art Sediment gesellschaftlicher Erfahrung betrachten, die Summe der Erfahrungen vieler Generationen vor uns, wie sie sich beispielsweise in der Erscheinung der Sprache niedergeschlagen haben.

Das Verhältnis des wechselseitigen Einflusses, ja der wechselseitigen Konstitution, das zwischen einer Gesellschaft und ihren einzelnen Mitgliedern besteht, beinhaltet eine Grundfigur pragmatistischer Betrachtungsweise. Es ist der Gegenstand, den *George Herbert Mead* in der Vorlesungsreihe über „Geist, Identität und Gesellschaft" durchleuchtete. Da der Sachverhalt die Didaktik des Sachunterrichts direkt betrifft, und zwar im didaktischen Problem des Verhältnisses zwischen den Schülerinteressen auf der einen und dem gesellschaftlich begründeten Interesse auf der andern Seite, sei die erhellende Sicht *Meads* an dieser Stelle eingebracht: Das Verhältnis zwischen dem Aufbau der Identität beim einzelnen und dem der Struktur der Gesellschaft, in der er handelt, ist ein dialektisches, wie im Falle einer eintretenden Veränderung offensichtlich wird.

„Die von uns in der uns umgebenden Gesellschaftsordnung gesetzten Veränderungen führen notwendigerweise auch in uns selbst zu Veränderungen. Die gesellschaftlichen Konflikte zwischen den einzelnen Mitgliedern der jeweiligen menschlichen Gesellschaft, zu deren Auflösung bewußte oder intelligente Rekonstruktionen und Modifikationen dieser Gesellschaft durch eben diese Mitglieder notwendig sind, bringen ebensolche Rekonstruktionen oder Modifikationen mit der eigenen Identität oder Persönlichkeit der einzelnen Menschen mit sich. Das Verhältnis zwischen gesellschaftlicher Rekonstruktion und Rekonstruktion von Identität oder Persönlichkeit beruht daher auf Gegenseitigkeit und ist intern oder organisch; die gesellschaftliche Rekonstruktion durch das einzelne Mitglied der jeweiligen organisierten menschlichen Gesellschaft bringt in diesem oder jenem Ausmaß bei allen Mitgliedern gesellschaftliche Rekonstruktion von Identität oder Persönlichkeit mit sich. Das gleiche gilt auch umgekehrt. Da ihre Identität oder Persönlichkeit durch ihre organisierten gesellschaftlichen Beziehungen zueinander entstehen, können sie diese Identität oder Persönlichkeit nicht rekonstruieren, ohne auch in gewissem Umfang die jeweilige gesellschaftliche Ordnung zu rekonstruieren, die natürlich ebenso durch ihre organisierten gesellschaftlichen Beziehungen zueinander geschaffen wird ... Kurzum, gesellschaftliche Rekonstruktion und Rekonstruktion der Identität oder Persönlichkeit sind zwei Aspekte des gleichen Prozesses — des Prozesses der menschlichen gesellschaftlichen Evolution ..." [92, S. 357/358]

Hier wird also einsichtig, inwiefern eine Verbindung zwischen den Interessen des einzelnen und den Problemen seines gesellschaftlichen Kollektivs vorausgesetzt werden kann.

Ähnlich wie der einzelne ein Glied in der Kette eines andauernden gesellschaftlichen Erfahrungsprozesses darstellt, hängen auch seine eigenen Erfahrungen aneinander: Erfahrungen bauen aufeinander auf, — in meiner gegenwärtigen werden meine früheren Erfahrungen aktualisiert.

Die Kette der Erfahrungen des einzelnen zielt auf die Erkenntnis der Welt, aber *Dewey* betrachtet diese Erkenntnis nicht als einen Punkt, der erreicht werden kann: Erfahrungen führen zu immer neuen Erfahrungen. Die Kontinuität der Erfahrung ist somit ein Prozeß, der zwar zu immer neuen Einsichten führt — das Bild der Spirale wird von *Dewey* in diesem Zusammenhang bereits 1915 verwendet —, aber ebensowenig zu einem Abschluß kommt wie der Fluß der Erfahrungen im Leben der Gesellschaft insgesamt.

An diesem Punkt zeigt sich der Zusammenhang mit der alten philosophischen Grundidee bei *Heraklit*, daß „alles fließt". Ein pragmatistisch beeinflußter Psychologe, *Carl Rogers* (— er war ein Schüler *Kilpatricks*, eines Mitarbeiters von *Dewey* —), hat die Vorstellung von dem nicht abreißenden Strom wechselnder Erfahrungen, der einem unbekannten Ziele zutreibt, auf den Sinn alles Lernens übertragen und in seiner sehr persönlichen Art folgendermaßen formuliert:

„Diese ganze Kette von Erfahrungen und die Sinnzusammenhänge, die ich bis jetzt in ihr entdeckt habe, scheinen mich in einen Prozeß getrieben zu haben, der sowohl faszinierend als auch, manchmal, ein wenig beängstigend ist. All dies scheint zu bedeuten, daß es darum geht, mich von meinen

Erfahrungen tragen zu lassen — in eine, so scheint es, vorwärts führende Richtung, Zielen entgegen, die ich bei dem Versuch, wenigstens den aktuellen Sinn dieser Erfahrung zu verstehen, nur undeutlich umreißen kann.
Es ist das Gefühl, mit einem komplexen Strom der Erfahrung zu treiben, wobei die faszinierende Möglichkeit in dem Versuch besteht, seine fortwährend sich verändernde Komplexität zu begreifen." [118, S. 154/155]

Für den Erzieher, dessen Aufgabe nun darin besteht, durch ein Arrangement der Umwelt Erfahrungen zu ermöglichen und sie zu beurteilen, leitet *Dewey* aus dem Prinzip der Kontinuität die folgende Maxime ab: *Erfahrungen sind positiv, wenn sie weitere Erfahrungen möglich machen; sie sind negativ, wenn sie weitere Erfahrungen verhindern.*
Beispiele für eine Erfahrung, die als positiv zu bewerten ist, sind leicht zu finden: Wenn ein Kind beispielsweise Lesen lernt, so vergrößert sich seine Chance, weitere neue Erfahrungen zu gewinnen, die ihm als Analphabet verschlossen bleiben müßten. Um ein Beispiel aus dem Raum der Schule zu finden, das den gegenteiligen Effekt illustriert, muß man sich zunächst vergegenwärtigen, daß jede Erfahrung zugleich eine Motivation einschließt, deren Richtung eingeschätzt werden kann. Dabei gilt: „Die wichtigste Einstellung, die gelernt werden kann, ist das Bedürfnis nach weiterem Lernen."
Nun ist es beispielsweise leicht vorstellbar, daß ein Schüler gezwungenermaßen etwa lateinische Vokabeln lernt, oder Begriffe aus der Mengenlehre, oder Bezeichnungen von Teilen eines technischen Systems — sei es die Wasserleitung, sei es der Stromkreis — aber gleichzeitig alle Lust verliert, sich mit dem betreffenden Sachverhalt weiter zu befassen.
In einem Bilde kann man sich den zugrundeliegenden Vorgang folgendermaßen vorstellen: Ein Gebäude besteht aus vielen Räumen und Sälen, die miteinander durch Türen verbunden sind. Man kann durch diese Türen in ganze Fluchten anderer Räume gelangen, aber es kann auch passieren, daß die Türen zugeschlagen werden. Wo einem Schüler durch die Schule die Lust genommen wird, sich mit bestimmten Sachverhalten zu befassen, so ist es, als ob eine Reihe von Türen ins Schloß gefallen sei. Die Aufgabe des Lehrers besteht nach diesem Bild darin, möglichst viele Türen zu öffnen, möglichst weitreichende Erfahrungen zu ermöglichen.
Neben dieser Maxime ergibt sich aus dem Kontinuitäts-Prinzip als zweiter pädagogischer Gesichtspunkt die Legitimation, daß Erfahrungen der Vergangenheit in den Unterricht eingebracht werden. Die Vergangenheit — repräsentiert im Wissen der älteren Generation, in Büchern und Techniken — darf in einem Unterricht, der auf die Erfahrungen der Schüler bezogen ist, nicht ausgeklammert bleiben. Die Vergangenheit ist ein Mittel, um die Gegenwart zu begreifen.
Indem das Prinzip der Kontinuität von Erfahrungen die Dimension der Vergangenheit miteinbezieht, kann der erfahrungsorientierte Unterricht nicht darauf verzichten, auf Wissen zurückzugreifen, das aus vergangenen Erfahrungen resultiert. Ein Unterricht, der sich ausschließlich an den gegenwärtigen Erfahrungen der Schüler orientieren wollte, würde das Prinzip der Kontinuität mißachten.

Das Prinzip der Wechselwirkung von Erfahrung

Der Erfahrungsbegriff *Deweys* wird vom Zusammenwirken eines aktiv-eingreifenden und eines passiv-hinnehmenden Moments bestimmt. Im Prinzip von der Wechselwirkung erinnert *Dewey* daran, daß jede Erfahrung gleichsam als Reaktion zweier Partner — des Menschen und seiner jeweiligen Umwelt — zu verstehen sei. Insofern, als es möglich ist, die Umwelt zu verändern, lassen sich Erfahrungen beeinflussen.
Während sich der herkömmliche Unterricht darauf beschränkt, die Umwelt zu manipulieren und den Schüler als aktiven Partner des Wechselwirkungsprozesses weitgehend zu ignorieren, wäre das genaue Gegenteil dieser Verfahrensweise — ein Unterricht, bei dem

jeder Eingriff in die Umwelt vermieden und der Schüler weitgehend sich selbst überlassen wird — eine ähnliche Verzerrung nach der anderen Seite.
Um dem Prinzip der Wechselwirkung gerecht zu werden, muß Erziehung auf beiden Seiten — der des Schülers und der seiner Umwelt — sorgfältig arbeiten.
Betrachten wir zunächst den Unterricht, der allein auf die Manipulation der Umweltbedingungen gerichtet ist und den Schüler als passiven Empfänger des Lernarrangements voraussetzt: Wo der Lehrer die zu vermittelnden Erkenntnisse bestimmt, ohne die Erfahrungsmöglichkeiten der Schüler zu berücksichtigen, läuft der Unterricht auf eine Reihe von Begriffen und Sätzen hinaus, die das Vorgefundene lediglich verbal fortschreiben, etwa in der Art, daß der technologische Ablauf der Müllbeseitigung oder die Funktionsweise einer Kläranlage schematisch beschrieben und repetiert werden. Die Lernleistung ist dabei genaugenommen aufs richtige Nachsprechen, auf die Fähigkeit beschränkt, in den Testsituationen des Unterrichts die gewünschten Sprachmuster reproduzieren zu können.
Da der Inhalt dieser Leistungen vom Inhalt der Lebenserfahrung der Schüler isoliert ist, bleibt der Unterrichtsertrag zufällig, dem alsbald einsetzenden Vergessen anheimgegeben.
Nach *Dewey* ist aber auch der umgekehrte Weg, der aus der Erwartung eingeschlagen wird, daß Lernende ihre Lernerfahrungen völlig aus sich selbst heraus planen und entwickeln, zum Scheitern bestimmt.
In der amerikanischen Erziehungsbewegung der zwanziger und dreißiger Jahre gibt es wie in der heutigen Unterrichtsszene Schulen, die von der Überzeugung geprägt sind, daß es vor allem darauf ankomme, sich eines jeden Einflusses auf die Erfahrungen der Schüler zu enthalten. Derartige Konzepte verstehen sich manchmal als Kontrastprogramme zum üblichen Schulbetrieb und gehen gewissermaßen davon aus, daß das möglichst weit getriebene Gegenteil des lehrerzentrierten, vorstrukturierten Unterrichts schon deswegen gut sein muß, weil es im Widerspruch zur Lernschule alten Schlages steht.
Beide Extrempositionen — der Verzicht auf die Beteiligung des Schülers wie der Verzicht auf die Einflußnahme des Lehrers — mißachten, daß eine Wechselwirkung von beiden Partnern — Umwelt und Individuum — ausgehen muß. Dieses Prinzip führt zu einer Schulpraxis, die im Gegensatz zur planlosen Improvisation oder pädagogischen Abstinenz des Lehrers steht, aber andererseits auch im Gegensatz zur traditionellen Erziehung, deren Hauptfehler *Dewey* in dem Versäumnis sieht, die Schüler am Planungsprozeß zu beteiligen. „Es gibt", schreibt er 1938, „im fortschrittlichen Erziehungsdenken kaum etwas wichtigeres als die Forderung nach einer Beteiligung der Lernenden an der Bildung der Arbeitspläne, denen der Lernprozeß folgt." [32, S. 279/280]
Es ist aufschlußreich, diese Bestimmung des Erfahrungsbegriffes durch *Dewey* mit der Argumentation *Jean Piagets* zur Begründung der von ihm propagierten „aktiven Methoden" zu vergleichen, vor allem wegen der überraschenden Übereinstimmung in einigen Punkten. Zum Beispiel weist *Piaget* selbst auf die zentrale Bedeutung des Interesses als Ausgangspunkt von Lernerfahrungen hin, die zuerst von *Dewey* richtig erkannt worden sei. [109, S. 121] Ein anderer wichtiger Bereich, der von beiden übereinstimmend als grundlegend wichtig eingeschätzt wird, ist die soziale Erziehung durch jene Form des Schullebens, die auch *Piaget* mit dem englischen Terminus *selfgovernment* zu bezeichnen pflegt.
Dewey sagt zu diesem Thema in einer charakteristischen Passage: „The school cannot be a preparation for social life excepting as it reproduces, within itself, the typical conditions of social life." [36 a, p. 34] Daß im sozialen Leben der Schule das Lernen für das soziale Leben in der Gesellschaft beschlossen ist, hat auch *Piaget* immer wieder nachdrücklich betont, beispielsweise in seiner Stellungnahme „Das Recht auf Erziehung in der heutigen Welt", die 1948 von der UNESCO herausgegeben wurde. Dort heißt es in einer bezeichnenden Passage:

„Ich für mein Teil möchte sogar behaupten, daß man die ‚Staatsbürgerkunde' notfalls ruhig der praktischen Selbstverwaltung opfern könnte, da diese mehr Bürgersinn weckt als der glänzendste Unterricht, der ohne solche Untermauerung durch die soziale Erfahrung in der Regel keine nennenswerten praktischen Ergebnisse zeitigt." [110 S. 59]

Das Projekt als Instrument der Erfahrung

Wenn er den Projektbegriff auch nicht beim Namen nennt — die Kanonisierung der Methode und ihre schematisch-rigide Anwendung hatten sie in der Wirklichkeit des Unterrichts zu einer Sache gemacht, die von der ursprünglichen Idee weit entfernt war —, so ist der Begriff des Planes in dem hier angesprochenen Verständnis doch mit der ursprünglichen Idee des Projekts verwandt. Mir erscheint die Absicht der Schrift „Erfahrung und Erziehung" darin zu bestehen, daß die Verzerrungen bewußt werden, denen die ursprünglichen Reformideen bei ihrer Anwendung im Schulbetrieb unterzogen wurden. In diesem Sinne schreibt *Dewey* am Ende seiner öfter polemischen Ausführungen:

„Ich möchte nicht schließen, ohne meinem festen Glauben Ausdruck zu geben, daß die Grundentscheidung nicht die zwischen neuer und alter Erziehung oder zwischen fortschrittlicher und überlieferter Erziehung ist, sondern daß es sich um etwas handelt, das den Namen Erziehung überhaupt erst verdient." [35]

Verzerrungen ursprünglich mächtiger, oft einfacher Ideen können dadurch aufgedeckt werden, daß man das mittlerweile komplizierte Muster fachsprachlicher Begrifflichkeit auf die einfache Sprache zurückführt, in der das ursprüngliche Verständnis beschlossen liegt. So verhält es sich mit dem Rückgriff vom komplex und vielschichtig gewordenen Projektbegriff auf die in gewissem Sinn einfacher erscheinende, verständlicher anmutende Wendung von der „Beteiligung der Lernenden an der Bildung der Arbeitspläne, denen der Unterricht folgt."

Hier ist der Kern der Projektidee in schlicht erscheinende Worte gefaßt. Darin verbirgt sich kein geringerer Anspruch als der einer Instrumentalisierung von Erfahrung: Planend entwirft der Mensch die Realität; auf der gleichen Spur der Erfahrung, auf der er das Erlittene lediglich aufzuarbeiten vermochte, wendet er sich mit seinen Wünschen und Hoffnungen dem Künftigen zu, macht aus seiner Erfahrung ein Werkzeug, indem er sie planvoll, systematisch, diszipliniert in das Dunkle hineinwirft, das vor ihm liegt. Die Projektidee war der Versuch, diese pragmatistische Auffassung des Plans für den Schulunterricht methodisch nutzbar zu machen. Um die Methode von der Gefahr einer schematisch-rigiden Vernutzung immer wieder zu befreien, ist es wichtig, daß man sich stets wieder auf die umwälzende Bedeutung des Planens im Kontext der Erfahrungs-Philosophie besinnt.

Ein wesentlicher, den eingefahrenen Denkgewohnheiten gerade bei den üblichen Vorstellungen über das Planen entgegenlaufender Grundgedanke des Pragmatismus besteht darin, die Unfertigkeit der Welt, die Unsicherheit der Dinge für objektiv anzunehmen, so, als ob nicht nur wir Menschen als planende Wesen agieren und damit dem Ganzen der Natur als etwas Besonderes, Apartes gegenüberstehen, sondern auch die Natur selbst durch gleichsam tastende Versuche auf dem Wege zu sich ist. *Dewey* hat diese Auffassung in „Nature and Experience" vorgetragen und seine Stellungnahme als eine Art Plädoyer für die Unbestimmtheit der Dinge abgegeben:

„Ob es etwas derartiges wie Unbestimmtheit, Unsicherheit wirklich in der Welt gibt oder nicht, ist eine schwierige Frage. Es ist leichter, sich die Welt als ein für allemal fertig, fest und starr vorzustellen, den Menschen dagegen als den, der alle Unsicherheit, die es gibt, in seinem Willen und allen Zweifel, den es gibt, in seiner Intelligenz konzentriere. Die Entwicklung der Naturwissenschaft hat diese dualistisch absondernde Einteilung erleichtert, indem sie die Natur ganz starr und den Geist ganz leer und offen macht. Es ist ein Glück für uns, daß wir diese Frage nicht zu erledigen haben. Eine hypothetische Antwort genügt. *Wenn* die Welt schon eine abgemachte Sache ist,

wenn ihr Wesen so ganz festgelegt ist, daß ihr Verhalten dem eines Menschen gleicht, der in der Routine untergegangen ist, dann ist die einzige Freiheit, auf die der Mensch sich noch Hoffnung machen kann, die der Leistungstüchtigkeit im äußeren Handeln. Aber wenn die Veränderung etwas Echtes ist, wenn die Rechnungen noch offen und in Gang sind, wenn objektive Unsicherheit der Sporn zur Reflexion ist, dann hat die Abwandlung im Handeln, die Neuheit, das Experiment einen wirklichen Sinn. In jedem Fall ist die Frage eine objektive. Sie geht den Menschen an nicht in seiner Isolierung von der Welt, sondern in seinem Zusammenhang mit ihr. Eine Welt, die an ihrem Ort und zu ihrer Zeit noch unbestimmt genug ist, um zur Überlegung aufzurufen und der Wahlentscheidung ihr Spiel zu lassen, um ihre Zukunft zu gestalten, ist eine Welt, in der der Wille frei ist, nicht weil er seinem inneren Wesen nach schwankend und unstet wäre, sondern weil Überlegung und Wahlentscheidung bestimmende und festigende Wirkungskräfte sind.
Vom empirischen Standpunkt aus sind Unsicherheit, Zweifel, Zögern, Zufall und Neuheit, echte Veränderung, die nicht bloße, verkleidete Wiederholung ist, wirklich Tatsachen. Nur ein auf Deduktion beruhendes Urteilen von gewissen festen Obersätzen aus schafft eine Voreingenommenheit zugunsten vollständiger Bestimmtheit und Endgültigkeit. Zu sagen, das alles gebe es nur im menschlichen Erleben und nicht in der Welt, und es gebe es da nur wegen unserer Endlichkeit, das heißt doch in gefährlicher Weise mit Worten sich abspeisen. Empirisch betrachtet, scheint das Leben des Menschen, in dieser Hinsicht wie in anderen, den Ausdruck einer Aufgipfelung von Tatsachen in der Natur zu bedeuten. Unwissenheit und Unsicherheit im Menschen zugestehen, während man sie der Natur abspricht, das schließt doch einen merkwürdigen Dualismus in sich. Veränderlichkeit, Initiative, Neuerung, Loslösung von der Routine, Experimentieren, das sind empirisch gesehen, Kundgebungen eines echten Strebens in der Natur der Dinge." [33, S. 230/231]

Bei der didaktischen Diskussion um Unterrichtsprojekte hat man solche weitreichenden Implikationen im philosophischen Begründungszusammenhang rasch aus den Augen verloren, um bei der Konzentration auf das Nächstliegende — nach mißverständlicher landläufiger Meinung ein Merkmal „pragmatischen" Verhaltens — um so eher einem methodischen Schematismus anheimzufallen. Gerade im Zusammenhang der weitreichenden Bedeutungen des Planens als Instrument der Erfahrung liegt aber eine Vorbedingung für die Überwindung des Gegensatzes von Schule und Leben, oder genauer, von institutionenbezogenem und gesellschaftsbezogenem Interesse, die als Merkmal des Projektunterrichts immer wieder herausgestellt zu werden pflegt. Denn diese Überwindung kann mit Hilfe eines Projektbegriffs, der sich aus den methodischen Legitimationsinteressen des Unterrichtsbetriebs allein herleitet, gar nicht geleistet werden; das über die Schule hinausgreifende Bewußtsein der Verhältnisse ist unabdingbar. Das bekannteste Beispiel einer gelungenen Unterrichtsveranstaltung, die dies Kriterium erfüllt, ist das sog. Typhus-Projekt, das in der von *Peter Petersen* übersetzten Sammlung von Aufzeichnungen *Kilpatricks* und *Deweys* „Der Projektplan" [106] enthalten ist. Es sei hier in kurzer Form nacherzählt, um die mit der Vorstellung „Unterrichtsprojekt" angesprochene Idee zu illustrieren:

Bei Beginn des Schuljahrs stellten die Schüler fest, daß Mary und Johnny Smith wie in den Jahren vorher wieder fehlten, weil sie typhuskrank waren. Es war der Herbst des Jahres 1918, und die Versuchsschule von *Goodman, Missouri*, lag mitten in einem der sommerheißen Gebiete der USA, in denen damals der Typhus zu den häufigsten Krankheiten zählte. Beim Gespräch über ihr Problem bemerkten die Kinder, daß manche Familien öfter von der Krankheit heimgesucht wurden als andere, und sie beschlossen, dieser Erscheinung auf den Grund zu gehen. Einige arbeiteten einen Beobachtungsbogen aus, der Fragen zur Hygiene der Haushaltsführung enthielt, besuchten Familie Smith und trafen mit Herrn Smith eine Vereinbarung über das Vorhaben in einer Form, die nicht beleidigend wirkte. In der Schule diskutierten sie ihre Beobachtungen und fanden, daß im Hause Smith am ehesten die Schwärme von Fliegen als Krankheitserreger in Frage kamen. Sie lasen Auszüge aus acht verschiedenen Schriften über den Typhus, die sie großenteils selbst bei der Universität bestellt hatten, und besuchten den Hof des Farmers Bosserman, um dessen vorbildliche Methoden zur Fliegenbekämpfung zu studieren. Sie bauten verdeckte Müllkübel und „Fliegenfallen", und berechneten die mit Fliegendraht abzuschirmenden Flächen am Hause Smith und die Kosten der Fliegenbekämpfung. Sie verfaßten ein Schreiben mit den Ergebnissen ihrer Recherchen und praktischen Vorschlägen für Herrn Smith und überreichten es ihm zusammen mit den selbstgebauten Geräten zur Fliegenbekämpfung. Auf einem Elternabend trugen sie vor, was sie herausgefunden hatten. „Das Interessanteste an dieser Arbeit der Schüler",

schreibt Ellsworth *Collings,* der Berichterstatter, „war die Tatsache, daß sie Herrn Smiths Vertrauen hinsichtlich ihrer Bemühungen erhalten hatten".
Smith führte die Vorschläge der Schüler durch, und Mary und Johnny waren im Herbst des folgenden Jahres gesund.

Das Beispiel verdeutlicht das, worauf die schlicht anmutende Forderung nach einer „Beteiligung der Lernenden an der Bildung der Arbeitspläne" hinzielt: Weit über ein Mitspracherecht hinausgehend, ist die Konstitution des Unterrichtsinhalts durch das Projekt — den gemeinsamen Plan von Lehrenden und Lernenden, was ebenfalls über das Lehrer-Schüler-System hinausgreift — angestrebt. Der institutionalisierte Gegensatz von Schule und Leben wird nicht durch die bloße Öffnung des Unterrichts für die Probleme der Gemeinde *Goodman* überwunden, also etwa, indem die Anregung der Schüler, über die Krankheit der Smith-Kinder und vielleicht über Typhus im allgemeinen zu reden, aufgegriffen würde; sie wird überwunden, indem sich der Schulbetrieb gemäß den dort gegebenen Rahmenbedingungen mit den Problemen der Gemeinde einläßt, sich in die Angelegenheiten des gesellschaftlichen Lebens einmischt, das Risiko des Handelns im umfassenden gesellschaftlichen Raum eingeht und sich damit selbst als ein Bestandteil des Geschehens in diesem Raum bestimmt.

Für die Anwendung des im Projektgedanken instrumentalisierten Erfahrungsbegriffs auf unsere Didaktik des Sachunterrichts erscheinen mir zwei Merkmale der Projektarbeit besonders beachtenswert. Es ist das inhaltliche Kennzeichen der Problemorientierung — in den als „Problem" wahrgenommenen Erscheinungen und Sachverhalten trifft das Interesse des einzelnen mit dem umfassenderen gesellschaftlichen zusammen —, und das formale Kennzeichen einer aus dem Sinn der gemeinsam entwickelten Aufgabe hervorgehenden Arbeitsdisziplin. In dem disziplinierten Verhalten, das einen Aspekt selbstbestimmten Handelns darstellt, liegt die Kraft der handlungsbezogenen didaktischen Ansätze, um in der Routine eines weitgehend entfremdeten Schulbetriebs nicht unterzugehen. Sie bildet im Rahmen der institutionalisierten Erziehung die Kraft der menschlichen Gesellschaft nach, die Verhältnisse der Welt in ihrem Interesse zu gestalten.

2. Ein Modell zur Rekonstruktion des Sachunterrichts

Die Erfahrungen des einzelnen und die gesellschaftlich objektivierten Erfahrungen bilden ein Kontinuum wechselseitig wirksamer Einflüsse. Vom Standpunkt des Individuums aus betrachtet, können die Erfahrungen als ein komplexer Strom erscheinen, wie oben angedeutet worden ist. Es ist aber auch möglich, daß die gesellschaftlich konkret gewordenen Erfahrungen, die schließlich ebenfalls als Teile dieses Erfahrungs-Kontinuums zu gelten haben, in erstarrter Gestalt, gleichsam wie eine Stadtlandschaft begegnen: Sprache, Wissenschaft und Institutionen liefern feste, dauerhaft erscheinende Bestandteile, aus denen ganze Gebäude errichtet werden. Die Sprache zumal, das Werk vieler Generationen vor uns, deren Erfahrungen sich in ihr niedergeschlagen haben, stellt unserem Geist ein komplett eingerichtetes Haus zur Verfügung, und es bedarf einiger Anstrengung des einzelnen, sich hierin eine Werkstatt einzurichten, Sprache nicht nur als *ergon*, fertiges Gebilde, sondern auch als *organon*, Werkzeug zur Bearbeitung eigener Erfahrung einzusetzen. Massiv und unbeweglich mögen dem einzelnen die Institutionen entgegentreten, besonders dann, wenn er bestrebt ist, eigene Erfahrungen mit deren starren Regeln und festen Strukturen zu vermitteln, — „denn was ist eine Institution anderes als eine geschlossene Gesellschaft zur Verhinderung von Veränderungen?" [101, S. 824].
Auf die Schule als Form institutionaler Erziehung bezogen, hoffen wir allerdings, daß sich das Diktum *Deweys* bewahrheiten möge — *the schools are a drift rather than a system* —, so daß unsere Vorstellung der notwendigen permanenten Veränderung im Strom der sich ändernden Situationen nicht auf vollkommene Ablehnung trifft.

Die erste Frage, von der alle Didaktik des Sachunterrichts ausgeht, lautet: Wie sind die Erfahrungen des einzelnen mit den gesellschaftlich objektivierten zu vermitteln? Auch in den Fällen, in denen diese Frage zunächst nicht als Ausgangsbasis der Didaktik erscheint, wird sie jedenfalls entschieden. Bei dem wissenschaftsorientiert-fachpropädeutischen Ansatz des Sachunterrichts geschieht dies z. B. in der Weise, daß den Schülern das System der Bezugsfächer als ein abgeschlossenes, fix und fertig gegebenes präsentiert wird; die Spannbreite didaktischer Fragestellungen ist durch eine solche Vorentscheidung weitgehend reduziert, sie beschränkt sich auf Probleme der Vermittlung, das, was in einem verkürzten Sinne aus der Entwicklungspsychologie und hergebrachten methodischen Gedanken als hilfreich sich erweist. Um in unserem Bilde zu bleiben: Die Kinder werden gleichsam an der Hand genommen und in das Gebäude der Wissenschaften eingeführt, als ob es ein Museum sei, und als ob Lernen bedeute, die Bezeichnung der dort ausgestellten Objekte vom Etikett abzulesen und zu repetieren. Unter der Perspektive pragmatistischer Erziehungsphilosophie ist dieser Weg nicht geeignet, die Erfahrungen der einzelnen mit denen der Gesellschaft zu vermitteln; wenigen nur gelingt es, unter der Oberfläche solchen Unterrichtsarrangements und gewissermaßen in einer Art subversiver Beharrlichkeit dabei ihre eigenen Interessen und Lernbedürfnisse zu realisieren. Ein Sachunterricht, der es unternimmt, unsere zentrale Fragestellung in ihrer vollen Bedeutung didaktisch zu beantworten, muß darauf hinarbeiten, daß die Vermittlung nicht die Fragen und Probleme ausklammert, die in den Dingen und Sachverhalten stets mitenthalten sind. Damit erst wird die Tür geöffnet für das, was die Gesellschaft von der künftigen Generation erwartet: Über die Rezeption der herrschenden Begriffe und Bedingungen, über

die schlichte Anpassung an die Verhältnisse hinaus die Fähigkeit zur Lösung der gänzlich unvorhersehbaren Probleme, die sich stellen werden.
Dies setzt für den Unterricht voraus, daß die Spontaneität der Lernenden als Faktor des Lernprozesses anerkannt wird, und die Berücksichtigung der Lernbedürfnisse der Lernenden ist wiederum eine Voraussetzung dafür, daß die Bewältigung von Problemen im Sinne einer dauernden gesellschaftlichen Rekonstruktion überhaupt „von unten nach oben" geschehen kann.
Das Postulat, das aus dieser Überlegung abzuleiten ist, kann pädagogisch begründet werden, weil es sowohl das Recht des Kindes auf die Realisierung seiner spontanen Interessen als auch die Erfordernis der Gesellschaft nach Erziehung solcher Mitglieder berücksichtigt, die fähig sind, die künftigen Probleme zu bewältigen. Die Forderung kann aber auch einfach als Versuch betrachtet werden, die strukturellen Gesetzmäßigkeiten menschlichen Lernens systematisch und planvoll im Unterricht anzuwenden. Lernen muß in allen Fällen als Folge der Auseinandersetzung mit den Dingen und Sachverhalten der gegebenen Situation betrachtet werden. Die zahlreichen Fälle, in denen Menschen trotz widriger Lebensumstände in der Kindheit und öden Schulunterrichts ihr eigenes Leben meistern, oder gar einen wichtigen Beitrag zum gesellschaftlichen Leben leisten, zeigen — so betrachtet — nur die Hilflosigkeit eines Unterrichtsbetriebs, der das Potential kindlicher Lernfähigkeiten nicht aufzuschließen versteht. In diesem Sinn ist es konsequent zu nennen, wenn *Jean Piaget*, dessen Studien oft genug als Legitimation für ein Verfahren angeführt werden, bei dem bestimmte Verfahrensmuster bestimmten Lebensalterskohorten starr zugeschrieben werden, — wenn *Piaget* selber als Resümee seiner Arbeiten die Forderung nach der Anwendung „aktiver Methoden" erhebt.
„Aktive Methoden", die auf dem spontanen Interesse der Kinder basieren, sind *Piaget* zufolge die einzigen, bei denen überhaupt ein Lernen stattfindet, das (im Sinne des Aufbaus kognitiver Strukturen) diesen Namen verdient.
Im Hinblick auf die Schule ist *Piaget* also zu ähnlichen Schlußfolgerungen gekommen wie *Dewey*: beide lehnen ab, was von ihnen übereinstimmend als „herkömmliche Erziehung" bezeichnet wird, weil dort einseitig die Schüler durch das zu beeinflussen versucht werden, was im weitesten Sinn als Manipulation der Umwelt beschrieben werden kann, ohne daß den Lernenden die Möglichkeit der Intervention zugestanden wäre.

Während sich *Piagets* Argumentation aber auf die Strukturen des Erkenntnisprozesses stützt, der mit der Entwicklung des Menschen abläuft (— angetrieben durch das Bestreben, den Zustand des Gleichgewichts zwischen Akkomodation und Assimilation im Verhältnis zur Außenwelt zu erhalten —), schließt die pragmatistische Betrachtungsweise *Deweys* den gesellschaftspolitischen Zusammenhang von Anfang mit ein.
Daher erscheint es gerechtfertigt, die Maxime des *Learning by Doing* in dem Felde anzusiedeln, in dem die individuellen Erfahrungen mit den gesellschaftlichen zusammentreffen. In schematischer Darstellungsweise liegt der Handlungsraum im Schnittfeld beider Bereiche.
Das Schnittfeld bildet den Raum, in dem durch handelndes Lernen, die „aktiven Methoden" *Piagets*, Erfahrungen gewonnen werden. Handeln konstituiert eine eigene, neue Erfahrung. Dieser Erfahrungsraum ist didaktisch relevant, weil in ihm die Antwort auf unsere Grundfrage, wie die Erfahrungen des einzelnen mit den gesellschaftlich objektivierten zu vermitteln seien, zu finden ist.
Es ist ein didaktischer Spielraum, der prinzipiell bis an die Grenzen der individuellen und gesellschaftlich vorgegebenen Erfahrungsräume hin ausgedehnt werden kann: wie die objektivierten Erfahrungen des gesellschaftlichen Kollektivs darauf hin angelegt sind, von einzelnen immer wieder ausgelotet zu werden und in ihrer aktuellen Erfahrung Wirklichkeit zu gewinnen, so ist ja auch die Erfahrung der einzelnen Teil eines umfas-

2. Ein Modell zur Rekonstruktion des Sachunterrichts

senden Erfahrungsstromes, an dem sie handelnd immer intensiver zu partizipieren bestrebt sind.

Aber mit dieser „Schnittfläche"-Vorstellung ist die Stelle erst ungefähr im Formalen bezeichnet, an der unsere didaktische Suche ansetzen kann. Um die Konturen des Ansatzes genauer vorzustellen, ist die Berücksichtigung der inhaltlichen Dimension geboten. Auch im Hinblick auf die aktuelle didaktische Problematik des Sachunterrichts sind Inhaltsfragen sinnentscheidend.

Wenn man die vier Schritte der Projektmethode — *Purposing* (Zielsetzung), *Planning* (Planung), *Executing* (Ausführung) und *Judging* (Beurteilung) — auf die didaktische Diskussion unseres Bereichs anwendet, so zeigt sich bei den Schritten des Planens und Ausführens eher ein Überangebot als eine Lücke; die Organisation der Planung ist Gegenstand endloser Debatten und wird in der Lehrerausbildung als zentraler Inhalt wahrgenommen und bis ins minutiöse Detail antrainiert; die Ausführung des Sachunterrichts wird durch eine Flut von Hilfsmitteln, Büchern und Geräten unterstützt. Die Beurteilung des ganzen Unternehmens fällt jedoch schwer, wenn in der Diskussion auch so etwas wie ein allgemeines Unbehagen am Verlauf der didaktischen Entwicklung konstatiert werden kann. Es fehlt ein Maßstab, den erst die Zielsetzung liefern könnte. Hier genau scheint mir der Mangel zu liegen. Es geht dabei nicht um die eine Zeitlang herrschende Mode, nachprüfbare „Lernziele" zu formulieren, — ein Mißverständnis der Unterrichtsplanung aus der übertragenen Perspektive von Ingenieuren, das inzwischen mit Recht wieder im Verschwinden begriffen ist. Es geht darum, daß in den Diskussionen die inhaltliche Zielsetzung des Sachunterrichts ausgespart bleibt.

Man muß fragen, welchen Sinn ein Sachunterricht ergibt, bei dem es darum gehen soll, ein paar Begriffe von der Oberfläche der Dinge und Sachverhalte abzulesen und zu vermitteln — wobei jetzt einmal die Frage außer acht bleiben soll, ob dabei „kindgemäße" oder „wissenschaftsorientierte" Wege beschritten werden: was wird da alles stillschweigend vorausgesetzt, was bleibt da alles im Dunkeln, dem Zugriff rationaler Bearbeitung entzogen? Wenn man es als Aufgabe didaktischer Überlegungen betrachtet, den Sinn des betreffenden Unterrichts zu bestimmen, dann kann auch eine Zielformel nicht als hinreichend aufgenommen werden, so hilfreich ein Begriff wie z. B. „Sachkompetenz" in diesem Zusammenhang auf den ersten Blick erscheinen mag. Es muß vielmehr immer wieder aufgewiesen werden, an welchen Inhalten Sachkompetenz zu entwickeln sei, denn erst die inhaltliche Dimension bringt die Zielformel zur Realität.

Darüber hinaus muß auch die wechselseitige Konstitution von Inhalt und Methode berücksichtigt werden, um die Tragweite des Versäumnisses erfassen zu können, das darin besteht, die inhaltliche Zielsetzung aus der didaktischen Diskussion auszusparen. Streng genommen stellen die Verfahrensweisen des Unterrichts für sich bereits einen Inhalt dar;

in der Art und Weise, in der Unterricht abläuft, sind inhaltliche Aussagen über die Wirklichkeit verborgen, die von den Kindern durchaus als solche erfahren werden, auch wenn die offiziöse Didaktik davon überhaupt nicht Kenntnis zu nehmen bereit ist. Der Gedanke, daß Schule als Institution erzieht, ist unter dem Begriff des „heimlichen Lehrplans" in den siebziger Jahren erneut aufgetaucht und in die Diskussion einbezogen worden, nachdem er bereits in den zwanziger Jahren von *Siegfried Bernfeld* entwickelt worden ist. [5] Man scheint diese Erkenntnis jedoch zunächst in einer allgemeinen Sparte unter „Schulpädagogik" rubriziert zu haben; in den fach-, bereichs- und stufendidaktischen Diskussionen bleibt der heimliche Lehrplan noch weithin unberücksichtigt. Im Sachunterricht besteht die Kehrseite des Defizits an konstruktiven Zielsetzungen also darin, daß weiterhin übersehen bleibt, wodurch das Weltbild der Schüler in der gegenwärtigen Situation bestimmt wird.

Bei näherer Betrachtung zeigt gerade dieser Aspekt, daß Inhalte von didaktischer Bedeutung in der Gestalt von Problemen entgegentreten. Die Schule selbst ist eine Institution, die Probleme enthält, die sowohl auf einer institutionell-offiziösen Ebene, als auch von jedem einzelnen Betroffenen gelöst werden müssen, und diese Probleme zeigen sich in dem Ganzen, das von Lehrplan und Verfahren zugleich gebildet wird. Auf den umfassenden gesellschaftlichen Kontext bezogen, müssen wir Probleme stets als Funktion des gesellschaftlichen Prozesses verstehen, der einen dauernden Wandel abbildet. Deshalb entziehen sich Inhalte dem Zugriff, der sie festzulegen bestrebt ist. Probleme tauchen auf und werden überwunden oder verwandeln sich und kehren in Form neuer Inhalte wieder. Auch übergangen und ignoriert, sind sie mehr oder weniger deutlich stets präsent. Ein Problem als solches erkennen heißt, den ersten Schritt zu seiner Lösung unternehmen. Wenn es nicht ins Auge gefaßt wird, kann es nicht gelöst werden. Auf die Ebene des Sachunterrichts übertragen bedeutet das: Indem er Problemen gewidmet ist, kann sie der Sachunterricht als solche definieren, und macht sie einer Bearbeitung erst zugänglich. Damit wird hier nachvollzogen, was sich auf der Ebene der gesellschaftlichen Auseinandersetzung mit Problemen — falls es dazu kommt — abspielt.

Da die Verbindung zwischen den Ebenen der Gesellschaft und der Schule eine Grundbedingung unseres didaktischen Ansatzes darstellt, darf sich Sachunterricht inhaltlich nicht mit der Bearbeitung von Pseudoproblemen begnügen. Die Veranstaltung solchen Unterrichts ist nach unserer Auffassung nicht zu einer Art Spielfeld bestimmt, um verschiedene Betrachtungs- und Wahrnehmungsstrukturen im Hinblick auf Wirklichkeit spielerisch nachzukonstruieren, wie es der didaktische Ansatz des sog. mehrperspektivischen Sachunterrichts der Reutlinger Gruppe von Didaktikern um *Klaus Giel* und *Gotthilf Gerhard Hiller* propagiert. Der Inhalt des Unterrichts soll nicht als Spielmaterial oder als bloßer Übungsgegenstand definiert werden, wenn man Kategorien wie „Verantwortung" und „Demokratie" als irgend didaktisch relevant und nicht vielmehr als bloßes schmückendes Beiwerk wahrnehmen möchte.

Probleme, die im Sachunterricht bearbeitet werden, sollen also Fragen von aktueller Bedeutung darstellen, ungelöste Fragen, die wie unausbleiblich, öfter kontrovers diskutiert werden, d. h. Probleme, die diesen Namen überhaupt verdienen. Das Typhus-Projekt, wie es am Anfang des Jahrhunderts von den Schülern der Elementarschule in *Goodman, Missouri*, in Angriff genommen worden ist, war einem solchen Problem gewidmet, das in der Situation damals buchstäblich eine Sache von Leben und Tod betraf. Die Arbeit der Kinder war keine leere Übung, sondern ein Beitrag zur Überwindung eines gesellschaftlichen Problems, dessen Inhalt mit den Begriffen „Hygiene" und „Volksgesundheit" ungefähr bezeichnet ist. Es hätte etwas Künstliches, wollte man in der heutigen Situation den gleichen Inhalt zum Gegenstand eines Unterrichtsprojekts machen; das

2. Ein Modell zur Rekonstruktion des Sachunterrichts

entsprechende gegenwärtig aktuelle Problem scheint doch eher darin zu bestehen, daß weite Teile der Bevölkerung von dem sog. medizinisch-industriellen Komplex abhängig geworden sind und dabei die Teilhabe an der medizinischen und hygienischen Tradition — Resultat und Kennzeichen einer althergebrachten weitgehenden Autonomie der Bevölkerung in Gesundheitsfragen — verlorengegangen ist.

Das Beispiel macht deutlich, daß problematische Inhalte nicht kanonisierbar sind. Wollte man in der gegenwärtigen Situation eine Liste aufstellen, so müßten wohl u. a. folgende Gegenstände enthalten sein:
— die ökologische Krise, das Verhältnis zwischen Gesellschaft und Natur
— das Verhältnis zwischen den reichen und armen Ländern
— das Verhältnis zwischen Deutschen und Ausländern in Deutschland
— das Verhältnis der Geschlechter zueinander
— das Verhältnis der Generationen untereinander.

Die Liste erhebt nicht den Anspruch komplett zu sein, aber es sind diese Verhältnisse und Beziehungen, denen die meisten der im vorliegenden Buch enthaltenen Beispiele aus dem Sachunterricht entstammen. Daß sich die inhaltliche Ausprägung der Probleme verändert, bringt den Situationsbezug derartiger Auflistungen, und damit auch ihren begrenzten Geltungsanspruch mit sich. Als Fixpunkt ist demgegenüber der Begriff des Problems selbst zu betrachten; er fungiert gewissermaßen als eine Membran, an der die Erfahrungen des einzelnen sich mit den objektivierten gesellschaftlichen Erfahrungsgegenständen berühren.

Drei Grundelemente haben wir aufgeführt, die bei der Rekonstruktion des Sachunterrichts berücksichtigt werden müssen:
1. Die problemhaltige Situation, der problemhafte Sachverhalt als Zuspitzung aus dem Bereich gesellschaftlich objektivierter Erfahrung; hier begegnen wir dem Gegenstück zu dem individuellen Interesse der Lernenden.
2. Das spontane Interesse der Schüler, das sich auf der Grundlage ihrer jeweils besonderen Erfahrungen entfaltet.
3. Der Erfahrungsgewinn durch die planvoll-handelnde Auseinandersetzung der Lernenden mit den sie betreffenden Sachverhalten.

Angesichts des gerade im Geschäft der Lehrerausbildung herrschenden Zwanges, Verfahrensmuster, Anleitungen und Rezepte zu produzieren, liegt es wohl nahe, aus diesen drei Bestandteilen ein Verlaufsschema zum Aufbau von Unterrichtseinheiten zu konstruieren, das als Planungsverfahren drei Schritte oder Phasen enthält:
In der ersten Phase solcher Planung würde sich die Lehrerin/der Lehrer dem Bereich gesellschaftlicher Erfahrung mit der Fragestellung zuwenden: welche Sachverhalte sind derzeit aktuell, welche Sachprobleme werden diskutiert, welche kontroversen Fragen sind von Interesse?
Die zweite Phase — die selbstverständlich zeitlich gleichzeitig zur ersten liegen kann — wäre der Situation der Kinder gewidmet: wie stellen sich die Probleme im Horizont ihrer Erfahrung dar, welche besonderen Interessen melden sie an?
Drittens wäre eine handlungsbezogene Vermittlung der beiden Bereiche zu planen: welche Untersuchungen, Aktivitäten, Projekte sind in Anbetracht der Lage der Dinge und der Unterrichtssituation möglich?
Der Arbeitsplan selbst käme dann als Beschluß aller Beteiligten Lehrenden und Lernenden zustande. Außer der inhaltlichen Organisation müßte er die Organisation der Ar-

beitsgruppen definieren. An einem Beispiel sei inhaltlich dargelegt, wie diese drei Planungsphasen konkret umgesetzt werden können.

Eine facettenreiche Problematik, die als Ausfluß der ökologischen Krise in dem Verhältnis von Gesellschaft und Natur zu betrachten ist, bietet der Komplex, der bei Nennung des Stichworts „Verkehr" hervorgerufen wird. Das Leiden, das durch die hierzulande besonders zahlreichen, immer wieder sinnlos erscheinenden Unfälle im Straßenverkehr entsteht, darf nicht lediglich als verkehrstechnisches oder verkehrsrechtliches Problem betrachtet werden, sondern stellt auch ein verkehrspolitisches Problem dar, das die Schule insofern direkt betrifft, als sich unter den Verkehrsopfern viele Schulkinder befinden. In der „Analyse der Unfälle von Kindern und Jugendlichen 1969—1977", die der ADAC im Jahre 1980 vorgelegt hat, heißt es:

„In der Altersgruppe von 6—10 Jahre verunglückten 1977 24 961 Kinder, das sind 329 oder + 1,3% mehr als 1976. Am häufigsten verunglückten 1977 Kinder dieser Altersgruppe als Fußgänger 12 096 oder 48,5% und als Radfahrer 7 227 oder 29%." [2, S. 23]

Bekanntlich versucht die Schule einen Beitrag zur Verminderung dieser Zahlen zu leisten, indem sie — in Zusammenarbeit mit der Verkehrspolizei — Verhaltensmaßregeln im Rahmen der sog. Verkehrserziehung vermittelt. Angesichts der hohen, bisweilen ansteigenden Unfallzahlen ist der Erfolg dieser Mühen nicht immer überzeugend. Wie es in einem diesbezüglichen Artikel in der „Frankfurter Rundschau" formuliert wurde, ist es durch Verkehrserziehung nicht gelungen, das „verkehrsgerechte Kind" zu schaffen. Immer deutlicher zeigt es sich, daß die einseitige Akkomodation der Kinder an eine einzig an den Erfordernissen des Kfz-Verkehrs ausgerichtete Verkehrsstruktur verfehlt ist. Diese — wie auch notwendige — Anpassung muß vielmehr durch das Entgegenkommen seitens der Verkehrsplaner ergänzt werden. Das soll nicht die Ausgrenzung der Kinderwelt aus dem Verkehr bedeuten, beispielsweise mittels Einrichtung weiterer Spielplätze, die den Kindern als mehr oder weniger öde Reservate zur Verfügung gestellt werden, sondern die Berücksichtigung von Kindern als Verkehrsteilnehmern. Da Kinder am Straßenverkehr lediglich als Fußgänger oder als Radfahrer selbständig zu partizipieren in der Lage sind, müßte dieser Forderung entsprechend das besondere Augenmerk der Verkehrsplaner dem Fuß- und Radwegenetz gelten.

Diese Forderung kann nur auf dem Wege politischer Einflußnahme durchgesetzt werden, und es ist wohl nicht abwegig, hier eine Aufgabe derer zu erblicken, die an der Institution Schule arbeiten und sich selbst als Anwalt des Kindes verstehen.

Deuten sich hier die Konturen eines möglichen Unterrichtsprojekts bereits an, so soll deshalb das breite Spektrum von Problemen nicht übersehen werden, die sich anschließen. Das Thema „Fahrrad als Alternative zum Autoverkehr" etwa korrespondiert mit dem Problem, das schlagwortartig als „Energiekrise" bezeichnet wird. Wenn man einmal damit begonnen hat, sich Alternativen zur gegenwärtigen Verkehrsstruktur auszudenken, kommt man rasch zu den Problemen der Stadtplanung insgesamt — ein weites Projektionsfeld für individuelle Wünsche und Bedürfnisse, die viele Gelegenheiten zur Bearbeitung der wirtschaftlichen Zusammenhänge und Grundmuster des Zusammenlebens bieten, deren Verständnis für die künftig mit hoher Wahrscheinlichkeit auftauchenden Fragen von Bedeutung ist.

Diese Bemerkungen sollen genügen, um die Umrisse einer Problematik anzudeuten, die nicht nur so aktuell ist, daß sie öffentlich überall diskutiert wird, sondern von der darüber hinaus auch vermutet werden kann, daß sie die an den meisten Grundschulen gegebene Situation unmittelbar betrifft, so daß die Sache von vornherein jene Handlungsmöglichkeiten eröffnet, die den Gegenstand der dritten Phase unserer Planungsarbeit darstellen.

2. Ein Modell zur Rekonstruktion des Sachunterrichts

Auf der anderen Seite sind die Interessen der Schüler betroffen, die es nun zu berücksichtigen gilt. In einem Seminar, dessen Teilnehmer aus verschiedenen Gegenden Nord- und Mitteldeutschlands kamen, veranstalteten wir im Frühjahr 1980 eine informelle Befragung, um die Interessen von Kindern zu dem Komplex „Verkehr — Schulweg — Fahrrad" herauszufinden; dabei kamen u. a. folgende Beobachtungen zustande:

— Ein elfjähriger Junge berichtet, wie er kürzlich beinahe von einem Lastwagen erfaßt wurde, als er mit seinem neuen Rennrad auf der Landstraße unterwegs war; er würde den Bau von Radwegen gut finden, sagt: „Es gibt zu viele Autos."

— Ein zehnjähriges Mädchen aus der gleichen Ortschaft ist mit ihrem Fahrrad noch nicht auf der Bundesstraße gefahren, die durch den Ort führt, obwohl sie das Rad seit vier Jahren besitzt, und es nach eigenen Angaben oft und gerne benutzt; später möchte sie lieber Auto fahren.

— Ein achtjähriger Junge interessiert sich vor allem für technisches Zubehör an seinem Rad: Tachometer, große Rückspiegel, eine 20-Gang-Schaltung möchte er haben; seine Schulkameraden vergleichen untereinander die Ausstattung ihrer Räder und legen dabei einen ähnlichen Besitzerstolz an den Tag wie manche Erwachsenen bei ihren Autos.

— Eine Gruppe von Kindern, die mit dem Rad zur Schule fahren, äußern übereinstimmend, auf dem Schulweg Angst zu empfinden: der Fußweg, den sie benutzen, ist mit Autos verstellt; weichen sie auf die Straße aus, werden sie von den mächtigen Bussen und Lastwagen bedrängt. „Und an Treppen müßte es Rampen geben, auf denen man die Räder rauf- und runterschieben kann."

— Fünf- und Sechsjährige in einem Vorort Hamburgs, in dem auch viele Erwachsene das Rad benutzen, berichten darüber, daß sie manchmal von Fußgängern vom Bürgersteig auf die Straße gewiesen werden, wo es keine Radwege gibt.

— Besonders interessant erscheinen die verschiedenen Beziehungen der türkischen Kinder zum Fahrrad: im Stadtteil Wilhelmsburg sagen die Kinder, daß sie gerne ein Fahrrad hätten, wenn sie nur eines haben könnten; in Altona sind türkische Kinder auf Rädern zu beobachten, die mit akrobatischem Geschick im dichtesten Verkehrsgewühl umherflitzen, öfter mit kleinen Geschwistern auf dem Gepäckträger; in der Gegend um den Großneumarkt betreiben einige einen offenbar schwunghaften Handel mit Radteilen und Rädern, die beständig repariert, abgebaut, umgebaut werden; diese Kinder besitzen gewöhnlich mehrere Fahrräder, die sie aus Teilen vom Sperrmüll und anderswoher zusammengebaut haben; sie haben Kontakte zu den „grünen" Radwerkstätten Hamburgs und pflegen den Keim dessen, was später einmal ein Geflecht von Handelsbeziehungen werden könnte.

— Manche Kinder unternehmen an den Wochenenden Radtouren mit ihren Eltern und Geschwistern; sie sehen das Fahrrad vor allem als Sportgerät und Mittel zur Erkundung der Umwelt.

Da wir uns in dem Seminar vorher mit der Verkehrsproblematik befaßt hatten, wie sie in Büchern, Zeitschriften und Ausstellungen dargestellt wird — das Fahrrad ist dabei jedesmal zentraler Ausgangspunkt für ein ganzes Szenario künftiger umwelt- und menschenfreundlicher Verhältnisse —, fanden es einige Teilnehmer enttäuschend, daß die Interessen der Kinder nur am Rande auf die Problematik des Sachverhaltes gerichtet erschienen; sogar ein Kind, das mit seiner Mutter an Fahrraddemonstrationen teilgenommen hatte, äußerte spontanes Interesse nicht an den Umweltproblemen, sondern an der Ausstattung des Rades. Aber in dem Gegensatz zwischen den gesellschaftlichen Problemstellungen einerseits und den individuellen Interessen andererseits liegt ja die Kluft, die es — gewissermaßen der Archetyp aller didaktischen Aufgaben — durch handelnde Auseinandersetzung zu überbrücken gilt. Die Unterschiedlichkeit der Betrachtungsweise ist typisch, und als charakteristisch muß auch die Richtung gelten, in die das generelle Interesse der Kinder weist: es ist auf Aktivitäten, Unternehmungen, Anschaffungen gerichtet, — ein Handlungsinteresse, das damit dem Konzept eines handlungsbezogenen Erfahrungsgewinns entgegenkommt. Auch zeigen sich immerhin einige Wünsche und Bedürfnisse, an denen die Vermittlung der Verkehrsproblematik als Bestandteil der ökologischen Krise ansetzen könnte, so daß die Arbeit keineswegs aussichtslos erscheint.

In der dritten Phase der Planung geht es um Vorschläge für Aktivitäten, Erkundungs- und Arbeitsvorhaben, die geeignet sind, die beiden bezeichneten Erfahrungsbereiche zu verbinden. Es bietet sich an, im Unterricht Fahrräder auseinanderzubauen, die Teile an einer Pinnwand anzuheften und ihre Funktion zu beschreiben, einfache Reparaturarbeiten — Kette aufziehen, Schlauch flicken, Elektrokabel festschrauben, Abstandhalter montieren — durch Kinder, die diese Tätigkeiten beherrschen, den andern gruppenweise vermitteln zu lassen, eine Fahrradwerkstatt zu besuchen, um verschiedene Typen von Rädern und Fahrradteilen kennenzulernen, sog. Alternativwerkstätten oder Fahrradausstellungen von Schülergruppen erkunden zu lassen, um die Möglichkeit einer technischen Weiterentwicklung des Rades deutlicher zu sehen, und schließlich, fahrradgetriebene Maschinen zu entwerfen; die Entwürfe können ihrerseits dazu genutzt werden, mit Fahrradfabriken oder Radfahrerinteressenverbänden in Kontakt zu kommen.

Es bietet sich an, die Zeit zu vergleichen, die verschiedene Verkehrsmittel für eine Strecke von etwa 3 bis 5 km Länge in der Innenstadt benötigen: Auto, S-Bahn, Bus, Fahrrad, Fußgänger; die Schüler können Passanten oder auch ihre Verwandten nach den regelmäßig benutzten Verkehrsmitteln befragen und die Ergebnisse in einer Tabelle zusammenfassen, um sie den Ergebnissen des Geschwindigkeitsvergleichs gegenüberzustellen, die anhand des Stadtplans illustriert und den zuständigen Gremien zur Berücksichtigung zugesandt werden können.

Es bietet sich an, das Radwegenetz der Umgebung zu untersuchen und auf dem betreffenden Ausschnitt des Stadtplans einzutragen. Falls in der Nähe zufällig ein Straßenbauvorhaben durchgeführt werden soll, kann erkundet werden, ob dabei Radwege neu eingerichtet oder vielleicht beseitigt werden sollen. Bei eventuellen Stellungnahmen der betreffenden Schüler empfiehlt sich die Zusammenarbeit mit dem Elternrat der Klasse/Schule.

Es bietet sich an, durch Befragen älterer Leute, Sammeln von Ansichtskarten u. ä. zu erkunden, wie die Straßen vor Jahrzehnten ausgesehen haben: beispielsweise berichtet ein Einwohner von Paderborn, daß dort noch vor 30 Jahren überall an den Landstraßen in der Gegend ein sorgfältig ausgebautes Radwegenetz bestanden habe; die Radwege seien im Zuge des Straßenausbaues verschwunden.

Ausgehend von derartigen Belegen fällt es Kindern leichter, sich vorzustellen, daß in Zukunft wiederum ganz andere Muster befolgt, ganz andere Verhältnisse eingerichtet werden könnten, und sie können mit Hilfe von Zeichnungen und Plänen das Bild einer Verkehrszukunft entwerfen, die ihren Wünschen entspricht.

Diese Vorschläge geben lediglich einen Ausschnitt von dem wieder, was bei Berücksichtigung der konkret gegebenen Situation an handlungsbezogener Auseinandersetzung mit der Problematik möglich erscheint. Bei der Realisierung eines derartigen Vorhabens müßte neben dem Situationsbezug darauf geachtet werden, daß die Kinder selbst bei der Erstellung des Arbeitsplans mitarbeiten, und zwar hinsichtlich der Inhalte ebenso wie hinsichtlich der Organisation des Projekts.

2. Ein Modell zur Rekonstruktion des Sachunterrichts

Das Beispiel zeigt, wie die Umsetzung des Planungsschemas in drei Schritten ablaufen kann:
1. Das öffentliche Problem als Ausdruck der gesellschaftlich objektivierten Erfahrung: die Verkehrsproblematik der Städte, in denen das Auto die Umwelt entgegen den Interessen der Kinder verändert hat, und in denen das Fahrrad künftig Entlastung im Interesse der Bewohner bringen könnte.
2. Die Erfahrungen der einzelnen: das Interesse der Kinder, gerichtet vor allem auf technische Neuheiten am Fahrzeug, auf die Beseitigung der nächstliegenden Mängel im Verkehr und insgesamt auf das allgemeine Bedürfnis, „irgendetwas zu tun".
3. Der Bereich, in dem die gesellschaftlich objektivierte Erfahrung mit der der einzelnen zusammentrifft: Handlungsmöglichkeiten als Projektideen für den Sachunterricht.

Selbst bei schematischer Anwendung dieser dreiphasigen Planungsequenz stellt sich eine qualitative Verbesserung im Hinblick auf das Anspruchsniveau solcher Unterrichtseinheiten heraus, die zum altüberlieferten Themenkanon des Sachunterrichts gehören. Die Erhöhung des Anspruchsniveaus hängt mit der Bindung an das aktuelle Problembewußtsein zusammen, die als eine inhaltliche Kondition unseres Verfahrens vorausgesetzt ist. All die vielen, für den modernen Sachunterricht typischen Unterrichtsentwürfe, deren Hauptinhalt in der Vermittlung von Begriffen besteht, und die üblicherweise in einen Lückentest einmünden — ein Blatt Papier, auf dem die Schüler in die Lücken eines vorgegebenen Textes die im Unterricht „erarbeiteten" Begriffe einzutragen haben —, könnten nur gewinnen, wenn das Interesse durchgehend, nicht nur als Anknüpfungspunkt auf die Eingangsphase des Unterrichts beschränkt, berücksichtigt wäre, und vor allem, wenn die tatsächlich aktuelle Problematik, die in den Sachverhalten steckt, anstelle einer Beschreibung ihrer Teile und Funktionen zum Gegenstand gemacht würde.

Trotzdem zögere ich, den Entwurf als Schema zur Konstruktion von Unterrichtseinheiten zum Sachunterricht zu empfehlen. Ich befürchte, daß die schematische Anwendung der Sequenz jenen grotesken Formen der Vernutzung in der Kontroll-Routine des Ausbildungs- und Unterrichtsbetriebs anheimfallen könnte, von denen bisher noch kein — wie auch sorgfältig abgesicherter und in pädagogische Sinnzusammenhänge eingebetteter — Entwurf zur Unterrichtsplanung verschont geblieben ist. Deshalb möchte ich erklären, weshalb die Verwendung der angeführten Sequenz als Planungsschablone für den Sachunterricht den Absichten unseres Ansatzes, der den Aufbau von Erfahrungen auf der Grundlage der handelnden Auseinandersetzung mit Dingen und Sachverhalten anstrebt, mit Notwendigkeit widerspricht: in Wirklichkeit bilden die drei Phasen eine untrennbare Einheit, einen Erfahrungszusammenhang, der gleichsam einen Gleichgewichtszustand repräsentiert; er müßte zerstört werden, wenn man ihn zerlegen und dann additiv wieder zusammenfügen wollte. Unser analytischer Zugriff war nichts als ein didaktischer Kunstgriff, um die einzelnen Aspekte des Wirkungszusammenhanges zu verdeutlichen; nur dadurch konnte er gelingen, daß jeder der drei Aspekte nicht für sich, sondern im Hinblick auf die beiden anderen beschrieben wurde. Als Darstellungsform ist das Nacheinander also so lange legitim, wie der Darstellende das Ganze des Zusammenhangs vor Augen hat. Sobald die Darstellung in eine Sequenz gewendet wird, eine Abfolge von Schritten, bei der das Ganze des Projekts herauskommen soll, besteht die Gefahr, daß es in der Praxis schiefgeht.

Angemessener ist deswegen eine andere Empfehlung, die nicht auf die Technik der Unterrichtsplanung, sondern auf das didaktische Verhalten der Lehrerinnen und Lehrer gerichtet ist. Die Unterrichtenden sollen einerseits die aufs Erstarren gerichteten Tendenzen in Wissenschaft und Gesellschaft für sich selbst dadurch in Fluß zu halten versuchen, daß sie ihr eigenes Problembewußtsein pflegen und erweitern — statt Antworten geben, sollen sie das Fragenstellen üben —; andererseits sollen sie nicht müde werden, gleichzeitig die Bedürfnisse der Kinder zu erkunden, indem sie sich mit deren Lebenssituation befassen und ihre typischen Erfahrungsmuster zu ermitteln versuchen. Diese beiden Daueraufgaben bilden die beiden Hauptarbeitsstränge, aus denen sinnvolle Unterrichtseinheiten und Projekte hervorgehen.

Die Darstellung des Gesamtzusammenhanges unseres auf dem pragmatistischen Erfahrungsbegriff basierenden Entwurfs in Form einer Sequenz von drei Schritten sollte auch den inhaltlichen Aufbau des vorliegenden Buches spiegeln und erläutern: in den folgenden Kapiteln befasse ich mich zuerst mit dem in den Wissenschaften objektivierten Erfahrungsbereich und den didaktischen Problemen, die sich daraus für den Sachunterricht ergeben; anschließend mit dem weiten Bereich individueller Erfahrungen von Schülern und dem Versuch, diese weithin zu wenig berücksichtigten Erfahrungen für den Sachunterricht zu erschließen; und schließlich mit dem Bedingungsrahmen, den die Beteiligung von Schülern an der Erstellung der Arbeitspläne für den Sachunterricht erfordert.

3. Rekonstruktion des Sachunterrichts unter dem Gesichtspunkt des Wissenschaftsbezuges

Daß Sachunterricht gegenwärtig in lauter Vorkurse verschiedener Fächer auseinanderzufallen droht, stellt das didaktische Hauptproblem des Lernbereichs dar. Es kann als Folge der am Anfang der siebziger Jahre vorherrschenden bildungspolitischen Maxime betrachtet werden, daß sich alles Lernen an den Wissenschaften zu orientieren habe. Die mit dem Wissenschaftsbetrieb aufgekommene Tendenz, lebensvolle Wirklichkeit mit Hilfe von Begriffen zu sezieren und den Dingen und Sachverhalten damit die ihnen innewohnende Faszination zu nehmen, hat bereits *Goethe* den Mephisto feststellen lassen:

„Wer will was Lebendigs erkennen und beschreiben
sucht erst den Geist herauszutreiben.
Dann hat er die Teile in seiner Hand
fehlt — leider — nur das geistige Band."

Das Herausgreifen des Lebensbezuges ist ein altes Problem, das sich nicht nur in begrifflichem Geklapper mancher wissenschaftlichen Erörterung ohne Bezug zur Wirklichkeit äußert, sondern auch in der fortschreitenden Auffächerung der Disziplinen in immer neue Spezialabteilungen, die anscheinend völlig unverbunden nebeneinander vor sich hinarbeiten.

Deswegen enthält die Forderung nach der Wissenschaftsorientierung des Sachunterrichts von Anfang an das Risiko, daß anstelle der Glorie von „Vernunft und Wissenschaft, des Menschen allerhöchster Kraft", mit dem äußeren Zusammenhang der Fachbezüge auch der Verlust des inneren Bezugs zum Leben der Kinder auftreten konnte. Erst durch die erziehungsphilosophisch begründete Rückbindung an die Lebenserfahrungen von Kindern und Gesellschaft kann die Ambivalenz der Wissenschaften in Schule und Unterricht überwunden werden.

Im Folgenden soll gezeigt werden, wie auch das Unternehmen „Wissenschaft" auf eine Sinnentscheidung angewiesen ist, die pädagogischen Vorstellungen nahekommt: Didaktik und Wissenschaft werden letzten Endes beide erst durch die Vermittlung mit der Erfahrung der Menschen sinnvoll.

„Wissenschaftsorientierung" als curriculares Problem des Sachunterrichts

Die Tendenz zur Aufsplitterung des Sachunterrichts in mehr oder weniger stark fachpropädeutisch ausgerichtete Teilfächer hat sich stabilisiert, seit sie im *Strukturplan für das Bildungswesen des Deutschen Bildungsrats* im Jahre 1970 vorgezeichnet und in den folgenden Jahren in den Richtlinien der Länder zum Bereich „Sachunterricht" oder „Sachkunde/Heimatkunde" festgeschrieben worden ist. Das Spektrum reicht von zwei „Bereichen" oder „Aspekten" in den Ländern Baden-Württemberg („Handlungsbereich" und „Erfahrungsbereich", wobei der Handlungsbereich dem sozialwissenschaftlichen Teil, der Erfahrungsbereich dem naturwissenschaftlichen Teil des Curriculums gewidmet ist) und Hessen („Aspekt Gesellschaftslehre" und „Aspekt Naturwissenschaften/Technik") bis zu neun separaten Fächern im Lande Nordrhein-Westfalen (Physik — Wetterkunde, Chemie, Technik, Biologie, Geschlechtererziehung, Soziale Studien, Haushaltslehre, Geographie, Verkehrserziehung). Symptomatisch für die Entwicklung ist auch, daß selbst die Richtlinien mit lediglich zwei Bezugsbereichen auf eine viel höhere Zahl von Bezugswissenschaften zurückgreifen, und daß die diesen Bezugswissenschaften entstammenden Inhalte nur in seltenen Fällen miteinander verbunden werden. In der Regel stehen sie versatzstückartig lediglich in einem Ableitungsverhältnis zur betreffenden Fachsystematik, separat nebeneinander. So verbergen sich hinter dem „Aspekt Naturwissenschaften/Technik" der hessischen Rahmenrichtlinien in Wirklichkeit drei völlig unterschiedliche inhaltliche Stränge, die der Biologie, der Physik und der technischen Arbeitslehre entstammen. Auch die Einführung übergreifender Lernbereiche, die mit den Lebensbezügen der Kinder in Korrespondenz stehen sollen, mit der Absicht, eine Art Gegengewicht zu der ausschließlichen Orientierung an den Fächern ins Spiel zu bringen, erbringt lediglich ein oberflächliches Organisationsmuster, das die Fächer neu gruppiert, ohne zu verhindern, daß sich deren Fachsystematik unter dieser Oberfläche gleichwohl entfaltet. Beispielsweise gelangen die Fachbezüge, die sich zum Teil bereits in den Titeln der fünf „Lernfelder" verraten, aus denen die Rahmenrichtlinien Niedersachsens konstruiert wurden, in den konkret dargestellten Unterrichtsvorschlägen vollends zum Ausdruck: „Zusammenleben der Menschen", „Mensch und Raum", „Sicherung und Gefährdung menschlicher Existenz", „Naturphänomene und ihre Zusammenhänge", „Mensch und Technik".
Derartige amtliche Vorgaben beeinflussen die Studienordnung in der Lehrerausbildung der betreffenden Länder, wo in der Regel lediglich zwei der zahlreichen Bezugsdisziplinen des Sachunterrichts mit einiger Intensität studiert werden, so daß Referendare in den Schuldienst gelangen, die sich lediglich für einen Teilbereich des Sachunterrichts zuständig fühlen, während die älteren Kollegen mit ihrer heimatkundlich orientierten Ausbildung von diesen jüngeren Kollegen häufig neue Impulse für die Unterrichtspraxis des gesamten Lernbereichs Sachunterricht erhoffen. Diese Situation hat nun an vielen Grundschulen dazu geführt, daß der Sachunterricht von mehreren Lehrerinnen und Lehrern in ein und derselben Klasse unterrichtet wird, auch wenn das Stundendeputat des Faches normalerweise lediglich bei 2 bis 4 Wochenstunden liegt. So überrascht es nicht, wenn man erfährt, daß in einigen Bundesländern die Zeugnisformulare mehrere Zensuren für das in mehrere Bereiche unterteilte Fach Sachunterricht vorsehen.

Diese Zersplitterung des Sachunterrichts ist als eine Folge des didaktischen Versuchs zu betrachten, die Inhalte des Lernbereichs an den Fachwissenschaften auszurichten. Die den Bezugswissenschaften innewohnende Ambivalenz hätte nämlich allein mit Hilfe einer pädagogischen Orientierung überwunden werden können, deren Einfluß allzu gering geblieben ist. Die Ambivalenz der Wissenschaften kann — ähnlich wie die Charakteristik der Sprache durch *Humboldt* als *organon* (Werkzeug) und *ergon* (fertiges Werk) zugleich — als in sich geschlossenes, nach außen abgeschlossenes fachsystematisches Gebäude einerseits und Mittel zur systematisch vorangetriebenen Erforschung der Wirklichkeit andererseits beschrieben werden. Fatal für den Unterricht ist die Beschränkung der Arbeit auf die abgeschlossenen Aspekte der Wissenschaft.

Wenn die innerwissenschaftlich offenen Fragen, Kontroversen und Probleme im Verhältnis zur Gesellschaft ausgeklammert bleiben, driftet der Inhalt des Lernbereichs unaufhaltsam in Richtung jener künstlichen Schulwirklichkeit, die durch das Lernen von Begriffen und Merksätzen gekennzeichnet ist, die mit den tatsächlichen Interessen der Lernenden lediglich durch das Interesse an vorteilhaften Zensuren verbunden sind.

Hier ist die sog. Verfahrensorientierung oder Methodenorientierung gleichermaßen betroffen: ob ein Netz verbaler Begriffshülsen zu wiederholen oder eine Verhaltenssequenz zu repetieren ist, die forschendes Verhalten schematisch nachvollzieht, bleibt im Grunde gleich, denn in beiden Fällen liegt die Bezugsebene in dem als fix und fertig vorgestellten fachsystematischen Gebäude. Der von *Jerome Bruner* in die didaktische Diskussion eingebrachte Begriff von der *Struktur der Disziplin* erscheint in beiden Fällen verkürzt aufgegriffen zu sein; während *Bruner* mit seinem Begriff einen Weg zu bezeichnen sucht, der zur Teilnahme der Kinder an den die Wissenschaft bewegenden Fragen führte, — bester Beleg ist sein Curriculum „Man — a course of study" —, setzen die sog. konzeptdeterminierten und verfahrensorientierten Ansätze des Sachunterrichts eine inhaltliche bzw. methodische Struktur im Sinne eines vorgegebenen, abgeschlossenen Ganzen voraus, in das es die Schüler einzuführen gelte.

Man hat diese Entwürfe — die in perfekt ausgearbeiteter Form zu Anfang der siebziger Jahre vorlagen, bereits nach kurzer Zeit jedoch an Einfluß verloren, und trotzdem einen unübersehbaren Niederschlag in den Richtlinien aller Länder fanden — als „geschlossene Curricula" bezeichnet und geglaubt, mit der Forderung nach mehr „Offenheit" die Reform bereits bewerkstelligen zu können. Aber die innere Konsistenz der fachpropädeutisch bestimmten Ansätze scheint die Vorherrschaft behalten zu haben, wie neben dem Inhalt der Richtlinien, Schulbücher und den Entwürfen von Musterlektionen zum Sachunterricht die stabil gewordene Tendenz zur Aufgliederung des Bereichs in Teilfächer zeigt.

Mit der „Geschlossenheit" der Inhalte ist das entsprechende Unterrichtsverfahren dominant geworden. Nicht von ungefähr ist mit dem Schlagwort von der Wissenschaftsorientierung gleichzeitig die Operationalisierung von Lernzielen und die Nachprüfung der Unterrichtsergebnisse jeder Lektion anhand von Tests in Mode gekommen: die Bindung an den vorgegebenen Inhalt öffnet der Umsetzung vorgegebener Verlaufsmuster Tür und Tor; spontane Einfälle und Ideen seitens der Schüler müssen die Konturen des vorher definierten Gegenstands ebenso verwischen, wie sie den vorher geordneten Ablauf des Unterrichts stören; je exakter der Gegenstand, um so minutiöser die Verlaufsplanung; je bestimmter das Ritual solchen Unterrichts insgesamt, um so störender das spontane Interesse der Schüler.

Wie hat es zu dieser pädagogisch unheilvollen Entwicklung kommen können, der lange Zeit einzig durch die didaktische Kompetenz einzelner Praktiker gegengesteuert worden ist, welche die Kraft und den Mut aufgebracht haben, gewissermaßen gegen den Strom zu schwimmen? Die Forderung nach der Wissenschaftsorientierung des Unterrichts war weniger getragen von dem den Wissenschaften eigenen Pathos, zielte weniger auf das Erkenntnisinteresse und dessen Pflege im Unterricht, als auf die Idee einer für alle gleichermaßen gültigen Schulbildung: Wissenschaftsorientierung als Mittel zur Überwindung der beiden unterschiedlichen pädagogischen Traditionen, die sich hierzulande etabliert hatten. Der akademischen stand die sog. volkstümliche Bildung gegenüber. Die Vorstellung, daß den Kindern der einen Bevölkerungsgruppe eine Art gefühlsmäßig heimatverbundene Weltsicht vermittelt werden sollte, während die der anderen Bevölkerungsgruppe zu einer erweiterten, rational bestimmten Sicht der Dinge fortschreiten sollten, war besonders unerträglich geworden, nachdem die Zusammenhänge dieser unterschiedlichen Bildungsideen mit den Einkommensverhältnissen verschiedener Bevölkerungsschichten einer breiten Öffentlichkeit ins Bewußtsein gerückt worden waren. Gleichzeitig waren im Lauf der sechziger Jahre Einflüsse der Bildungsökonomie mächtig geworden, die als Konsequenz der veränderten Produktionsmuster die Bildung von anpassungsfähigen, geistig flexiblen und technisch versierten Arbeitskräften verlangte.

Das mit dem Schlagwort von der Chancengleichheit bezeichnete bildungspolitische Streben, in dem diese verschiedenen Einflüsse einen gemeinsamen Nenner gefunden zu haben schienen, war gleichsam der Motor, der die Didaktik zur Wissenschaftsorientierung hin antrieb. Aber Wissenschaftsorientierung allein konnte nicht genügen. Um den pädagogischen Sinn der Wissenschaften zu erschließen, wäre eine besondere didaktische Qualität erforderlich gewesen. Man glaubte aber anfangs, sich mit der Vermittlung wissenschaftlicher Inhalte und Techniken begnügen zu können, und später, durch die Berücksichtigung der Wünsche und Lernbedürfnisse der Schüler eine hinreichende Ergänzung gefunden zu haben. In Wirklichkeit ist die Aufgabe der Didaktik unseres Bereiches umfassender und in gewisser Hinsicht tiefgründiger: die in den Wissenschaften objektivierten Erfahrungen in den Erfahrungsbereich der Kinder zu überführen, durch Handeln zu erschließen, und so beides in wechselseitigem Interesse miteinander zu vermitteln.

So lange diese Aufgabe nicht bearbeitet wird, bleibt die didaktische Entwicklung in einer Zirkelbewegung zwischen den beiden Polen der „Wissenschaftsorientierung" und der „Kindorientierung" befangen, ohne diese beiden von vornherein als entgegengesetzt wahrgenommenen Bezugsgrößen dauerhaft zu verbinden. Die wechselseitige Ausschließlichkeit der beiden Pole ist in der didaktischen Diskussion der siebziger Jahre — bei wenigen Ausnahmen, zu denen *Martin Wagenscheins* sog. genetischer Ansatz gehört — herausgekommen: entweder aus den Fachwissenschaften oder aus den Interessen der Kinder sollte Sachunterricht seine Inhalte beziehen. Auf die Formel „Kinderschule oder Vorschule der Wissenschaften?" [18] zugespitzt, konstatierte man eine allgemeine Entwicklung der Didaktik, die als Pendelschlag vom einen zum anderen ging. Während anfangs die Wissenschaften vorgeherrscht hätten, sei jetzt immer deutlicher ein Rückschwung des Pendels hin zum Kinde und seinen als kindlich definierten Bedürfnissen erkennbar. Während vorher die konkret ausgeführten Beispiele und Anleitungen der amtlichen Richtlinien zum Sachunterricht als einzig verbindlich wahrgenommen worden seien, gelangte man am Ende der siebziger Jahre dahin, die allgemeinen pädagogischen Ausführungen in den Präambeln der Richtlinien immer stärker zu berücksichtigen.

Unter Praktikern scheint angesichts dieser Beobachtungen eine Art von Pendelhypothese populär zu werden, wonach das Pendel didaktischer Modeerscheinungen in der einen oder anderen Richtung schwingt, und der Engländer *Neville Bennett* hat in der Einleitung seiner Studie „Teaching Styles and Pupil Progress" (Dt.: Unterrichtsstile und Lernerfolg. [4]) diese Hypothese als Schablone zur Beschreibung der didaktischen Entwicklung in England und den USA benutzt. Kennzeichnend erscheint der sarkastische Beigeschmack, den solche Betrachtungen unweigerlich hinterlassen, denn letzten Endes ist hier nichts anderes gemeint als die Sinnlosigkeit didaktischer Diskussion, wenn diese ironisch distanzierte Sicht auch auf elegante Art dargelegt erscheint. Eine Zeitlang propagiert man die Orientierung an den Wissenschaften, dann wieder die absolute Vorherrschaft der kindlichen Interessen. „Offene" und „geschlossene" Entwürfe wechseln einander ab, und wer wollte entscheiden, welche nun die allein richtigen sind?

Ich selbst habe auf den Zusammenhang zwischen den Inhalten und Verfahrensweisen auf der einen und dem Bedingungsrahmen der Grundschule auf der anderen Seite hingewiesen [124], um die Abhängigkeiten didaktischer Überlegungen insbesondere von der Selektionsfunktion der Grundschule aufzudecken. Nun ist zwar sicher, daß die Freisetzung der Grundschule vom Zwang der Zensurenerteilung und Zuweisung auf unterschiedliche Schullaufbahnen (und damit im Grunde auch auf unterschiedliche Lebenswege) die Voraussetzung für eine Didaktik des Sachunterrichts schaffen müßte, die den Sachverhalten für sich und im Hinblick auf die Lebenswelt der Kinder gerecht zu werden versteht. Aber diese Voraussetzung allein genügt nicht. Sie wäre erst ein Schritt am Anfang des Weges zur Rekonstruktion des Sachunterrichts. Um zu vermeiden, daß dieser Lernbereich weiter zerfällt, ist ein inhaltliches didaktisches Konzept erforderlich, das die Pendelbewegung zwischen den als konträr wahrgenommenen Bezugspunkten „Kind" und „Wissenschaft" gewissermaßen in eine Spiralbewegung verwandelt, die beide gemeinsam weiterbringen kann.

An dieser Stelle liegt der Hinweis auf die didaktischen Vorstellungen nahe, die den Vorläufern des Sachunterrichts der Grundschule der Form nach jene Geschlossenheit und innere Konsistenz gaben, die nicht nur den Lernbereich zusammenhielt, sondern auch seine Position als Zentrum des gesamten Lehrplans der Grundschule bestimmte. Es ist zu fragen, ob wir auf dem mit dem Schlagwort „Wissenschaftsorientierung" bezeichneten Wege nicht einen pädagogischen Inhalt verloren haben, der uns auch in der gegenwärtigen Situation weiterhelfen könnte. Die Inhalte wurden in der Zeit zwischen den Weltkriegen von der Heimatidee zusammengehalten, in der Zeit nach dem 2. Weltkrieg bis zum Ende der sechziger Jahre von der geographischen Landeskunde. In dem Jahrzehnt im Anschluß an den verlorenen Ersten Weltkrieg war es das Pathos der Heimatidee, das die Heimatkunde zur Sinnmitte von Schule und Leben gleichermaßen werden ließ. Diese Idee ist vor allem von *Eduard Spranger* in seiner weit verbreiteten Schrift „Vom Bildungswert der Heimatkunde" vorgetragen worden und fiel in der geistigen Situation jener Jahre — die Leute hungerten nach dem wegweisenden Licht eines Ideals in der plötzlich finster gewordenen, von makabren Ereignissen bestimmten Wirklichkeit — auf fruchtbaren Boden. Daß jeweils das Fleckchen Erde, das dem einzelnen die Mitte der Welt bedeutete, auch die Sinnmitte eines autarken geistigen Lebens, eines umfassenden und sich selbst genügenden emotional bestimmten und dennoch wissenschaftlich anspruchsvollen „Wurzelgrundes" sein könne, — dies war eine Vorstellung, die damals Lehrern und Eltern gleichermaßen mit einem nostalgisch schimmernden Glanz einleuchtete. Damals wurde die Heimatkunde zum inhaltlichen Kernelement der „volkstümlichen Bildung" — jener didaktischen Vorstellung, auf der die Volksschule ihrer Idee nach basieren sollte, und es galt für selbstverständlich, daß Heimatkunde auch in der Oberstufe der Volksschule den Mittelpunkt des Lehrplans bildete.

In der Zeit nach dem 2. Weltkrieg breitete sich die Erkenntnis immer weiter aus, daß die Heimatidee bei allem ihr innewohnenden Pathos für die wirklichen Bedürfnisse der Gesellschaft nur von geringer Relevanz war, und Schritt für Schritt, lange Zeit auf der offiziösen Ebene der Didaktik kaum zur Kenntnis genommen, setzte sich der weniger emotionenbeladen erscheinende Bezug zu geographischen Inhalten in der Praxis der Heimatkunde durch. Anstelle des Heimatgefühls rückte Stück für Stück die regionale Besonderheit des jeweils zum Gegenstand erhobenen Raumausschnitts ins Zentrum. Die Geographie des Heimatraumes wurde zum Leitthema der Heimatkunde; die Idee des Heimatlichen wurde geographisch verdinglicht, — ein Vorgang, der zur Orientierung an den Fächern der Volksschuloberstufe überleitete und die weitergehende Orientierung an den Wissenschaften erleichterte, aber mit der Ablösung von der Heimatidee als didaktisch praktizierter Grundlage des Lernbereichs auch einen umfassenden, philosophisch orientierten Ansatz beseitigte. Die Geographie belegte die Heimatkunde im Verlauf der fünfziger und sechziger Jahre derart weitgehend mit Beschlag, daß Heimat- und Erdkunde schließlich weithin als Bezeichnungen ein- und desselben Faches galten, wie es beispiels-

weise in dem damals weitverbreiteten Handbuch zur Methodik des Geographieunterrichts von *M. F. Wocke,* „Heimat- und Erdkunde", zum Ausdruck kommt.
Wie die Perlen auf der Kette, so hingen die sozialkundlichen, geschichtlichen, biologischen und technikkundlichen Themen am geographischen Grundkurs, der sich entsprechend dem sog. Prinzip der konzentrischen Kreise Schritt für Schritt vom Heimatort zum Heimatkreis und weiter zur Heimatregion und zum Bundesland erweiterte. (vgl. die Untersuchungen zum Anteil und Einfluß geographischer Themen im Heimatkundeunterricht bei *Höcker* 1968 und *Schreier* 1978). Die Frage, ob aus den didaktischen Inhalten der Heimatkunde für den Sachunterricht ein Gewinn zu ziehen sei, ist insofern zu verneinen, als die Idee der Heimat keine unwandelbare Größe darstellt, sondern sich im Rahmen der gesellschaftlichen Bedingungen verändert; an anderer Stelle werden wir uns allerdings mit den Implikationen der Heimatidee im Rahmen unseres erfahrungsorientierten Ansatzes zu befassen haben. Die Geographie andererseits ist nichts anderes gewesen als eine lose Klammer, die den überlieferten inhaltlichen Kanon der äußeren Form nach zusammenhielt.

Wenn diese tradierten Ansätze auch nicht länger tragfähig erscheinen, so ist damit doch keineswegs gesagt, daß Sachunterricht deshalb auf eine didaktische Sinnmitte verzichten müßte, und daß die oben beschriebenen Zerfallserscheinungen eben hinzunehmen wären. Vielmehr ist zu fordern, daß wenigstens an einer Stelle des gesamten Lehrplans im öffentlichen Schulwesen die wissenschaftliche Betrachtung der Wirklichkeit insgesamt zum Inhalt des Unterrichts werde. Sein Gegenstand wäre das Weltbild der Schüler als Ganzes.

Die Einheit der Wissenschaften — eine philosophische Dimension als didaktische Bezugsgröße

Dem Anspruch der Menschen auf eine umfassende Betrachtungsweise der Dinge entspricht ein imaginärer Mittelpunkt, ein zentraler Aussichtspunkt, von dem aus Stellenwert und Sinn jeder einzelnen wissenschaftlichen Spezialdisziplin im Zusammenhang des Ganzen eingesehen werden könnte. Ein solcher Punkt müßte der Ausgangspunkt des Sachunterrichts sein; von hier aus könnte eine umfassende, integrierte Sicht der Dinge aufgebaut werden. Aber der Punkt ist nicht gegeben. Nirgendwo sind Wissenschaften auf diese Sinnmitte hin angelegt. Im Gegenteil scheint das Unternehmen Wissenschaft eher auseinanderzutreiben als zusammenzuwachsen: die Zahl der Spezialdisziplinen nimmt ständig zu. Die Forschung entwickelt einen Schwung, der sie dazu treibt, immer enger begrenzte Gebiete immer genauer unter die Lupe zu nehmen.

Diese Bewegung deutet darauf hin, daß Wissenschaft — dem Heiligenschein der Allwissenheit zum Trotz, mit dem sie in der gegenwärtigen Gesellschaft geschmückt zu werden pflegt — vor allem ein Instrumentarium zur Erkenntnis der Dinge und Sachverhalte darstellt, Werkzeug, das erst von den Menschen sinnvoll verwandt werden kann, die es zu gebrauchen verstehen.

Gleichzeitig sehen wir, daß der Wissenschaftsbetrieb im Grunde unter dem Mangel des gleichen gemeinsamen Nenners leidet, dessen Fehlen auch den wissenschaftsorientierten Sachunterricht auseinanderfallen läßt. In diesem Sinne spiegelt die Krise des Sachunterrichts die Krise der Universität. *Karl Jaspers* hat die Situation bereits in den fünfziger Jahren lapidar mit den Worten bezeichnet: „Die Einheit der Universität ist Fiktion geworden. Ihre Auflösung in Fachschulen ist im Gange."

Er schlug damals einen Ausweg vor, indem er zwischen „Wissenschaft" als Sammelbegriff für besondere Forschungen und „Wahrheit" als einen übergreifenden, transzendentalen Begriff trennte. Der Fehler besteht demnach darin, Wahrheit und Wissenschaft in eins zu setzen. Treffend kennzeichnet *Jaspers* die Schwierigkeiten, in die eine weitverbreitete Haltung führt, die diesem Fehler in einer Art „Wissenschaftsaberglauben" verfällt.

„Der moderne Mensch drückt auf Knöpfe, dreht eine Scheibe, bewegt einen Hebel und hat das Licht, den Lautsprecher, das Telefon, die Heizung. Er tritt in die Tram, die Eisenbahn, das Auto, das Flugzeug. Er braucht nicht zu wissen, was da eigentlich vorgeht. Wissenschaft und Technik machen das. Sie werden alles machen, was nötig ist. Sie schaffen unser Glück. Der Fachmann kann alles oder er wird es doch bald können. Alle sind Fachleute in ihrem kleinen Bereich und erwarten das, was sie bedürfen, von anderen Fachleuten. Alle leben, als ob von einem Orte her das Ganze geführt würde. Aber an diesem Orte steht kein Fachmann. Dort finden sie nichts. In unaufhebbarer Daseinsnot erzeugt daher der Wissenschaftsaberglaube das typisch moderne Bewußtsein des totalen Betrogenseins, der Verzweiflung oder die sterbensmüde Gleichgültigkeit. Der Wissenschaftsaberglaube, der nicht weiß, was eigentlich Wissenschaft ist, meint in der Bedeutung der benutzten oder bedienten Apparaturen wie in einem Muster das Ganze der Wahrheit und der Wirklichkeit und des Glücks zu greifen, als ob alles, was ist, in dieser Weise erkennbar, zu machen und weiter nichts sei. Er wird blind für Wahrheit und Wirklichkeit." [73, S. 11/12]

Die Erkenntnis des Problems — der Zusammenhang zwischen der Zersplitterung der wissenschaftlichen Fachdisziplinen und dem unter den Menschen verbreiteten Wissenschaftsaberglauben — setzt einen Standpunkt voraus, von dem aus die verschiedenen Bereiche überblickt und derartige Zusammenhänge überhaupt erkennbar werden. So trivial diese Bemerkung zur Form der Überlegung von *Jaspers* zunächst erscheinen mag, so gewinnt sie rasch an Brisanz, wenn man bedenkt, daß die Fachdisziplinen den Blick über ihre Grenzen hinaus geradezu mit einem Tabu belegen und daß der Lehrplan des öffentlichen Schulwesens mit der strikten Fächertrennung und der entsprechenden Parzellenbildung beim Lehrerstudium die integrative Betrachtungsweise lebenswichtiger Zusammenhänge verhindert. In der Struktur unseres Schulcurriculums spiegelt sich die Isolation der fachwissenschaftlichen Disziplinen, und beide können als Gegenstück und Folge der inneren Zerrissenheit beschrieben werden, die den gegenwärtig verbreiteten inneren Zustand der Menschen kennzeichnet; die gespaltene Welt findet ihre Entsprechung in der Spaltung des Bewußtseins, wie es *John Dewey* in „Erfahrung und Erziehung" gesagt hat:

„Eine gespaltene Welt, eine Welt, deren Teile und Aspekte nicht zusammenhängen, ist nicht nur ein Zeichen, sondern auch eine Ursache für eine gespaltene Persönlichkeit. Wenn diese Gespaltenheit einen bestimmten Grad erreicht, bezeichnen wir den betreffenden Menschen als krank. Eine vollintegrierte Persönlichkeit gibt es nur dort, wo die aufeinanderfolgenden Erfahrungen integriert sind. Dies läßt sich also nur dadurch erreichen, daß eine Welt der zusammenhängenden Gegenstände aufgebaut wird." [35, S. 265]

Von dem Ansatz aus, der die Probleme der Wissenschaft mit denen der Menschen solchermaßen zusammendenkt, fällt ein Licht auf den Stellenwert des Sachunterrichts innerhalb des Lehrplans des Schulwesens. Wenn es gelänge, wenigstens an dieser einen Stelle den Keim einer umfassenden, integrierten Sicht der Dinge und Sachverhalte zu legen, wenn es gelänge, diese integrierte Betrachtung mit den Alltagserfahrungen der Kinder zu verbinden, dann wäre damit ein Schritt gegen die Gefahr der weiter um sich greifenden Zersplitterung der Welt, gegen „Wissenschaftsaberglauben" und die Ausbreitung schizophrener Weltbilder getan. Zugleich wäre eine Art von didaktischem Reservat eingerichtet, in dem diejenigen Verfahrensmuster und Inhalte praktiziert werden, von denen sich die Pädagogen der folgenden Schulstufen und Fächer immer wieder Anregung holen, wo sie didaktische Rückendeckung finden können.

Um dahin zu kommen, erscheint vor allem eine Haltung seitens der Didaktiker notwendig, die das Gebäude der verschiedenen Fachsystematiken nüchtern einschätzt, in Perspektive setzt zu den Lebensproblemen der Gesellschaft und ihrer Kinder, statt es zu kanonisieren und als eine Art *non plus ultra* wissenschaftsorientierten Lernens in der Schule zu betrachten. Daß die Wissenschaft kein Ende in sich selber ist, sondern ein Mittel zur Lösung von Problemen, scheint mir *Karl Popper* in dem folgenden Satz auf schöne Weise getroffen zu haben:

„Ein sog. wissenschaftliches Fach ist nur ein abgegrenztes und konstruiertes Konglomerat von Problemen und Lösungsversuchen. Was es aber wirklich gibt, das sind Probleme und wissenschaftliche Traditionen." [112]

Wir können nicht voraussehen, ob es jemals gelingen wird, den traditionellen Inhalt wissenschaftlicher Fächer irgendwo in einem Lernbereich der Schule als Instrument zur Lösung stets neuer, unvorhersehbarer Probleme handelnd zu vermitteln, statt wie üblich den erstarrten Ausfluß dieser Tradition anstelle der Wirklichkeit selbst zum Gegenstand des Lernens zu machen. Man darf aber nicht übersehen, daß es von der Fähigkeit der Menschen abhängt, die den Überblick bewahren und die umfassenden Problemstellungen zu erkennen verstehen, ob die Gesellschaft die gerade aus den Ergebnissen wissenschaftlicher Arbeiten ihr zuwachsenden Probleme wird lösen können. Gleich, ob die Schule dazu einen Beitrag zu leisten imstande ist oder nicht — es kommt auf die Bildung von Persönlichkeiten an, die sich diesen Überblick bewahren. Bisher war der Beitrag der Schule zu solcher Bildung relativ gering — die Idee der volkstümlichen Bildung zielte nur scheinbar auf einen Überblick, fungierte vielmehr als Sperre vor dem Zugang zu akademischer Bildung —, und diejenigen Denker und Forscher, die den Überblick hatten und auf ihr besonderes Arbeitsgebiet anzuwenden verstanden, hatten diese integrierte Weltsicht nicht in der Schule erworben, sondern oft genug durch beharrliche Integrationsarbeit entgegen massiven Widerständen, denen sie oft genug begegneten, errungen. Typisch ist, daß große Forschergestalten wie *Albert Einstein* die wissenschaftliche Erkenntnis dadurch vorangebracht haben, daß sie die durch die Fachsystematik dem Denken vorgezeichneten Grenzen überschritten.

In dem Maße, in dem die Möglichkeiten des Individuums zurückgehen, sich selbst gewissermaßen unsystematisch und wildwüchsig voranzubringen auf dem Wege dessen, was man früher als „funktionale Bildung" zu bezeichnen pflegte, in dem Maße, in dem die Lücken der didaktisch nicht aufbereiteten Wissensvermittlung enger werden, verringern sich auch die Chancen für die Gesellschaft, daß die für ihre Weiterentwicklung notwendigen Individuen, die sich den Überblick zu bewahren verstehen, aufgrund einer Art spontaner Beharrlichkeit sich selber heranbilden. Um so dringender sind didaktisch planvolle Vorkehrungen erforderlich, die eine integrierende Betrachtungsweise systematisch anstreben.

Nun wird diesem Argument manchmal von Didaktikern bestimmter naturwissenschaftlicher Fachgebiete die Überzeugung entgegengehalten, daß die beste Vorbereitung auf den Überblick, der sich später einstelle, in der strikten Bindung des Denkens an die Fachsystematik liege, gleichsam, als ob aus der intensiven Übung des Teilbereichs die spätere Bewältigung des Ganzen wie von selbst hervorgehe. Die Leistungen der großen Persönlichkeiten seien dadurch zustandegekommen, daß diese sich der eigenen Fachdisziplin besonders hingebungsvoll gewidmet hätten. Demgegenüber erscheint mir gerade die umgekehrte Erklärung logischer: diese Forscherpersönlichkeiten hatten den Überblick von Anfang an im Kopf und haben ihn, im Gegensatz zu anderen, die sich in den abgezirkelten, vorherdefinierten Fachgrenzen bewegten, nicht aus den Augen verloren. Die Tatsache allein, daß man sie heute als „große Persönlichkeiten" bezeichnet, deutet darauf hin, daß sie immer noch als Ausnahmeerscheinungen definiert sind, daß auf ihnen häufig genug immer noch das Stigma ruht, das ihnen die Anerkennung ihrer Arbeit im Lauf ihres Lebens so schwer hat werden lassen. Indem man sie der Rubrik „großer Persönlichkeiten" zuordnet, entzieht man ihr Denken in gewissem Sinn dem Zugriff der Alltagsleute mit ihren Alltagsproblemen. Die Kennzeichnung hat etwas von Euphemismus, enthält eine böse Paradoxie, liefert mit der Heiligsprechung die Ausgrenzung.

Didaktisch gesehen, besteht die Aufgabe darin, die Überlegungen der richtungsweisenden Denker auf die je gegenwärtige Problematik zu beziehen, um zu sehen, was für die Lösung unserer Probleme geleistet ist. Ebenso gilt es, auch die Fachsystematik selbst in Fluß zu halten, damit sie als Instrument zur Bewältigung unserer Fragen dient, und nicht umgekehrt wir Menschen zu ihren Dienern werden, indem wir einander zwingen, unser Denken in ihre Bahnen zu pressen. Das Argument, daß man über den Dienst an der Fachsystematik zum selbstbestimmten Denken, über die Enge der Fachdisziplin zu der Weite des Überblicks gelange, ist unbegründet, so lange seine Vertreter den Nachweis dafür schuldig bleiben, wie sich aus dem Teil das Ganze entwickeln soll, ohne daß der Teil das Ganze bereits als Keim in sich trüge. Klarer, eindeutiger und geradliniger ist die didaktische Auffassung, wonach es darauf ankommt, die Verbindung der Fächer untereinander von Anfang an zu berücksichtigen, die Türen von Anfang an offen zu halten, um von Anfang an zu vermitteln, daß eine integrierende Betrachtung der Dinge legitim ist, und um auf dieser Grundlage eine Verbindung mit der Erfahrung der Menschen in dem Kristallisationskern zu ermöglichen, den die jeweiligen Probleme darstellen.

Konkret wird das didaktische Problem auf der sprachlichen Ebene: die Fachsprache mit ihrer besonderen Begrifflichkeit kann entweder als gegebenes System aufgefaßt werden, in das es die Schüler einzuführen gilt, oder als sprachliches Instrument zur Bearbeitung bestimmter Fragestellungen, das prinzipiell stets auf die übergreifenden Fragestellungen und die ihnen angemessene Sprache zurückgeführt werden kann. Innerhalb des für die gegenwärtige Gesellschaft typischen wissenschaftlich-industriellen Komplexes wird die Fachsprache außerdem in ihrer gesellschaftlichen Funktion als Herrschaftsinstrument gebraucht, so daß die Gegenüberstellung einer rein fachsystematisch bestimmten und einer rein problemorientierten didaktischen Auffassung den Sachverhalt nicht genau trifft.

Man muß bedenken, daß die Bindung an die Fachsystematik, die von vielen Didaktikern der Naturwissenschaften bedingungslos vertreten wird, insofern naiv ist, als sie — selbstverständlich ohne es zu wollen — mit dem Respekt vor der fachsystematischen Begrifflichkeit zugleich die Zurückhaltung gegenüber denen vermittelt, die mit wissenschaftlich daherkommenden Sprachmustern die Interessen von Industrien vertreten, die zum Wohle der Gesellschaft auf öffentliche Kontrolle dringend angewiesen sind. Beispielsweise liegt einer Behauptung wie etwa der, daß man wenigstens sechs Jahre lang Atomphysik studieren müßte, um bei der Entscheidung über die Einrichtung von Atomkraftwerken mitreden zu dürfen, ein groteskes Mißverständnis zugrunde: während die Atomphysik der Erkenntnis der Kräfte und Verhältnisse im Atom gewidmet ist, setzt die Einrichtung eines Atomkraftwerks eine politische Entscheidung voraus, die ein höchst kompliziertes Geflecht wirtschaftlicher und gesellschaftlicher Faktoren betrifft, wie von *Frederic Vester* in dem Bändchen „Das faule Ei des Kolumbus" auf sehr anschauliche Art und allgemein verständliche Weise dargelegt wird [140].

Eine Didaktik, die sich nicht darauf beschränkt, den in Gestalt der Fachsystematik gleichsam erkalteten Ausfluß einer in der Vergangenheit geleisteten wissenschaftlichen Arbeit zu vermitteln, sondern vielmehr die gegenwärtig aktuellen Probleme aufzugreifen und die Wissenschaft zu ihrer Lösung zu instrumentalisieren sucht, wird sich zwangsläufig mit kontrovers diskutierten Fragen einlassen müssen. Es geht dabei in erster Linie nicht darum, eine inhaltliche Position, etwa im Sinne eines „für" oder „gegen" den Ausbau der Atomenergie zu beziehen, sondern darum, das Problem zu sehen und zu verstehen. Nun liegt genaugenommen eine inhaltliche Stellungnahme bereits darin, daß man etwa das Unbedachte am hektisch vorangetriebenen Ausbau der Atomindustrie aufdeckt, aber der Unterschied zu dem begründeten „Ja" oder „Nein" zur Sache selbst ist doch beträchtlich, vor allem, wenn man die politische Rolle des Unterrichts bedenkt, als deren Kehrseite in letzter Zeit auch öfter der Versuch von Parteipolitikern zu beobachten ist, unmittelbaren Einfluß auf das schulische Geschehen zu nehmen. Als didaktisch legitim muß es gelten, daß sich Schüler im Unterricht mit der Herrschaftsfunktion von Fachsprachen auseinandersetzen und in diesem Zusammenhang Beispiele analysieren, die einer gegenwärtig aktuellen Problematik entstammen, etwa aus den Broschüren, die Elektrizitätsgesellschaften in den Abteilen von Eisenbahnzügen verteilen, aus den Annoncen der Atomindustrie in den Tageszeitungen und Illustrierten oder aus Expertenaussagen, die als Belege angeführt werden. Was die Möglichkeiten der Grundschule betrifft, so erscheint mir das Problem als Unterrichtsthema unumgänglich in den Fällen, in denen die Bevölkerung der Gegend etwa die geplante Einrichtung eines Zwischenlagers diskutiert oder sonstwie von dem Problem betroffen ist. Auch den jüngeren Schülern können die Grundzüge dieser Technologie so erklärt werden, daß sie die Fragen verstehen, um die es bei der Kontroverse geht. Sie können die Stellungnahme der Bevölkerung erkunden, Zeitungsartikel studieren, die betroffenen Gebiete besichtigen und dabei ihren eigenen Sachverstand erweitern. Vor allem lernen sie auf diesem Wege einer handelnden Auseinandersetzung ihr eigenes Sprachvermögen mit der Sprache von Bürgern und sogar von Fachleuten in Verbindung zu bringen; sie lernen den Gebrauch der Sprache als Herrschaftsinstrument zu durchschauen. (Wie ein derartiges Projekt am Beispiel des kontrovers diskutierten Bauvorhabens eines Staudammes abgelaufen ist, schildert *Jan Phillipps:* Höhle, Damm und Fluß. [108]

Sie lernen, daß man manchmal Rückfragen stellen muß, um die Aussagen von Experten zu verstehen. Sie üben das Fragenstellen und widmen sich damit der gleichen Übung als Lernende, der auch die Lehrenden im Hinblick auf die Wissenschaften nachzukommen versuchen: Die Dinge in Fluß halten durch den immer wieder neu herzustellenden Bezug zu den aktuellen Problemen, Fragen aufgreifen und bearbeiten und die Lösung nicht als wohlbegründeten Ort nehmen, an dem man sich häuslich einrichten kann, sondern als Ausgangspunkt für neue Perspektiven mit neuen Fragestellungen — Wissenschaft als Instrument, der Prozeß des Forschens als Beitrag zur Bewältigung des gesellschaftlichen Lebensprozesses.

In den folgenden beiden Abschnitten soll gezeigt werden, wie dieser Ansatz in den beiden Fachbereichen realisiert werden kann, die im Zuge der Wissenschaftsorientierung der siebziger Jahre den stärksten Zuwachs zu verzeichnen haben, was den Anteil der Unterrichtsthemen am gesamten Sachunterricht betrifft: Biologie und Physik.

Biologie als Arbeitsfeld für den Sachunterricht

Fachdidaktiker der Biologie neigen dazu, die biologisch orientierten Bestandteile im Lehrplan des Sachunterrichts als fachpropädeutische Übungen zu behandeln. Die Welt des Lebendigen wird eingeteilt und bezeichnet, damit dem späteren systematisch ausgerichteten Biologieunterricht ein Fundus von Begriffen verfügbar ist, um die Schüler in die Fachsystematik einzuführen. Zur Illustration derartiger Didaktik seien einige typische Passagen aus den amtlichen Richtlinien für die Grundschule in Nordrhein-Westfalen 1973 wiedergegeben:

„Den Aufbau eines Apfels untersuchen und beschreiben. Äpfel quer und längs durchschneiden. Arbeitsblatt beschriften: Fruchtschale, Fruchtfleisch, Samen, Kerngehäuse."

„Steinobst, Kernobst und Beerenobst vergleichen und unterscheiden. In einer Tabelle verschiedene einheimische Obstarten den drei Obstformen zuordnen lassen, z. B. Steinobst: Kirsche, Pflaume, Pfirsich, Aprikose.
Kernobst: Apfel, Birne, Quitte.
Beerenobst: Weinbeere, Brombeere, Johannisbeere, Stachelbeere, Erdbeere."

„Säugetiere von Vögeln und Fischen unterscheiden. Unterscheidende Merkmale gegenüber Vögeln und Fischen in ein einfaches Schema eintragen:

Name	Gliedmaßen	Körperbedeckung	Brutpflege
Säugetier	4 Beine	Haarkleid	Säugen der Jungen
Vogel	2 Beine 2 Flügel	Federkleid	Brüten der Eier und Füttern der Jungen
Fisch	Flossen	Schuppen	meist keine Brutpflege (Ausnahme: z. B. Stichling)"

[149, S. 162 u. 164]

Auch ökologische Zusammenhänge werden in dieser Art auf einzelne Bezeichnungen reduziert, wie das verbreitete Thema von der Anpassung des Spechtes an den Lebensraum Wald zeigt. In einem Unterrichtsentwurf werden die Begriffe „Meißelschnabel", „Harpunenzunge", „Stützschwanz", „Kletterzehe" schematisch anhand von Bildern und Modellen plausibel gemacht und ihr Erwerb am Ende konsequent mit Hilfe eines Lückentextes abgetestet. [102, S. 346—356]

Die ins Detail vorangetriebene Betrachtung findet nichts qualitativ anderes, sondern immer nur das gleiche Rohmaterial der lebenden Substanz, das es zu klassifizieren gilt; so setzt sich beispielsweise die Erarbeitung des Themas „Die Stockente — ein Beispiel für die Anpassung eines Wasservogels an seinen Lebensraum" aus einer Reihe von Schritten zusammen, die jeweils der Bezeichnung vergleichsweise minutiöser Bestandteile des Gesamtsystems gewidmet sind. Ein Schritt der Sequenz dient beispielsweise der Unterscheidung von Deck- und Schwungfedern; für den Unterrichtsverlauf wird folgender Plan vorgeschlagen:

„Die Schüler breiten die Federn auf dem Tisch aus und ordnen sie der äußeren Form nach. Es werden verschiedene Ordnungsprinzipien und Arbeitsformen toleriert. Ordnen nach den verschiedenen Federtypen oder der Größe nach, in Einzel-, Partner- oder Gruppenarbeit.
Die Schüler äußern sich zu ihren Einteilungsprinzipien und vergleichen die verschiedenen Federn miteinander. Die Begriffe Daunen- und Deck- oder Schwungfeder werden verbal und durch einen Arbeitsbogen gegeben.
Die Schüler ordnen ihre Federn den Schemazeichnungen und Begriffen auf dem Arbeitsbogen 3 zu. Es soll die Verbindung zwischen Objekt und Begriff gefestigt werden.
Die Schüler betrachten die Federn unter der Lupe und erarbeiten mit Hilfe von Arbeitsbogen 4 die Begriffe Federkiel, Federast und Federästchen." [107]

Derartige Entwürfe können keineswegs als weltanschaulich neutral gelten, indem sie sich vorgeblich darauf beschränken, das Gegebene mit einem Netz von Begriffen zu erfassen. Vielmehr wird hier ein apparatehaftes Bild des Lebendigen vermittelt. Der „Mythos

Maschine" erscheint in den Bereich des Biologischen hineinprojiziert: alles Lebendige ist Maschinerie; in ihm spiegelt sich das Organisationsmuster, das in den Institutionen der menschlichen Gesellschaft vorherrscht und in dem der einzelne ein Daseinsrecht nur als Spezialist erringen kann. Diese heimliche Botschaft des Sachunterrichts wird im folgenden Kapitel noch genauer zu betrachten sein. An dieser Stelle sei der Zusammenhang zwischen der äußeren Aufteilung der Weltbetrachtung gemäß den unverbunden vorangetriebenen wissenschaftlichen Fachdisziplinen einerseits und der inneren Zergliederung bei der Betrachtung biologischer Sachverhalte andererseits hervorgehoben: wie die Dinge und Sachverhalte der Welt unter die Fächer aufgeteilt und separat bearbeitet werden, so wird auch innerhalb der biologischen Fachpropädeutik die Bearbeitung des Lebendigen parzellenhaft untergliedert und auf die begriffliche Untergliederung beschränkt. Die Betrachtung ist dabei auf die Oberfläche der Erscheinungen gerichtet; es geht immer nur ums Klassifizieren, aber diese ordnende Tätigkeit ist nicht das Ergebnis einer Auseinandersetzung mit den Erscheinungen, die deren Anspruch genügen würde, sondern ein Zuordnen vorgegebener Bezeichnungen, dem Aufkleben von Etiketten vergleichbar. Dies Klassifizieren-Können als Unterrichtsergebnis entspricht ja auch auf eine überaus handfeste Weise jener Bewertung der Dinge, die man ihren „Tauschwert" genannt und ihrem „Gebrauchswert" gegenübergestellt hat: wer die Lückentexte richtig ausfüllt, bekommt dafür eine gute Zensur.

Die zergliedernden Tendenzen erscheinen überall im Sachunterricht in den fachpropädeutischen Teilbereichen. Man hat die mangelnde „Kindgemäßheit" des Verfahrens kritisiert und versucht, das Zerfallende dadurch gleichsam zu kitten, daß die verschiedenen fachpropädeutischen Ansätze in einer Unterrichtseinheit zusammengefügt werden. Aber dieser Zusammenhalt muß so lange locker bleiben, wie die innere Struktur des sog. wissenschaftsorientierten Unterrichts erhalten bleibt. So lange, wie es um klassifikatorische Übungen geht, die auf die Oberfläche der Erscheinungen beschränkt bleiben, kann allenfalls eine Pseudointegration des Sachunterrichts erreicht werden.
Zur Illustration dieser Aussage mag das Thema „Einrichtung eines Aquariums" dienen, wie es auf zweierlei Art — pseudointegrativ und integrativ — im Sachunterricht zu bearbeiten ist. Das erste Mal im Sinne eines additiven Ansatzes, bei dem beispielsweise entlang einem komplexen Aktivitätsstrang — der Einrichtung des Aquariums — Sachverhalte herausgegriffen und unter reinen Fachaspekten behandelt werden. So kann die Filterwirkung des Sandbodens und die Grundwasserbildung, Bau und Funktion des Thermometers, die Funktionsweise eines Thermostaten, das Balzverhalten von Guppies, die Kiemenatmung bei Fischen, der Sauerstoffanteil der Luft u. v. a. m. nacheinander ausgegliedert und in Form eines fachpropädeutischen Kurses abgehandelt werden. Zum Schluß sind dann Kenntnisse gewonnen worden, die den verschiedenen Fachwissenschaften eine Grundlage bieten, und gleichzeitig kann das fertig eingerichtete Aquarium als Ergebnis eines Sachunterrichts-Projekts vorgezeigt werden (vgl. [134, S. 250—266]).

Hat hier aber auch stattgefunden, was als Integration bezeichnet zu werden verdiente?
Die einzelnen Fachkurse ergeben, zusammenaddiert, noch kein Ganzes; vielmehr erscheinen sie als künstliche Anhängsel der Aufgabe, ein Aquarium einzurichten. Allenfalls in einem technisch-mechanischen Sinne könnte man diese Aneinanderreihung von Einzellektionen als eine in sich geschlossene Veranstaltung betrachten. Die Funktionsweise der Apparate wird nachgezeichnet, die aggregathafte Seite des Gegenstands Aquarium abgebildet. Im übrigen kann die Veranstaltung eines derartigen Sachunterrichts als eine Art Kompromiß zwischen den gegensätzlichen didaktischen Konzepten des fächerorientierten und eines „kindbezogenen" Sachunterrichts bezeichnet werden, nicht aber als Lösung der Integrationsproblematik.

Der Lösung scheint mir ein anderes Beispiel vom Umgang mit dem gleichen Gegenstand näher zu kommen, bei dem die Einrichtung eines Aquariums von Anfang an als Modell eines ökologischen Zusammenhangs geplant wurde, der sich selber zu tragen imstande ist. Dies unter Aquarianern als sog. Hollandaquarium bezeichnete System ist lebensfähig, auch ohne besondere Energiezufuhr seitens der Menschen. Die Fische brauchen nicht gefüttert werden, Luftpumpe, Filter, elektrische Beleuchtung sind überflüssig. In dem curricularen Entwurf von *Science Curriculum Improvement Study,* in dem dieses Aquarium bei der Vermittlung ökologischer Grundkonzepte eine zentrale Stellung einnimmt, wird vorgeschlagen, die Oberfläche des Wassers mit Terpentinöl zu versiegeln, so daß auch das gelegentliche Nachfüllen von Wasser entfällt. Die Einrichtung des Aquariums nimmt längere Zeit in Anspruch: erst wenn die Wasserpestschlingen eine Art Dickicht im Glase bilden, werden Schnecken und Guppies eingesetzt. Die Lebensprozesse in dem Glase sind von der vorhandenen Licht- und Wärmeenergie abhängig. Vorbedingung ist also ein heller, gleichbleibend warmer Standort im Klassenzimmer. Selbst der sog. Kannibalismus, der bei den Guppies beobachtet werden kann, wird hier als eine Funktion der Lebensbedingungen einsichtig: die Guppies lassen nur so viele ihrer Jungen am Leben, wie die kleine Welt des Aquariums ohne zusätzliche Nahrungszufuhr zu tragen imstande ist; das sind viel weniger als in dem auf künstliche Weise mit Energie versorgten Aquarium mit allem Drum und Dran aus der Zoohandlung. In einem großen, mit Wasserpflanzen völlig bewachsenen Glase, das in einer Grundschulklasse über 4 Jahre unter dem Lichtschacht im Klassenzimmer stand, blieben am Ende 6 Fische am Leben.

Die Integration, die mit dieser Aktivität geleistet wird, bezieht sich nicht auf die Verbindung der verschiedenen am Sachunterricht beteiligten Fächerinhalte, sondern auf die Erschließung eines Problemzusammenhangs, der auf verschiedenen Ebenen Aktualität gewinnt und durch die Beiträge unterschiedlicher Fachperspektiven erhellt wird, die in dem Punkte der interessanten Problematik miteinander verbunden sind.

Die Gespräche und Überlegungen, die sich in der Schulklasse an die Einrichtung und die Beobachtungen unseres Aquariums knüpfen, zielen auf die ökologische Problematik hin.

— Die gegebenen Verhältnisse können nur eine begrenzte Anzahl von Lebewesen ernähren und mit Licht und Luft versorgen; um mehr zu versorgen, muß mehr Energie künstlich zugeführt werden.

— Ein gegebener Raum kann verhältnismäßig viele Pflanzen, aber nur verhältnismäßig wenige Tiere tragen.

— Leben existiert als ein ökologisches System, bei dem die einzelnen Lebewesen voneinander abhängig sind; Eingriffe der Menschen müssen auf die Beziehungen Rücksicht nehmen, wenn das Netz wechselseitiger Abhängigkeiten nicht zerstört werden soll.

Die Einrichtung eines solchen Aquariums ist also ein Prozeß, bei dem ein einziges Konzept erarbeitet wird, nämlich Grundvorstellungen im Zusammenhang eines ökologischen Systems; das Aquarium repräsentiert selbst ein Stück dieses umfassenden Systems, dessen Modell es darstellt. Gleichzeitig fällt damit auch ein Licht auf eines der schwierigsten Probleme, mit denen die Zivilisation konfrontiert ist. Indem die Kinder den ökologischen Aspekt ihres Aquariums in Beobachtungen und Gesprächen aufdecken, gewinnen sie einen Zugang zum Verständnis der ökologischen Krise, der später didaktisch ausgebaut werden kann.

Nun enthält die Beschäftigung mit dem Lebendigen eine besondere Dimension der Betroffenheit, die auch der jeweiligen Unterrichtsarbeit einen eigenen Charakter verleiht; da wir Menschen selbst am Sein der Organismen teilhaben, wirkt die lebendige Natur anders auf uns als die Materie und die Substanzen, mit denen Physik und Chemie befaßt sind; Kinder vor allem sind von der Andersartigkeit und der gleichzeitigen Ähnlichkeit der Seinsweise von Tieren gegenüber dem eigenen menschlichen Leben fasziniert. So erscheint es als naheliegende Aufgabe der Didaktik, im Sachunterricht diese besondere Dimension der Beschäftigung mit dem Lebendigen zu nutzen. Dabei wird so etwas wie eine biologische Spielart einer integrativen Weltsicht entwickelt, deren Kennzeichen darin liegt, daß sie den althergebrachten Dualismus zwischen der Welt des zu erkennenden Außen und des erkennenden Subjekts auf eine spezifisch biologische Weise überwindet, indem der Mensch von Anfang an als Teil eines umfassenden lebenden Wirkungszusammenhangs gesehen wird. Die klassische deutsche Naturphilosophie widmete sich bekanntlich der Erkenntnis ähnlicher Strukturen im Ganzen der Natur. Für unsere Position erscheint im Kontext dieses Sachverhalts vor allem das Gedankengebäude interessant, das *Alfred N. Whitehead* errichtete, in dem die geistigen Erfahrungen der Menschen als Bestandteil eines umfassenden Evolutionsvorgangs betrachtet werden, mit dem sie vielfältig verflochten sind.

„Das Gehirn ist mit dem Körper verbunden, und der Körper ist mit den übrigen natürlichen Gegebenheiten verbunden. Menschliche Erfahrung ist ein Akt des Zu-Sich-Selbst-Kommens, bei dem das Ganze der Natur einbezogen wird ..." [147, p. 290, Eigenübers.]

Fünf Generalisierungen führt *Whitehead* an, in denen er entsprechende Strukturen der lebendigen Natur und des menschlichen Geistes aufweist:

— *Veränderung*
   Daß sich das menschliche Bewußtsein in einem Zustand dauernder Veränderung befindet, entspricht der Erscheinung, daß sich jede gegebene Größe des Universums dauernd ändert, ja, daß jede Naturerscheinung in gewissem Sinne Veränderung *ist*.

— *Variabilität*
   Daß es in der bewußten Erfahrung keine Punkte gibt, die einander bis ins Letzte genau gleichen, findet in der Natur die Entsprechung, daß dort die Erscheinungsformen durch Kreativität und Erneuerung bestimmt werden.

— *Kontinuität*
   Bewußte Erfahrung ist stets mit Erinnerung an Vergangenes und Vorwegnahme von Zukünftigem verbunden; auch die Erscheinungen der Natur tragen sich selbst aus der Vergangenheit in die Zukunft. Jede gegenwärtige Erscheinung ist eine Folge von vorausgegangenen Erscheinungen und wird von den nachfolgenden weitergetragen, in denen sie gleichsam aufgehoben ist.

— *Zielgerichtetheit*
   Jede bewußte Erfahrung ist an einem Punkte verankert, der ein bestimmtes Motiv — Impuls oder Absicht — darstellt. Entsprechendes finden wir bei der Betrachtung der Natur, deren Erscheinungen bestimmten Perspektiven oder Absichten angemessen erscheinen.

— *Einmaligkeit*
   Jeder Augenblick in der bewußten Erfahrung ist ein einmaliges Ereignis innerhalb des nicht abreißenden Stroms der Geisteserfahrung. Diese Struktur korrespondiert mit der Atomisierung und Individualisierung von Erscheinungen im Erfahrungsstrom der Ereignisse in der Natur.

Dieses Konzept aus einem pragmatistischen Ansatz der Philosophie kann richtungweisend sein für eine Didaktik der Biologie, in der die biologische Fachsystematik als Instrument zur Erschließung von Struktur- und Problemzusammenhängen dient. Beispielsweise liegt es nahe, den Zugang über paläontologische Erkenntnisse zu vermitteln. Bereits Kinder im Grundschulalter äußern angesichts von Fossilien solche Fragen: Ob das Meer wohl noch einmal das bewohnte Land überspülen werde, weshalb denn die Tiere ausgestorben sind, von denen die Ammonshörner stammen, woher denn die Menschen kommen, wenn zur Zeit der Dinosaurier noch gar keine gelebt haben usw. Hinter solchen Fragen verbirgt sich das Interesse, die Stellung des Menschen im Gesamtzusammenhang des natürlichen Geschehens zu erkennen. Es ist dieses philosophische Interesse, das der Beschäftigung mit biologischen Sachverhalten charakteristischerweise innewohnt.

Insofern, als bei einem derartigen Ansatz diejenigen Muster aufgedeckt werden, die das Ganze betreffen, ist hier eine höhere Integrationsstufe erreicht als bei der Beschränkung des Blickes auf einen Ausschnitt aus dem organischen Gesamtzusammenhang, wie er anhand des „Hollandaquariums" modellhaft zu erarbeiten wäre. Andererseits liegt in der generalisierenden Betrachtung auch die Gefahr, einer harmonisierenden Sicht der biologischen Verhältnisse anheimzufallen, die letztlich wieder dazu führen muß, daß die Dimension des persönlichen Betroffenseins ausgeschlossen bleibt. Ein Beispiel, bei dem die Kompartmentalisierung des Lernens durch eine umfassende Sicht der Dinge überwunden und didaktisch umgesetzt ist, zugleich aber auch die Gefahr einer unangemessen harmonischen Darstellung auftaucht, stellt das Werk von *Friedrich Junge* „Der Dorfteich als Lebensgemeinschaft" dar, das im Jahre 1885 in Kiel erschien. *Junge* knüpft an die Naturphilosophie an, die *Alexander von Humboldt* („Ansichten der Natur") entwickelt hatte und schreibt:

„Ich suche die Einheit nun in dem Leben selbst. Nicht nur bildet jeder Organismus für sich eine Einheit, insofern alle Organe in ihrem Zusammenhang nach einem und demselben Prinzip (Entwicklung und Erhaltung) tätig sind, bzw. mit einem Teil die Gesamtheit leidet; die Einheit in der Natur ergibt sich vor allem aus der Wahrnehmung, daß in den innern Ursachen der Lebensäußerungen verschiedener Individuen sich eine Übereinstimmung erkennen läßt, oder einfacher, daß Lebensäußerungen der verschiedenen Naturdinge bei aller Mannigfaltigkeit doch nach gewissen, in der Natur gegebenen Normen geschehen...
Wie ist dieses Ziel zu erreichen?
Im allgemeinen werden wir es auf folgendem Wege erreichen:
1. durch Betrachtung der Einzeldinge und Erkenntnis der in ihnen waltenden Gesetze, denn Organisation und Leben ist an einem Einzelwesen übersichtlicher als an einer Gruppe.
2. Wiedererkennung des Gefundenen in kleinen, dem Blick des Kindes zugänglichen Lebensgemeinschaften.
3. Anwendung der Gesetze auf unbekannte Wesen und Lebensgemeinschaften.
4. Anwendung und Wiederfinden in dem Gesamtleben der Erde." [74]

Angesichts der ökologischen Probleme, die uns gegenwärtig bedrängen, wird die harmonisierende Tendenz einer derart idealistischen Betrachtung der Verhältnisse offensichtlich. Längst ist die schöne Ordnung, die hier vorgestellt wird, zerstört, ähnlich wie auch die meisten Pflanzen und Tiere aus den Seen und Tümpeln verschwunden und die meisten Dorfteiche längst zugeschüttet worden sind. Dennoch scheint mir allein in der Idee des umfassenden Ansatzes, den *Junge* vor hundert Jahren vorlegte, ein didaktischer Fortschritt gegenüber der heutzutage verbreiteten fachpropädeutischen Unterrichtspraxis mit ihrer öden Begriffshuberei gegeben zu sein. Daß die Verhältnisse in Wirklichkeit nicht in Ordnung sind, daß die Menschen inzwischen eher die Rolle des Störenfrieds im Ganzen der Natur einnehmen, läßt sich aus der gestörten Umwelt allenthalben ablesen. Aber die Betroffenheit des Menschen von den Verhältnissen im Bereich des Lebendigen geht über das Empfinden einer augenblicklichen Störung hinaus, betrifft das vorgeblich harmonische Wesen der natürlichen Ordnung selbst. Es ist die verstörende Erfahrung des Menschen, daß die Natur im Grunde nicht „in Ordnung" sei, daß sie unterwegs zu einer besseren Ordnung sein müsse, weil die Dinge so, wie sie sind, von uns als unerträglich empfunden werden. Ich komme auf diesen Aspekt der didaktischen Dimension „Betroffenheit" zu sprechen, weil hier einer der repräsentativen Zugänge zur Auseinandersetzung mit biologisch relevanten Problemen liegt, der gleichwohl von der offiziösen Didaktik allzu selten wahrgenommen wird. Um die Verstörung zu verdeutlichen, von der hier die Rede ist, möchte ich einen Abschnitt aus dem wunderbaren naturphilosophischen Buch von *Annie Dillard* „Pilgrim at Tinker Creek" anführen:

„Ein paar Sommer zuvor schritt ich den Rand der Insel ab, um zu sehen, was ich im Wasser finden würde, und vor allem, um die Frösche zu erschrecken. Frösche haben eine plumpe Art, von

nicht sichtbaren Stellen aus am Ufer direkt vor deinen Füßen wegzuspringen, voll panischem Schrecken, mit einem lauten ‚Quak' und einem Klatschen im Wasser. Unglaublicherweise, wie es erscheinen mag, fand ich das amüsant, und unglaublicherweise finde ich es noch immer amüsant. Als ich das grasbewachsene Ufer der Insel abschritt, gewann ich mehr und mehr Geschick darin, Frösche im Wasser und außerhalb des Wassers zu erspähen. Beim langsameren Gehen sah ich die unterschiedlichen Lichtmuster, die vom Uferschlamm, vom Wasser, vom Gras und von den Fröschen reflektiert wurden. Um mich herum flogen Frösche durch die Luft. Am Ende der Insel fiel mir ein kleiner grüner Frosch auf, der war zu Hälfte im und zur Hälfte oberhalb des Wassers, wie die Schemazeichnung einer Amphibie im Buch, und er sprang nicht auf.
Er sprang nicht; ich schlich näher heran, schließlich kniete ich auf dem winterdürren Gras der Insel, sprachlos, betroffen und starrte auf den Frosch im Bach, ein paar Handlängen vor meinen Augen. Es war ein sehr kleiner Frosch mit großen, stumpfen Augen. Und während ich ihn betrachtete, sackte er in sich zusammen und wurde leer. Der Geist verging aus seinen Augen, als seien sie ausgeblasen worden. Seine Haut entleerte sich und fiel in sich zusammen. Selbst sein Schädel schien zusammenzubrechen und sich flach hinzufalten wie ein Zelt, dessen Stäbe plötzlich herausgezogen werden. Er schrumpfte vor meinen Augen wie ein Fußball, aus dem die Luft entweicht. Ich sah, wie die straffe, glänzende Haut über seinen Schultern zuckte, runzlig wurde und zusammenfiel. Bald lagen Teile seiner Haut deformiert wie ein geplatzter Luftballon auf der Wasseroberfläche gleich einer hellen Algenmasse: es war ein ungeheuerlicher und erschreckender Vorgang. Ich verfolgte ihn mit Mitleid und Entsetzen. Hinter dem ausgesogenen Frosch hing ein ovaler Schatten im Wasser; dann glitt der Schatten davon. Langsam begann die Tasche aus Froschhaut zu versinken.
Ich hatte vom großen Wasserkäfer gelesen, aber noch nie einen gesehen. ‚Großer Wasserkäfer' lautet der Name dieses Wesens tatsächlich, und es ist ein ausgenommen großer, schwerer, brauner Käfer. Er frißt Insekten, Kaulquappen, Fische und Frösche. Seine vorderen Klammerbeine sind mächtig und einwärts gebogen. Er fängt sich mit ihnen ein Opfer, hält es eng an sich gepreßt und lähmt es mit Enzymen, die er mit einem festen Biß einimpft. Dieser Biß ist der einzige, den er anbringt. Durch die Wunde schießen die Gifte, von denen die Muskeln und Knochen und Organe des Opfers — alles außer der Haut — aufgelöst werden, und durch die Wunde saugt der große Wasserkäfer den Körper des Opfers aus, der zu einer flüssigen Masse geworden ist. Ich hatte auf dem Gras der Insel gekniet; als der formlose Fetzen Froschhaut schaukelnd auf dem Boden des Bachbetts gesunken war, stand ich auf und wischte mir die Hosenbeine sauber. Ich konnte meinen Atemrhythmus kaum wiederfinden." [37, pp 5—7, Eigenübersetzung]

In der verstörenden Erfahrung des Grauenhaften in der Natur liegt für uns Menschen ein dauerhaft schmerzender Stachel, der durch die fachwissenschaftliche Weisheit, man müsse die Dinge so akzeptieren, wie sie sind, weil sie anders seien als wir, überhaupt nicht beseitigt wird. Die alte Sehnsucht der Menschen nach einer Ordnung der Dinge, bei der Löwe und Lamm friedlich beisammenliegen, wird vielleicht niemals Wirklichkeit werden, aber sie bleibt ein mächtiger Motor für die Beschäftigung mit den Dingen der Natur, und gerade Kinder sind unablässig auf der Suche nach einer Ordnung im Bereich des Lebendigen, die sie als gerecht und sinnvoll akzeptieren können.

Ich erinnere mich an eine kleine Untersuchung, die wir vor Jahren im Sachunterricht der 3. und 4. Klasse einer Landschule veranstalteten: Ein Schüler hatte aufgeregt davon berichtet, wie aus einer der Kohlweißlingsraupen, die er im Garten gesammelt und in einem Weckglas aufgehoben hatte, abends plötzlich lauter kleine Maden hervorgebrochen und herausgekrabbelt seien. Dann sei die Raupe gestorben, und die Maden seien jetzt gelb und dick, „wie verschimmelt". Er hatte das Glas gleich mit zur Schule gebracht. In den nächsten Tagen berichteten einzelne andere Kinder von ähnlichen Beobachtungen und brachten die gelben Klümpchen ebenfalls mit, die sie neben toten und sterbenden Raupen gefunden hatten. Manche vermuteten, daß die Raupen Eier legten, aus denen dann wieder „junge Raupen" ausschlüpfen würden. Frank äußerte Zweifel, weil er die Maden aus dem Rücken habe herauskommen sehen. So beschlossen wir, die gelben Klümpchen (Kokons) in dem Einmachglas aufzubewahren und abzuwarten, was weiter geschehen sollte. Im Januar zeigten sich im warmen Zimmer dann die ersten Ergebnisse: mückengroße Insekten mit dunklen Punkten auf den Flügeln schlüpften aus den Kokons. Ich erkläre den Kindern jetzt die Zusammenhänge: daß es Schlupfwespen sind, die ihre Eier in die lebende Raupe hineinlegen. Auf einem Diapositiv war zu sehen, wie dies kleine Insekt seinen Stachel in den Rücken der vergleichsweise riesigen Raupe hineinbohrt. Die Vorstellung, daß die Larven der Schlupfwespe die Raupe lebendigen Leibes langsam auffressen, bis sie selbst groß geworden sind und sich in Kokons einspinnen und der Puppenruhe hingeben können, beschäftigte die Kinder endlos. Sie fanden im Laufe des Schuljahres weitere Beispiele für beunruhigende Merkwürdigkeiten in der Natur. Im Zusammenhang mit der Beobachtung von sibirischen Tannenhähern, die gelegentlich in riesiger Zahl westwärts ziehen und nach Aussage eines Forstbeamten, den wir darüber befragten, wenig oder nichts zu fressen und schließlich zu verhungern pflegen, führten sie den ähnlichen Fall der Wanderung von Lemmingen an. Derartige Beispiele sind mehr als bloße „Tragödien im Tierreich", die gewissermaßen Ausnahmeerscheinungen in dem schönen und perfekten Gefüge der Organismen und ihrer Umwelt darstellen: in diesen Sachverhalten liegt ja der Keim für einen prinzipiellen Zweifel an der endgültigen Harmonie der Natur, der dem Menschen in gewissem Sinne erst die Legitimation dafür gibt, sich manipulierend mit der Natur einzulassen.

Stellen wir die direkten Beziehungen der menschlichen Gesellschaft zu den anderen lebenden Organismen in den Mittelpunkt, so erreichen wir im Unterricht einen weiteren Intensitätsgrad biologiedidaktischer Betroffenheit, denn die Kristallisationskerne der gegenwärtigen Problematik wissenschaftlicher Biologie liegen in diesem Bereich. Die Kreatur leidet unter der Ausbeutungstechnik, der eine biologische Wissenschaft die Basis liefert, die den lebendigen Organismus als Objekt behandelt. Das Momentum dieser auf den „Bruder Tier" gerichteten Vernutzung trägt sie so weit, daß sogar Formen menschlicher Kultur von ihr erfaßt werden, als ob fremde Kulturen von einem Termitenstaat prinzipiell nicht zu unterscheiden seien. *Adolf Portmann*, der für ein integriertes und humanistisch geprägtes Weltbild der Biologie zu kämpfen nicht müde wird, bezeichnet das Grundproblem folgendermaßen:

„Heute dominiert weithin im Abendland ein Denken und Planen, das überzeugt ist, wir könnten in absehbarer Zeit die auf Erden zugänglichen Naturprozesse erfassen und sie alle in unseren Dienst stellen. Das ist ein Glaube. Ihm entspricht die Gewißheit, daß der abendländische Geist seine heutige Herrschaft einer Wissenschaft verdankt, die alles Erkennbare auf den Stand eines Objektes reduziert, über das man letztlich verfügen wird, soweit es dem irdischen Bereich angehört. ‚Die Wissenschaft findet — die Industrie wendet an — der Mensch paßt sich an.' So formulierte es der offizielle Führer durch die große Ausstellung von 1933 in Chicago. Diese einfache Sicht führt dazu, im Zuge des Reduzierens die Lebensform vieler Menschengruppen, die anders sind als wir, als frühe Stufen des Humanen zu erklären, die wir überwunden haben und die also dem Vormenschlichen näher stehen.
Immer wieder bin ich bestürzt darüber, wie leichthin die Darstellung des Lebens solcher ‚Naturvölker' unseren Zeitschriften der Naturkunde überlassen wird, als seien diese ‚Objekte' eben doch dem Leben fremder Tiere, dem Außermenschlichen schlechthin näher. Das geschieht mit dem guten Gewissen des vom Schicksal zur obersten Instanz ernannten Abendlandes. Ein absurder Glaube — aber er verleiht seinen Anhängern die Machtgefühle, die von einer solchen Überzeugunng ausgehen." [114, S. 139]

Wer demgegenüber einmal gesehen hat, welche Erschütterung die Kinder einer Grundschulklasse bewegt, die ein Schlachtfest auf dem Lande von Anfang an miterleben, wird den Sozialisationsagenturen einen ironischen Respekt kaum versagen können, die es fertigbringen, die Sensibilität der Kinder für die leidende Kreatur in so kurzer Zeit in eine „objektive" Einstellung zu überführen, der das Tier zum Objekt geworden ist, dem das Ausgebeutetwerden wie selbstverständlich zukommt. Die Schule hat teil an diesem Lernvorgang. Didaktisch angemessen erscheint aber die Frage, ob wir mit dem leidenschaftlichen Interesse der Kinder für Tiere nichts besseres anzufangen wissen, als es sie vergessen zu machen?

Elias Canetti in seinen Kindheitserinnerungen „Die gerettete Zunge" berichtet von einem Biologielehrer, der den echten, tiefen Respekt des Knaben und Mannes allein dadurch erwarb, daß er Raum ließ für Skepsis, wo andere nur die Vortrefflichkeit aller Verhältnisse gerühmt hätten, und dies, ohne die Zweifel selber zu äußern, nur, indem er die des Knaben hinnahm. Kennzeichnend ist die Episode vom Besuch im Schlachthaus, wo dieser Lehrer seinen Schülern „jede Einrichtung so erläutert, als sei sie den Tieren zuliebe erdacht". Als er dann, von der Gelegenheit hingerissen, einen biologischen Sachverhalt anschaulich darstellen zu können, den Fötus aus einem geschlachteten Mutterschaf vorführt, sieht ihn der Schüler *Canetti* an und sagt leise: „Mord". Darauf bricht der Lehrer Fenner sofort die Führung ab, was *Canetti* in seiner Autobiographie folgendermaßen interpretiert:

„Heute weiß ich sehr wohl, daß er mir über etwas hinweghelfen wollte, über das hinwegzukommen mir nicht erlaubt war. Auf seine Weise hat auch er sich dem Schlachthaus gestellt. Hätte es ihm, wie den meisten, nichts bedeutet, er hätte uns nicht so rasch wieder hinausgeführt. Falls er, ein Neunzig-, ein Hundertjähriger noch auf der Welt sein sollte, so möge er wissen, daß ich mich vor ihm verneige." [20, S. 321]

Die Sensibilität des Schülers *Canetti* mag außergewöhnlich fein ausgeprägt sein, — zu den ganz raren Erscheinungen, die man als Lehrer zu vergessen sich leisten kann, gehört sie indes nicht. Daß wir Tiere halten, um sie zu schlachten, beunruhigt die meisten Kinder, und es bleibt die Frage, wie wir dieses Problem, das seinerseits ein Exemplum ist für die umfassende Problematik des Verhältnisses zwischen menschlicher Gesellschaft und Natur, im Unterricht aufgreifen und einer Lösung näherbringen können.

Kinder sind von sich aus mit Erklärungen rasch bei der Hand. Als mein Kollege *Bernd Köhler* die Schlachthausfrage im Sachunterricht einmal aufwarf, meinten einige, daß die Tiere aber jedenfalls vor ihrem gewaltsamen Tode ein schönes Leben gehabt hätten: eine Vertragshypothese, wonach wir Menschen den Tieren ein gefahrloses, sattes Leben zusichern, das wir ihnen dann nehmen dürfen. Diese Annahme legten die Kinder einer Untersuchung über die Intensivhaltung von Hühnern zugrunde, in deren Verlauf sie die verschiedenen Formen der Hühnerhaltung vor Ort und anhand von Modellen besichtigten, Aussagen von Landwirten, Wirtschaftsverbänden und Biologen studierten und schließlich eine Gerichtsverhandlung inszenierten, bei der die Tierquälerei der Käfighaltung verurteilt wurde. Bei diesem Projekt kam u. a. als Ergebnis heraus, daß viele Kinder die praktische Konsequenz aus ihrer Sensibilität dem Leben der Tiere gegenüber zogen, und beschlossen, nur noch Eier von Hühnern zu essen, die in sog. Bodenhaltung lebten (vgl. [79, S. 181—217]).

Wir sehen, welcher Art die Probleme sind, die sich im Zusammenhang mit der wissenschaftlichen Biologie ergeben, und weiter, welcher Art die Interessen der Kinder im Hinblick auf lebende Organismen sind — über Tiere und Pflanzen im Klassenzimmer wird später unter dem Gesichtspunkt der individuellen Lernbedürfnisse von Kindern noch einmal zu reden sein —, und schließlich, in welcher Richtung Anknüpfungspunkte für Handlungsmöglichkeiten im Sachunterricht gesucht werden müssen.

Physik als Arbeitsfeld für den Sachunterricht

Der Teilbereich des Sachunterrichts, der aus dem Komplex „Physik — Chemie — Technik" gebildet wird, zeigt die geringsten Übereinstimmungen mit der hergebrachten Heimatkunde; die Themen und ihre Darstellungsweise sind für die deutsche Grundschule vollkommen neu. Man kann hier mit Recht den Kulminationspunkt der „Wissenschaftsorientierung" vermuten. Wenn die verfahrensorientierten und konzeptdeterminierten Curriculum-Entwürfe vom Anfang der siebziger Jahre auch längst an Aktualität verloren haben, so sind ihre Spuren in den amtlichen Richtlinien und dem Lehrmittelangebot der Verlage doch überall zu finden und deswegen in der Wirklichkeit des Sachunterrichts enthalten.

Es sind die Reste eines Ansatzes, der über die bloße Fachpropädeutik hinaus von Anfang an auf die Vermittlung eines geschlossenen fachlich-naturwissenschaftlichen Begriffssystems gerichtet war. Charakteristisch ist dabei der Anspruch, neben der fachsystematischen Deduktion gleichzeitig die Arbeitsweise des naturwissenschaftlichen Forschers zu vermitteln. Die Reste dieses Anspruches sind immer noch wirksam, wie an der Untrennbarkeit der Unterrichtsinhalte von den Verfahren zu erkennen ist: typische Themen wie „Wasser trägt" oder „Der Magnet zieht an" sind kaum vorstellbar ohne die zugehörigen Versuchs-Arrangements, wassergefüllte Schüsseln und allerlei Krimskrams bzw. Magnete und allerlei Kleingerät, und die unvermeidlichen Tabellen, in denen die Resultate des Ausprobierens („die den Schülern in der Regel vorher längst bekannt sind") aufgelistet werden sollen. Die Schemazeichnung des Stromkreises auf anderem Wege zu gewinnen als durch die Bastelei mit Klingeldrähten, Flachbatterie, Schalter, Schraubsockel und Glühlämpchen, gilt wenigstens als ungewöhnlich, wo nicht unerwünscht.

Man wird die allgemeine Aussage wagen dürfen, daß die neuen physikalischen Themen im Sachunterricht den Anteil der Manipulation mit Geräten und Materialien durch die Schüler beträchtlich erhöht haben. Dieser Vorgang wäre angesichts des weitverbreiteten Musters eines ausschließlich redend geführten Unterrichts an sich als didaktischer Gewinn zu begrüßen, wenn die Normierung der betreffenden Unterrichtslektionen nicht gleichzeitig ein geradezu verblüffendes Ausmaß erreicht hätte.

Der Vorgang, bei dem etwa die Unterrichtseinheit zum Thema „Stromkreis" dem einen gleichförmigen Muster folgt, das die genaue Beschaffenheit des Materials ebenso festlegt wie die angestrebten inhaltlichen Erkenntnisse und die Abfolge der einzelnen Schritte, ist vor dem Hintergrund der didaktischen Umwälzung vielleicht verständlich, die überall die Erfordernis, neue, ungewohnte Themen zu vermitteln, für die Lehrerinnen und Lehrer mit sich brachte. Da erscheint dann das „Paket", in dem Unterrichtsanleitung komplett mit Materialsätzen für die Klasse geliefert wird, als naheliegende praktikable Lösung. Nur darf man sich über den didaktischen Wert der präzis vorgeschriebenen und von den Schülern exakt auszuführenden Hantierungen mit den gegebenen Materialien keine Illusionen machen. Wie *Piaget* aufgewiesen hat, bleibt der manuell ausgeführte Handgriff, so willkommen er den Kindern im Einerlei des mit Reden zugebrachten Schulvormittags erscheint, doch ohne den didaktisch zu wünschenden Bezug der „aktiven Methoden", so lange lediglich Anweisungen befolgt werden müssen. Handeln im Sinne des Hantierens mit Objekten kann zum Aufbau von Erkenntnisstrukturen erst dann führen, wenn den spontanen Interesse der Hantierenden eine wichtige Rolle zugestanden ist.

Das Experiment gilt als Grundstein naturwissenschaftlichen Forschens. In der Bedingung, daß es jederzeit wiederholbar sein muß, scheint auf den ersten Blick die Möglichkeit einer Nutzanwendung für Unterrichtszwecke zu liegen: man erklärt den Schülern den genauen Aufbau, gibt ihnen das notwendige Gerät und läßt sie die kleinen Experimente — „Versuche" — nachvollziehen. Die Schwierigkeit besteht jedoch darin, daß dabei nur noch bestätigt werden soll, was längst vorgegeben ist. So wird aus dem Prüfstein bloßes Beiwerk, eine Art Illustration des bereits alles beinhaltenden Textes.

Wir sehen, daß die Brauchbarkeit des experimentierenden Verfahrens im Unterricht trotz der zentralen Bedeutung des Experiments in den empirischen Wissenschaften durch die Bedingungen des Unterrichtsfeldes eingeschränkt erscheint. Ohne auf die Zweifel an der absoluten Geltung einer experimentell fortschreitenden Erkenntnis eingehen zu müssen, die sich verstärken, seit die nicht experimentelle Arbeitsweise großer Naturwissenschaftler wie *Julius Robert Mayer* oder *Albert Einstein* als legitim erscheint, erkennen wir im Lichte didaktischer Überlegungen, daß mit dem Experimentieren das entscheidende Kriterium für die Bewertung des auf die Naturwissenschaften gerichteten Unterrichts nicht gegeben sein kann:

Das Experiment als eine Möglichkeit unter mehreren anderen, sich handelnd mit der physischen Natur einzulassen, soll selbstverständlich nicht aus dem Unterricht verbannt werden. Als entscheidend dafür, daß eine Auseinandersetzung der Kinder mit den Dingen und Sachverhalten aus Physik, Chemie und Technik in Gang kommt, muß indes unter didaktischer Perspektive ein anderer Begriff als entscheidend betrachtet werden: der des Phänomens. Naturphänomene stellen didaktische Potenzen dar, die den Weg zu einer tiefgründigen, langanhaltenden Beschäftigung mit den Fragen und Verhältnissen öffnen können, zu denen sie hinführen und deren Teil sie selbst sind.

Als klassisches Beispiel *par excellence* einer didaktischen Leistung, die an ein Phänomen gebunden und ihm gewidmet war, erscheint mir die Vortragsreihe über die „Naturgeschichte einer Kerze", die *Michael Faraday* in den Weihnachtstagen des Jahres 1860 (oder einige Jahre vorher) in den Räumen der Londoner „Royal Institution" vor einem Publikum hielt, das weitgehend aus Kindern bestand. *Faraday* entwickelte — er war über sechzig Jahre alt — die Konturen des damals ausgeforschten Weltbildes der Physik, ohne die ungelösten Fragen und Probleme auszuklammern, an deren Lösung er selber beteiligt war. Ausgehend von den Vorgängen in der brennenden Kerzenflamme führte er deren chemische Bestandteile vor, zeigte die Eigenschaften des Wasserstoffes, die chemischen Wirkungen des elektrischen Stromes, die Eigenschaften des Sauerstoffes, der Kohlensäure, die von Gasen allgemein, und beschrieb schließlich die Rolle des Stoffwechsels im Haushalt der Natur und im Hinblick auf die Menschen: sechs Vorlesungen, voll von Beispielen aus dem Erfahrungsbereich der Kinder, aus der Produktion, immer die Auswirkungen für das gesellschaftliche Leben aufzeigend, stets die Fachgrenzen überschreitend, Querverbindungen herstellend. Weit davon entfernt, sich auf eine fachsystematische Darstellung der Sachverhalte zu beschränken, nahm *Faraday* die Kerzenflamme zum Ausgangspunkt, von dem aus er ein reiches und „kurzweilig" gestaltetes Panorama entwarf. Ich vermute, daß er die Kerzenflamme auch als Modell für den Stoffwechselprozeß des Lebens auf dem Planeten verstand, jenen komplexen Gleichgewichtszustand, mit dessen Beschreibung er seine Vorlesungsreihe beschloß, und der durch das gigantische Ausmaß der gegenwärtig von den Menschen vorangetriebenen Verbrennungsvorgänge jetzt aus der Balance zu geraten droht. *Faraday*, entschiedener Vertreter einer „dynamischen" Weltanschauung, der sich selbst als „Naturphilosophen" verstand, sah in der Kerzenflamme ein schönes Symbol für den Prozeß der Natur insgesamt:

„Ich kann mir kein schöneres Beispiel von Anpassungsfähigkeit vorstellen als die Kerze, bei der zur Erzielung der besten Wirkung jeder Teil dem anderen dienstbar ist. Es ist ein wundervoller Anblick, wie dieser brennbare Stoff allmählich verbrennt, ohne jemals von der Flamme ergriffen zu werden; zumal wenn man bedenkt, welche Kraft der Flamme innewohnt, wie sie das Wachs zu zerstören vermag, wenn sie es erfaßt, und wie sie ihre eigene Form verändert, wenn sie ihm zu nahe kommt." [42, S. 38. Inzwischen ist eine sehr ansprechend illustrierte Neuausgabe erschienen in der Reihe „reprinta historica didactica", Bad Salzdetfurth 1979, mit einer Einleitung von *Peter Buck*]

Entscheidend für die Art und Weise seines Vortrags sind die Demonstrationsversuche, die er mit geradezu unglaublich erscheinendem Geschick, unterstützt von einem einzigen Assistenten, am laufenden Band vorführte. Der Eindruck auf die jungen Zuhörer muß geradezu der eines Feuerwerks gewesen sein, von der Art eines „fliegenden Zirkus der Physik", und trotzdem erklärte *Faraday* stets präzise und anschaulich, was er zeigte, erreichte seine Wirkung durch äußerste Disziplin und Sauberkeit der Ausführung. Man wird die Arbeitsweise des Physikers *Faraday,* der immer neue Versuchsanordnungen erfand, deren Resultate er abzuzeichnen und mit anderen darüber zu diskutieren pflegte, vielleicht am besten bezeichnen können mit dem Ausdruck „Respekt vor den Phänomenen". Darin scheint mir die gleiche Grundeinstellung gegeben, die dem Didaktiker *Faraday* seine Autorität verleiht.

(Während viele der von *Faraday* gezeigten Erscheinungen und Versuche mit Gerätschaften nachvollzogen werden können, die man in jedem Haushalt findet — vgl. meinen Bericht „Eine Kerze für Michael *Faraday*" in „Grundschule", März 1980, S. 117—125 —, setzen andere einigen Aufwand an Laborgerät und Experimentiergeschick voraus.)

Das Phänomen selber stellt nämlich einen Punkt dar, in dem sich das Interesse des Betrachters mit der dem Gegenstand innewohnenden Struktur trifft. Für die Didaktik bedeutet dies, daß der Begriff der Unterrichtsmethode neu zu bestimmen ist. Das Hauptaugenmerk ist nicht länger dem im herkömmlichen Sinne methodischen Bereich gewidmet — also auf Unterrichtsorganisation, Verlaufsplanung und den ganzen Vermittlungsapparat gerichtet, dessen reibungsloses Funktionieren als Qualitätsmerkmal „guter Unterrichtsführung" wahrgenommen zu werden pflegt, sondern gilt dem Arrangement des Gegenstands, gilt der Darstellung der Phänomene. Wie das Phänomen präsentiert wird, ist entscheidend, nicht aber die im Vorhinein festgelegte Reaktion der Schüler und der Ablauf der Lektion. *Martin Wagenschein* führt in seinen Vorträgen manchmal das Beispiel an, wie er seinerzeit an der Odenwaldschule die Gesetzmäßigkeiten am Pendel mit seiner Schülergruppe erarbeitet habe: er hängt einen schweren Feldstein an einer festen Schnur an die 3 m hohe Decke und versetzte dem Stein einen Stoß. Die Schüler, fasziniert von der scheinbar endlos schwingenden Bewegung dieses mächtigen Pendels, staunten, stellten Vermutungen an, begannen zu diskutieren: dies ist ein Beispiel für ein äußerst raffiniertes Arrangement, das sich aufs Phänomen konzentriert, ohne sich mit der übrigen Unterrichtsorganisation — dem also, was man gemeinhin unter „Methode" verstanden wissen möchte — aufzuhalten. Im Vertrauen auf das Faszinosum des Phänomens wird das ganze didaktische Brimborium der Verlaufsplanung mit seinem Raster von Regieanweisungen und Artikulationsstufen gespart.

Um die Tragweite solcher Perspektivenänderung erfassen zu können, muß man die Genese dessen berücksichtigen, was als Methode bezeichnet zu werden und im Unterrichtsbetrieb eine zentral bedeutsame Position einzunehmen pflegt. *Klaus Giel* hat gezeigt, wie „Methode als institutionelles Problem" zum Kristallisationskern der Didaktik werden mußte während des langen Zeitraums, in dem der Schule die Aufgabe zufiel, zwischen Laien- und Gelehrtenkultur zu vermitteln. Quasi *per definitionem* hat „Methode" von den Lebensverhältnissen der Schüler abzusehen; lediglich über die methodisch ausgesteuerte Unterrichtsplanung verkehren die Lehrer gewöhnlich mit den Schülern, — „so sehr, daß der Plan als Code fungiert, mit dem sie Schüleräußerungen entschlüsseln und bewerten". [48, S. 50]

Die Methode als Organisationsmittel des Verkehrs zwischen Gelehrten- und Laienkultur konnte nicht Mittler zwischen beiden Bereichen sein, sondern organisierte den Erwerb der Gelehrtenkultur, ihrer Sprache, ihrer Schrift, ihrer Art und Weise, die Dinge zu sehen. Diese Auffassung von „oben" und „unten" wohnt der Rede einer „Einführung in die Physik" inne, ist selbst noch in dem Zugeständnis vorhanden, „die Kinder dort abzuholen, wo sie stehen".

Giel meint, daß es in der heutigen Situation unangemessen sei, die Kinder mit Laien ineins zu setzen, da ihre gegenwärtig zu gewinnenden Erfahrungen nicht länger als belanglos für die Gelehrtenkultur zu betrachten sind, sondern an der komplizierten Öffentlichkeit teilhaben, in welcher die Kultur der Gelehrten längst aufgehoben sei. Er meint, früher habe „Methode" Sinn gemacht, heute nicht mehr. Was die Physik betrifft, so scheint mir der Wert der von der Physikdidaktik entwickelten Methode seit eh und je fragwürdig zu sein. Wo ein Lehrgebäude in Gestalt von Begriffen in die Köpfe der Menschen projiziert werden soll, ist das methodische System der gesamten Prozedur unerläßlich und neben den Physikern und den Nicht-Physikern gibt es Physik-Didaktiker als Spezialisten solcher Vermittlung. Wo die Beschäftigung mit den Dingen der physikalischen Natur als Prozeß gesehen wird, an dem teilzuhaben als Bildungsrecht gilt, hängt alles von dem Einsatz der Phänomene ab. Weil er dieser Auffassung nahesteht, scheint mir *Faraday* sein Feuerwerk abbrennen zu können, ganz ohne methodische Skrupel, einzig der Spur des Phänomens folgend, das eine eigene Systematik zu entwickeln scheint: der Sachverhalt birgt die Methode in sich. Die Qualität des Sachunterrichts bemißt sich demnach nicht daran, wie häufig den Schülern Gelegenheit zu Hantierungen, zum Manipulieren von Objekten gegeben ist, im oberflächlichen Verständnis eines Umgangs mit Sachen anstelle von Worten, sondern an dem Intensitätsgrad, den die Beschäftigung mit den Dingen und Objekten erreicht. Er scheint mir beispielsweise hoch in dem Beispiel zum Phänomen „Schall", das Siegfried *Thiel* beschrieben hat; da gibt es zwei Trommeln, ein paar Erbsen und eine ziemlich eifrige Diskussion. [144, S. 103—121] Er scheint mir gering in den Unterrichtsbeispielen, die ich zum Thema „Stromkreis" verschiedentlich beobachtet habe, obwohl die Schüler dabei mit einer Fülle von Materialien konfrontiert wurden; symptomatisch dabei erschien die häufig zu vernehmende Frage: „Was sollen wir jetzt machen?"

Der didaktische Ansatz, der aus *Faradays* „Naturgeschichte einer Kerze" gleichsam herausdestillierbar ist, kann schließlich auch die Integrationsproblematik erhellen. Zunächst scheint es allerdings naheliegen, in dem Beispiel selbst einen fachbezogen chemisch-physikalischen Ansatz reinsten Wassers zu erblicken. In einem äußerlich formalen Sinne mag das auch im großen Ganzen trotz der gelegentlichen Grenzüberschreitungen zutreffen. Aber dabei wäre „Integration" einzig als äußere Verbindung verschiedener Fachperspektiven verstanden, während der Begriff in seiner vollen Bedeutung ebenso eine innere Form aufweist: das Integrative liegt in der Art und Weise, in der man die Dinge betrachtet. Wo Phänomene, d. h. eigentlich problemhaltige Objekte, Dinge, die den Impuls in uns hervorrufen, daß wir uns mit ihnen befassen, im Mittelpunkt stehen, da sind die Grenzen der Fachsystematik von Anfang an von sekundärer Bedeutung. Die Spannweite der Probleme kann entweder die Parzellen wissenschaftlicher Traditionen überschreiten oder sich auch innerhalb ihres Rahmens bewegen.

Würden wir das Merkmal der Fächerüberschreitung als Kennzeichen eines integrierenden Sachunterrichts dogmatisieren wollen, dann müßten wir die Arbeit an interessanten Naturphänomenen — Flamme, Pendel, Schall — ausklammern; außerdem wären wir gezwungen, den Keim zu einer Arbeitsweise zu legen, welche die Gefahr einer schematisch-rigiden Vernutzung nicht ausschlösse, ähnlich wie die mißglückten Formen des sog. Gesamtunterrichts, dem eine richtige didaktische Vorstellung zugrundelag, der sich aber später in einer Art Deklination der Themen durch den Fächerkanon erschöpfte.

Bei der Erörterung des Verhältnisses zwischen Methode und Phänomen haben wir uns auf die aktuelle Problematik physikdidaktischer Fragestellungen konzentriert. Nun darf man nicht übersehen, daß unser didaktisches Konzept des Sachunterrichts insofern umfassender ansetzt, als dabei die gesellschaftlich aktuelle Problematik eine entscheidende Rolle spielt. Die Intensität der Auseinandersetzung, die wir als eine Art Funktion der Betroffenheit des Individuums durch das Phänomen aufgefaßt haben, gewinnt durch die

Berücksichtigung der gesellschaftlichen Problematik eine neue Dimension, die ihrerseits erst die Voraussetzung zur Bewältigung der komplexen großen Probleme gibt, welche es zu bewältigen gilt. Während ein Sich-Einlassen mit den physikalischen Phänomenen eine schöne und für sich bereits völlig legitime Sache darstellt, würde die ausschließliche Konzentration auf derartige Sachverhalte einen Rückzug vor den Problemen gleichkommen, deren Bearbeitung letzten Endes dem Unterricht als Institution die Legitimation erst verleiht.

Am Ende dieses Abschnitts möchte ich deshalb die Möglichkeit eines Unterrichtsvorhabens andeuten, das die zentrale Lebensleistung *Michael Faradays* berücksichtigt und gleichzeitig auf einen Problemzusammenhang gerichtet ist, der uns gegenwärtig bewegt: Bekanntlich war es *Faraday,* der die wechselseitige Umformung von Magnetismus und elektrischem Strom nachwies und die Voraussetzungen zu der technischen Nutzung entwickelte, die mit Begriffen wie „Generator" und „Transformator" bezeichnet ist. Daher bietet sich als Unterrichtsthema mit aktuellem Bezug die Frage an: Wie können *Faradays* Erkenntnisse genutzt werden, um elektrische Energie zu gewinnen? Dies Thema liegt auch aus Gründen der didaktischen Kontinuität nahe: die Herstellung eines Elektromagneten ist ja ohnehin zu einem „klassischen" Gegenstand des modernen Sachunterrichts geworden; nun kommt es darauf an, die umgekehrte Anwendung des gleichen Prinzips zu erarbeiten und also die Funktionsweise eines Generators zu zeigen: wie beim Elektromagneten Magnetismus mit Hilfe von Strom erzeugt wird, entsteht beim Generator aus Bewegungsenergie und der Kraft eines Dauermagneten elektrischer Strom. Zur Darstellung des Prinzips bietet es sich an, Taschenlampen mit Handgeneratorenbetrieb und Fahrraddynamos von den Kindern auseinanderbauen —, die Teile abzeichnen — und wieder zusammenbauen zu lassen. Als nächste Phase könnte das Problem der Energieknappheit beschrieben werden: welche Möglichkeiten seiner Lösung sind vorhanden? Es wäre zu zeigen, wie mit Hilfe von Wind und Wasserkraft in den Ländern der Dritten Welt, aber am Ende auch hierzulande, viele kleine Stationen eingerichtet werden könnten, die elektrischen Strom ohne viel Aufwand liefern. Die Kinder können hierzu selber ein Windrad bauen, beispielsweise mit Hilfe eines Fahrradspeichenrades, ähnlich, wie es manchmal in Schrebergärten zu sehen ist, und dann mit einem Fahrraddynamo selbst Strom erzeugen, der über Klingeldrähte geleitet wird und ein Lämpchen zum Leuchten bringt. Dabei würden sie den Aufbau des Stromkreises kennenlernen, so daß man den Einsatz von Modellbaukästen oder entsprechenden Lehrmittelsätzen ersparen kann.

Das Projekt könnte sich anschließend der Erkundung der historischen Verhältnisse zuwenden: In vielen Gegenden des Bundesgebietes gab es noch vor 50 Jahren eine große Zahl kleiner Wind- und Wasserkraftwerke, die von Gemeinden, Fabriken und Einzelhöfen betrieben wurden. Die Spuren dieser Anlagen sind häufig noch vorhanden, in der Regel können ältere Bürger Auskunft geben. Auf einer Karte des Gebietes eingetragen, würde diese Erkundung zur Plausibilität der Überlegung beitragen, daß notfalls viele kleine wind- und wassergetriebene wenige große öl-, kohle- oder atomgetriebene Kraftwerke ersetzen dürften ...

Ich möchte an dieser Stelle die Skizze des Entwurfes abbrechen, weise aber auf die Korrespondenz folgender Strukturen hin: der phänomenbezogene Ansatz in *Faradays* Didaktik enthält ein demokratisches Moment insofern, als die Kluft zwischen Gelehrten- und Laienkultur überbrückt wird, ohne das Gefälle zu perpetuieren; es handelt sich ja um eine Art Einladung zur Teilhabe an den bewegenden Fragestellungen der Wissenschaft. Ein ganz ähnliches Moment ist auch in der Überwindung der Abhängigkeit von Industrie- und Verwaltungskomplexen enthalten, auf die der Dezentralisierungsgedanke bei der Energieversorgung und anderswo abzielt. Daß die Welt der Dinge und Sachverhalte allen gleichermaßen zugänglich bleiben muß, ist eine gesellschaftspolitische Forderung, der wir im Raum unserer Didaktik nachzukommen suchen.

Das Integrationsproblem als didaktische Kernfrage für die Rekonstruktion des Sachunterrichts

„Wissenschaftsorientierung" lautet die Maxime lapidar, unter der die Entwicklung des Sachunterrichts diskutiert wird. Wie Wissenschaft auseinandertreibt, und wie Sachunterricht demzufolge in der Gefahr des Zerfalls steht, ist gesagt worden. Ich habe auf den vorangehenden Seiten einige Aspekte der Problematik entwickelt und die Richtung anzudeuten versucht, in die der Ansatz der Wissenschaftsorientierung weitergetrieben werden müßte, wenn Sachunterricht als der Lernbereich erhalten bleiben soll, der dem Weltbild der Schüler gewidmet ist. Man kann unseren an den gesellschaftlichen Problemen und dem jeweils besonderen Erfahrungshorizont der Kinder orientierten Ansatz formal einen „integrativen" nennen insofern, als er eine integrative Betrachtungsweise der Dinge voraussetzt.

Das Verständnis dessen, was Integration bedeutet, wird nun gefördert, indem wir gewissermaßen den Horizont unserer Betrachtungsweise ausweiten. Dann erkennen wir, daß — bezogen auf das Ganze der kulturellen Entwicklung — einerseits die Spezialisierung der Wissenschaften, ihre Kompartmentalisierung und die Bearbeitung eingegrenzter Aufgabenstellungen für sich folgerichtig und im Interesse des Ganzen in gewisser Hinsicht wünschenswert ist. Gleichzeitig sehen wir, daß der wissenschaftliche Sektor des gesellschaftlichen Geschehens nicht der einzige ist, auf dem eine derartige Entwicklung stattfindet, und somit nicht der einzige, der von den Problemen dieser Entwicklung betroffen ist. Der gesellschaftliche Prozeß insgesamt ist im großen Maßstab von einer strukturell ähnlichen Problematik betroffen, wie sie sich dem Sachunterricht mit der Integrationsfrage stellt. Namentlich die Gefahr der Entfremdung als einer Kluft, die sich zwischen den Alltagserfahrungen der Menschen und der jeweils nach Spezialerkenntnissen organisierten, modernen Wirklichkeit aufgetan hat, bildet das Grundproblem unserer Erfahrung, auf das sich die meisten Fragen zurückführen lassen, die uns betroffen machen.

Zur genaueren Erfassung dieser Perspektive seien zwei unterschiedliche Stellungnahmen angeführt. Die eine stammt von *E. F. Schumacher,* der immer wieder in seinen Aufsätzen und Reden für ein Umdenken eingetreten ist, eine Umorientierung unserer Weltsicht, die er als wichtigste Voraussetzung zur Bewältigung der ökologischen Krise erkannt hatte, und die als glänzendes Beispiel für das angeführt werden kann, was wir als „integrierte Betrachtungsweise" bezeichnet haben. In einem Aufsatz mit dem Titel „Der größte Aktivposten — Bildung" schreibt er im Blick auf die angesprochene Problematik der Entfremdung durch Spezialisierung:

„Der Fehler liegt nicht in der Spezialisierung, sondern darin, daß die Gegenstände normalerweise nicht mit genug Tiefe dargestellt werden, und daß jegliches metaphysisches Bewußtsein fehlt. Die Naturwissenschaften werden gelehrt ohne das Wissen um ihre Voraussetzungen, die Bedeutung und das Gewicht naturwissenschaftlicher Gesetze und des Stellenwertes, den die Naturwissenschaften innerhalb des gesamten menschlichen Denkens haben. Als Ergebnis zeigt sich, daß die Voraussetzungen der Naturwissenschaft im Normalfall fälschlicherweise für ihre Resultate gehalten werden. Wirtschaftswissenschaft wird gelehrt, ohne sich um das Wesen des Menschen zu kümmern, wie es der heutigen Wirtschaftstheorie zugrundeliegt. Viele Wirtschaftswissenschaftler sind sich selbst der Tatsache nicht bewußt, daß ein solches Grundwissen in ihrer Lehre enthalten ist und daß nahezu alle ihre Theorien geändert werden müßten, wenn es sich änderte." [130, S. 84/85]

In der Rückbindung an die metaphysischen Voraussetzungen, die immer wieder neu zu bestimmende Aufgabe des Menschen auf diesem Planeten, sieht *Schumacher* also Basis und Korrektiv für die wissenschaftliche Arbeit, die in spezialisierter Form weiterzutreiben wäre; nachdem eine gemeinsame Mitte bestimmt ist, wären die Wissenschaften untereinander verbunden wie die Speichen eines Rades mit der Achse, und gleichzeitig wäre übrigens das Zentrum für die Didaktik der Schulfächer gefunden; das Integrationsproblem des Sachunterrichts hätte sich gelöst.

Auch der zweite Philosoph, der hier angeführt werden soll, *Jürgen Habermas,* sieht die Spezialisierung der einzelnen kulturellen Arbeitsbereiche als sinnvoll, beschränkt sich aber darauf, das Problem zu konstatieren, die Aufgabe zu nennen, ohne die Lösung zu liefern. In der Rede, die er 1980 bei der Verleihung des *Adorno-Preises* der Stadt Frankfurt hielt — „Die Moderne — ein unvollendetes Projekt" —, bezieht er sich vor allem auf das Verständnis des Ästhetischen. Aber er deutet die besonderen Schwierigkeiten, die sich im Verständnis der Kunst ergeben, im Zusammenhang der kulturellen und gesellschaftlichen Gesamtentwicklung. Das soziologische Panorama, das er dabei skizziert, ist in unserem Zusammenhang von Interesse, weil die gemeinsamen Wurzeln von Kunst, Moral und Wissenschaft aufgedeckt werden, so daß die Allgemeingültigkeit der Problematik unserer Frage nach den Möglichkeiten einer Integration der Wissenschaften offenbar wird:

„Die Idee der Moderne ist mit der Entwicklung der europäischen Kunst eng verschwistert; aber das, was ich das Projekt der Moderne genannt habe, kommt erst in den Blick, wenn wir die bisher geübte Beschränkung auf Kunst aufgeben. Max Weber hat die kulturelle Moderne dadurch charakterisiert, daß die in religiösen und metaphysischen Weltbildern ausgedrückte substantielle Vernunft in drei Momente auseinandertritt. Indem die Weltbilder zerfallen und die überlieferten Probleme unter den spezifischen Gesichtspunkten der Wahrheit, der normativen Richtigkeit, der Authentizität oder Schönheit aufgespalten, jeweils *als* Erkenntnis-, *als* Gerechtigkeits-, *als* Geschmacksfragen behandelt werden können, kommt es in der Neuzeit zu einer Ausdifferenzierung der Wertsphären Wissenschaft, Moral und Kunst. In den entsprechenden kulturellen Handlungssystemen werden wissenschaftliche Diskurse, moral- und rechtstheoretische Untersuchungen, Kunstproduktion und Kunstkritik als Angelegenheit von Fachleuten institutionalisiert. Die professionalisierte Bearbeitung der kulturellen Überlieferung läßt die Eigengesetzlichkeit des kognitiv-instrumentellen, des moralisch-praktischen und des ästhetisch-expressiven Wissenskomplexes hervortreten.
Auf der anderen Seite wächst damit der Abstand zwischen den Expertenkulturen und dem breiten Publikum. Was der Kultur durch spezialistische Bearbeitung und Reflexion zuwächst, gelangt nicht *ohne weiteres* in den Besitz der Alltagspraxis. Mit der kulturellen Rationalisierung, droht vielmehr die in ihrer Traditionssubstanz entwertete Lebenswelt zu *verarmen.*
Das Projekt der Moderne, das im 18. Jahrhundert von den Philosophen der Aufklärung formuliert worden ist, besteht nun in dem Bemühen, die objektivierenden Wissenschaften, die universalistischen Grundlagen von Moral und Recht und die autonome Kunst unbeirrt in ihrem jeweiligen Eigensinn zu entwickeln, aber *gleichzeitig auch* die kognitiven Potentiale, die sich so ansammeln, aus ihrer esoterischen Form zu entbinden und für die Praxis, das heißt, für eine vernünftige Gestaltung der Lebensverhältnisse zu nutzen." [55]

Habermas plädiert dafür, das „Projekt der Aufklärung" weiter zu verfolgen, es nicht fallen zu lassen, und damit den aufklärungsfeindlichen Bestrebungen anheimzufallen, die er als „Konservativismen" bezeichnet. Die von ihm genannte Hauptaufgabe, die „kognitiven Potentiale" aus Kunst, Wissenschaft und Moral für die Praxis nutzbar zu machen, stellt sich im Raume institutionalisierter Erziehung als eine didaktische. Umgekehrt ist *Habermas'* Postulat die soziologische Formulierung des Themas unserer Arbeit. Es ist ein Blickwinkel, aus dem erkennbar wird, daß die Maxime der Wissenschaftsorientierung eine Einschränkung bedeutet, die dem Anspruch des Sachunterrichts, das Weltbild der Kinder zu entwickeln, nicht gerecht werden kann. Über Wissenschaftsorientierung hinaus muß die Gesamtheit der Fragen aus den ästhetischen und moralischen Bereichen berücksichtigt werden, mit denen Wissenschaft im ursprünglichen Verständnis verbunden ist.
Komenski, der mit seinem „orbis pictus" wohl das erste Sachbuch überhaupt schuf, behandelt darin wie selbstverständlich auch metaphysische Sachverhalte. Zugleich ist der „orbis pictus" ein Sprachbuch und ein Lateinbuch. Die chiliastisch geprägte Sicht der „einen Welt" mußte zwangsläufig abhanden kommen, so daß das erste auch das einzige Sachbuch blieb, das dem Anspruch in seiner umfassenden Ganzheit gerecht werden konnte. Aber mit der Unschuld der Inhalte ist im Lauf des Erkenntnisfortschritts nicht etwa auch die alte Aufgabe verlorengegangen. Es mag komplizierter geworden sein, sie zu lösen. Daß es darum geht, die separaten Sonderkulturen mit den Erfahrungen der

Alltagspraxis zu vermitteln und sie dabei aus ihrer Isolation zu befreien, bedeutet für die Didaktik, sich auf diejenigen Bezugspunkte zu konzentrieren, in denen derartige Integrationsmöglichkeiten aufscheinen: die Probleme, an denen Handeln als Vermittlung zwischen Theorie und Praxis ansetzen kann. So gesehen, sind die Projekte mit Kindern Modelle, in denen das „Projekt der Moderne" immer wieder entworfen ist; in den Erfahrungen der Lösung im Kleinen blitzt die Möglichkeit der Lösung des ganzen Problemes auf.

4. Der Bereich individueller Erfahrungen als Ausgangsbasis für die Rekonstruktion des Sachunterrichts

Dem Bereich der gesellschaftlich „objektivierten" Erfahrungen, die in den Sachunterricht als Postulat des Wissenschaftsbezuges didaktisch hineinwirken, liegt der Erfahrungsraum des einzelnen gegenüber. Das Individuelle, in dem das Allgemeine — wenn auch in vielfacher Brechung vermittelt — bereits enthalten ist, das aber trotzdem einen eigenen Anspruch erhebt: den des Gegenwärtigen gegenüber dem Vergangenen. In diesem Bereich individueller Erfahrungsmöglichkeiten suchen wir nach Anknüpfungspunkten für eine Didaktik des Sachunterrichts, die nicht allein den Maßstab der Sachangemessenheit im Auge hat, sondern auch den Anspruch der Lernenden ernst nimmt, der jeweils einmalig durch die Einmaligkeit ihrer Situation bestimmt wird, und den es mit den übergreifenden Problemen, von denen die Gesamtheit betroffen ist, zu verbinden gilt.

Unterricht bildet einen Ausschnitt der Lebenssituation von Kindern. Wer ihre Lernbedürfnisse erkennen will, muß die gesamte Lebenssituation im Blick haben. Unterricht definiert sich mit der Konzentration auf bestimmte Inhalte und Verfahrensweisen selbst. Diese Definition schließt nicht allein das aus, was vor, nach und neben dem Unterricht gelernt wird, sondern verhindert vor allem auch die angemessene Einschätzung dessen, was in dieser Veranstaltung namens „Unterricht" insgesamt und „eigentlich" vermittelt wird. Die Perspektive, die unter dem Schlagwort vom „heimlichen Lehrplan" in die Didaktik hineingekommen ist, erscheint geeignet, wesentliche Aspekte der Gesamtsituation aufzudecken, in der das Lernen stattfindet.

Sachunterricht, wo er es mit dem Weltbild der Schüler zu tun hat — und wo wäre das nicht der Fall? —, muß sich bestimmten Dispositionen der Kinder widmen, — Interessen, Lernbedürfnissen, Neigungen, Impulsen, Fragen, Projekten, die von der Didaktik immer wieder als Inhalte zu erfassen sind. Inmitten der Zufälligkeiten, die das Unverwechselbare jeder Situation ausmachen, gibt es so etwas wie ein Grundmuster inhaltlicher Bezüge. Ihre Umrisse können zwar angedeutet werden, ihre präzisen Konturen aber treten erst in den konkreten Situationen hervor.

Symptomatisch erscheint mir beim Versuch, derartige Inhalte zu fassen, ihre Distanz zum Inhalt der Fächer. Trotzdem liefern sie gleichwertiges Ausgangsmaterial für den Versuch, die Ansprüche der Fachperspektiven mit denen der individuellen Situation zu vermitteln. Obwohl der Situationsbegriff als Ausgangsbasis für die Rekonstruktion des Sachunterrichts ein Element darstellt, das eine systematische Auflistung der Bezugspunkte ausschließt und also die Möglichkeit vollkommener Kontrolle von vornherein verhindert, muß er als konstitutiver Bestandteil unserer Didaktik gelten, damit die Möglichkeit der Schüler, ihre spontanen Interessen einzubringen, systematisch offengehalten werden kann.

Facetten des „heimlichen Lehrplans" als Aspekte der Situation der Lernenden im Sachunterricht

Mit dem Ausdruck „heimlicher Lehrplan" ist nicht allein auf die Existenz eines gewöhnlich nicht zur Kenntnis genommenen Lernergebnisses der Unterrichtsveranstaltungen hingewiesen, das gleichsam als nicht beabsichtigtes Nebenprodukt des offiziösen Lehrplanes ins Spiel kommt. Der Ausdruck bezeichnet mehr: eine Betrachtungsweise, die das gesamte Geschehen zu erfassen sucht, die tatsächliche Schulerfahrung und deren Sinn und Stellenwert innerhalb des gesellschaftlichen Prozesses. Dabei werden die Akzente verschoben — nicht die Absichtserklärungen und pädagogisch ausgelegten Präambeln im amtlichen Lehrplan stellen die Bezugsebene dar, sondern der Erfahrungsraum, den Schule tatsächlich enthält. Es ist eine Dimension, die in den autobiographischen Texten der Schriftsteller immer schon gegeben war, und erst jetzt allmählich in der didaktischen Diskussion berücksichtigt wird. (Im Suhrkamp-Taschenbuch 48 „Unterbrochene Schulstunde. Schriftsteller und Schule" sind 16 derartige Texte zusammengestellt.) Diese Dimension ist unter didaktischer Perspektive deshalb wichtig, weil sich von hier aus ein Zugang zum Verständnis der Gesamtsituation der Lernenden auftut. Die Facetten des heimlichen Lehrplans stellen Aspekte dieser Situation dar, die ihrerseits eines der beiden konstitutiven Elemente einschließt, von denen die permanente Rekonstruktion des Sachunterrichts auszugehen hat.

Siegfried Bernfeld erläutert in seinem Buch „Sisyphos oder die Grenzen des Erziehers" [5] den Kernsatz, daß „Schule als Institution" erzieht: diese Institution dient der Perpetuierung der gegebenen gesellschaftlichen Verhältnisse und — egal, wie sehr sich der einzelne Lehrer dem entgegenstemmt — sie bildet ein Arrangement, dessen Wirkung die Schüler unausweichlich ausgesetzt sind.

Bertold Brecht beschreibt in einer besonders sarkastisch anmutenden Passage seiner „Flüchtlingsgespräche" die Erziehungswirkung des Schulsystems u. a. folgendermaßen:

„Der Schüler lernt alles, was nötig ist, um im Leben vorwärts zu kommen. Es ist dasselbe, was nötig ist, um in der Schule vorwärts zu kommen. Es handelt sich um Unterschleif, Vortäuschung von Kenntnissen, Fähigkeit, sich ungestraft zu rächen, schnelle Aneignung von Gemeinplätzen, Schmeichelei, Unterwürfigkeit, Bereitschaft, seinesgleichen an die Höherstehenden zu verraten usw. usw." [12]

Derartige Darlegungen erscheinen heute als Vorläufer der Perspektive vom heimlichen Lehrplan, die inzwischen als Schlagwort überall gehandelt wird, aber die Betroffenheit, die derartige Betrachtungen auslösen, muß als Motiv in der didaktischen Diskussion immer wieder wirksam werden; die Frage lautet: was haben unsere didaktischen Überlegungen mit dem Leben der Lernenden tatsächlich zu tun?

Um dies Problem zu lösen, müssen wir lernen, zwischen den Zeilen des Unterrichts zu lesen, die Veranstaltung gleichsam gegen den Strich der erklärten Intentionen aufzufassen, ähnlich wie es *Brecht* in satirischer Form vorgeschlagen hat.

Paul Jackson hat gezeigt [72 a], daß die Organisation des Unterrichtsbetriebs für sich genommen diejenige Struktur enthält, die ein Hauptlernziel der Schule als Institution ist. Das Abwarten-Können beispielsweise ist eine Verhaltensform, von deren Erwerb oder Nichterwerb die Existenz komplexer Industriegesellschaften wie der unseren abhängt. Hätten die Menschen unserer Gesellschaft einen anderen Zeittakt als Grundmuster ihres Verhaltens, einen Zeittakt, wie er etwa in anderen Kulturen oder zu anderen Zeiten den Alltagsrhythmus des Lebens bestimmte, so müßte der gesamte Betrieb zusammenbrechen. Die Hauptagentur zur Vermittlung derartiger Verhaltensgrundmuster ist die Schule; sie leistet die entsprechende Schulung mittels ihrer eigenen Betriebsstruktur, die von Lehrern und Schülern gleichermaßen getragen wird, ohne daß ihnen die Lerneffekte dieser Arbeit überhaupt zu Bewußtsein zu kommen brauchen.

Jules Henry, ein Anthropologe, der seine ethnographische Perspektive auf den alltäglichen Unterrichtsbetrieb anwendet und ihn also dementsprechend „verfremdet" wahrnimmt, hat als den Hauptinhalt dessen, was in der Schule gelernt wird, den wechselseitigen Haß als Grundpfeiler des wirtschaftlichen Systems gefunden, das auf der Konkurrenz aller gegen alle basiert. Dies Hauptziel des heimlichen Lehrplans hat er als Hintergrund alltäglicher Szenen aus dem Unterricht aufgedeckt. Bekannt geworden ist vor allem seine eindrucksvolle Schilderung einer Szene, in der ein Schüler (Boris) Schwierigkeiten hat, den Bruch 12/16 soweit wie möglich an der Tafel zu kürzen, bis schließlich eine Schülerin (Gretchen) die richtige Lösung verkünden darf. *Henry* legt die Dramatik offen, die diesem alltäglichen Vorgang innewohnt und zeigt, daß dabei wichtige Lernprozesse ablaufen:

„Das Versagen von Boris hat Gretchen also den Erfolg ermöglicht; seine Niedergeschlagenheit ist der Preis für ihre blendende Laune; sein Elend der Anlaß zu ihrer Freude.
...
Für Boris war der Alptraum an der Tafel vermutlich eine Schule der Selbstbeherrschung. Auch wenn man öffentlich bloßgestellt wird, darf man nicht schreiend aus dem Raum laufen. Solche Erfahrungen verankern in jedem Gesellschaftsmitglied unauslöslich eine traumatische Angst vor dem Scheitern." [62.]

Derartige Interpretationen des alltäglichen Geschehens lösen wegen der inhaltlichen Zusammenhänge, die sie herstellen, Betroffenheit aus; die „Botschaft" lautet jeweils, daß Schule Teil eines umfassenden gesellschaftlichen Systems ist, aus dem sie ihren Sinn bezieht, und das sie durch und durch determiniert. Daß umgekehrt durch die Schule auch ein Instrument gegeben ist, das im gesellschaftlichen Zusammenhang verändernd wirken kann, ist eine Betrachtungsweise, die dem analysierenden Blick der Theoretiker des heimlichen Lehrplans fremd zu sein scheint. Hieraus darf kein grundlegender Einwand aufgebaut werden; ich komme an dieser Stelle lediglich auf die unterschiedliche Ausgangsposition zu sprechen, die meinen pragmatistischen Ansatz begründet, und die es konkret zu entfalten gilt. Viel näher liegt aber die ironische Frage, weshalb die Betrachtungsweise von *Jackson, Henry, Brecht* und anderen von der Didaktik mit so viel Beharrlichkeit ausgeklammert werden konnte, als ob ein gewisses Maß an Naivität für die didaktische Beschäftigung mit Schule und Unterricht vorauszusetzen sei. Worauf ist es zurückzuführen, daß die bezeichnenden Vorgänge unterhalb der Oberfläche des offiziösen Arrangements von der Didaktik lange Zeit hindurch — und auf der Ebene der Curriculumkonstruktion und der amtlichen Richtlinien-Erarbeitung nach wie vor — überhaupt nicht wahrgenommen werden?

Die Antwort liegt in der Einseitigkeit, mit der sich Didaktik in dem Spannungsfeld zwischen den Ansprüchen des Zukünftigen und des Gegenwärtigen als zukunftskonzentriert selber definiert hat. Dies Spannungsfeld stellt für sich genommen einen der bezeichnenden Dualismen dar, aus denen dem Erziehungsgeschäft Schwierigkeiten und Mißverständnisse zugewachsen sind; die Trennung zwischen Gegenwart und Zukunft kann als eine Facette der Trennung zwischen Schule und Leben betrachtet werden. Indem Didaktik nämlich voraussetzt, daß Schüler in der Schule für das Leben lernen, legt sie als Gegenstand des Lernens das fest, was im künftigen Leben brauchbar ist. Aber, auch wenn es trivial klingt, Leben findet immer nur in der Gegenwart statt. Je höher das Maß, in dem Unterricht seine Bezugspunkte aus der Konstruktion künftiger gesellschaftlicher Bedürfnisse gewinnt, um so geringer das Maß, in dem die gegenwärtigen Bedürfnisse der Lernenden befriedigt werden.

Friedrich Schleiermacher hat in der Beziehung der Heranwachsenden zur älteren Generation die Dialektik von Gegenwart und Zukunft gesehen und die ethische Forderung aufgestellt, daß die Gegenwart der Zukunft nicht aufgeopfert werden dürfe. Unter den deutschen Erziehungsphilosophen war es später vor allem *Eberhard Grisebach*, der dieses

Postulat aufgriff und zu einer Pädagogik des Gegenwärtigen ausbaute. Für ihn ist das, was wir im Erziehungszusammenhang als „Zukünftiges" betrachten, nichts anderes als eine Projektion von Vergangenem. Vergangenheit aber beinhalte das Tote schlechthin, Wirklichkeit geschehe allein im Gegenwärtigen. Deshalb müsse sich der Erziehende, um Erziehung wirksam werden zu lassen, in die gegenwärtige Situation gänzlich hineinbegeben, ihrem Anspruch sich hingeben, indem er den gegenwärtigen Augenblick ausschöpfe. Erziehend kennen wir kein Ziel der Erziehung, meint *Grisebach;* allem Begrifflichen gegenüber bleiben wir „in der Not der Frage". [54]

Mit der vehementen Zurückweisung alles Konstruierten zugunsten der Konzentration auf das augenblickliche Geschehen ist die extreme Position eines Außenseiters der Erziehungsphilosophie gekennzeichnet, der mit der absoluten Herrschaft des Gegenwärtigen die Belanglosigkeit langfristiger Überlegungen und umfassender Perspektiven behauptete. Die vorherrschende didaktische Betrachtungsweise ist dem entgegengesetzten Extrem verfallen; ihr gilt die gegenwärtige Situation als *quantité negligeable,* allenfalls Beiwerk, Material für „Einstiege" und Anwendungsbeispiele, die man zur Auflockerung des Unterrichts in der Grundschule gern zugesteht.

Die Einseitigkeit des Blicks, der auf Künftiges konzentriert ist, auf das Abzutestende, das amtlich festgeschrieben wird, auf die Fachsystematik, aus der die Inhalte hergeleitet werden, bedingt die Blindheit gegenüber dem, was sich tatsächlich abspielt, definiert als Randerscheinung, was in Wirklichkeit von zentraler Bedeutung ist, als Störung, was das tatsächliche Interesse der Lernenden zum Ausdruck bringt.

Die pragmatistische Erziehungsphilosophie macht die Mängel solcher Didaktik deutlich, die bei aller traditionellen Geltung doch einseitig und damit unangemessen bleibt. *John Dewey* hat darauf hingewiesen, daß die beste Vorbereitung auf die Zukunft in der Bewältigung der Gegenwart liegt, daß derjenige mit den künftigen Problemen am ehesten wird umgehen können, der die gegenwärtigen zu lösen versteht. Der Dualismus von Gegenwart und Zukunft verschwindet bei der Perspektive des handelnden Interesses wie ein Punkt vor den Augen, ohne die eine oder andere Seite negieren oder herausstreichen zu müssen: die Planung ist selbst Bestandteil des Geschehens; es ist überhaupt nicht erforderlich, den Prozeß in eine gegenwärtige und eine künftige Phase zu zerlegen. Wo es geschieht, wo die gegenwärtigen Bedürfnisse der Lernenden dem geopfert werden, was als künftiges Bedürfnis der Gesellschaft von der älteren Generation bestimmt worden ist, nimmt man nicht nur die Gefahr in Kauf, die tatsächlichen Bedürfnisse der Zukunft zu verfehlen, sondern auch die Brutalisierung des gegenwärtigen Geschehens.

Daß in den Schilderungen von *Brecht, Henry* u. a. die Grausamkeit des alltäglichen Schulbetriebs betont wird, ist mehr als ein schriftstellerischer Kunstgriff, um Betroffenheit auszulösen: die Brutalität des Betriebs hat Methode, stellt gerade das Verbindungsstück dar, das die nach Auffassung der Theoretiker des heimlichen Lehrplans tatsächlich wirksamen Bedürfnisse der Gesellschaft erfüllt. Die funktionelle Angemessenheit derartiger „heimlicher Lernziele" hat etwas Bestürzendes, wenn man beispielsweise in einem Bericht über den Zustand der Bundeswehr den folgenden Ausschnitt aus einem Interview mit einem wehrpflichtigen Gefreiten liest, und dabei die Idee des „heimlichen Lehrplans" im Kopf hat:

„Den größeren Teil des Dienstes mache ich nur aus Haß mit. Wir haben alle Haß. Unser ganzer Zug hat Haß. Und darum kämpfen wir auch so. Aus Haß. Haß einerseits gegen die ganze Bundeswehr, andererseits vielleicht gegen einzelne Kameraden und gegen den Chef vielleicht noch dazu. Im Ernstfall ginge der Haß gegen den Feind, auf jeden Fall." [103, S. 12]

Die Funktionalität des Haßgefühles liegt im Zusammenhang mit der Kampfmotivation der Truppe und kann außerdem ein Licht auf die Rolle der Bundeswehr als „Schule der Nation" im Ganzen der Gesellschaft werfen. Aber diese Funktionalität, so sehr sie an die geschickte Verhaltenskonditionierung durch behavioristische Psychologen erinnern mag, hat nichts mit Erziehung zu tun, denn Erziehung ist an ethische Postulate gebunden, sie ist das wesentliche Instrument zur Veränderung der Verhältnisse im Interesse der künftigen Generationen, nicht aber das Mittel, um die Brutalität gegenwärtiger Verhältnisse endlos fortzuschreiben.

Betrachten wir jetzt einige Facetten des heimlichen Lehrplans der Grundschule und insbesondere des Sachunterrichts, um solche Aspekte der Gesamtsituation von Kindern zu erfassen, die in der Didaktik weithin übersehen werden.

Die Situation der Kinder vor und außerhalb der Schule ist gesellschaftlich in bestimmter Weise ausgelegt, namentlich durch ein auf kindliche Konsumenten gerichtetes Angebot von Waren und, damit verpackt, von Weltbildern, das einerseits dahin tendiert, die Welt der Kinder als eine von der der Erwachsenen separate ab- und auszugrenzen, andererseits aber auch dazu dient, die Kinder auf die Rolle vorzubereiten, die sie später in der Gesellschaft übernehmen sollen. Man hat diesen Komplex, der zu Zeiten der Heimatkunde ein „Schonraum ruhig reifender Kindheit" genannt worden ist, mit dem Begriff „Kinderkultur" zu bezeichnen und an einzelnen Brennpunkten zu fassen versucht. Die Definition der Identität als Angebot, sich selbst als Held zu sehen, der sein Heldentum entsprechend vorgefertigten Rollenklischees ausübt, die Bestimmung von „Familie" als Illusion absoluter Harmonie, die Bestimmung der Beziehungen von Menschen untereinander als Spielarten primitiver Gewaltanwendung — derartige Angebote werden über einen Komplex von Spielzeug, Comic-Heften und Fernseh-Genres vermittelt und im Kinderzimmer eingeübt. (Vgl. die ausführliche Erörterung bei 89).

Interessant ist nun die Verbindung zwischen der Kinderkultur und den Grundstrukturen schulischen Lernens, denen sich die Kinder in der Regel mit Beginn der Schulzeit unterwerfen müssen. Spielzeug, ein Hauptagent bei der Vermittlung der Kinderkultur, ist in der Schule nicht gestattet und wird ersetzt durch Schulbücher und Geräte, mit denen sich zu identifizieren vielen Kindern schwierig erscheint, was angesichts der äußeren Tristesse dieser Objekte, die von der bloßen Buntheit der Farben nicht überspielt werden kann, auch nicht verwunderlich ist. Daneben fehlt jedes Eigentum der Kinder.

Ilona Hilpert-Mattstedt hat die Situation knapp beschrieben und im Sinne des heimlichen Lehrplanes gedeutet:

„Es gibt im Regelfall einen Klassenschrank, Tische, Stühle, Lehrertische, Wandtafeln, Kartenständer. Die einzigen Plätze, um etwas aufzubewahren, sind den Lehrern vorbehalten.
Für die Kinder bedeutet das konkret, daß man in der Schule kein Eigentum haben darf. Das wird noch unterstützt durch eine falsche Gemeinsamkeitsideologie. Die Lehrer zwingen die Kinder, alles zu teilen und verurteilen Kinder als unsozial, die keinen Bleistift abgeben wollen. Dabei wird völlig vergessen, daß Kinder eine besondere Beziehung zu ihrem Besitz an Arbeitsmaterial haben. Sie können sich dadurch ausdrücken, von anderen unterscheiden, es ist Teil ihrer selbst.
So werden Kinder auf ihr späteres Schicksal als freie Lohnarbeiter ohne Besitz an Produktionsmitteln vorbereitet." [71, S. 77]

Andersherum gesehen, versäumt der Schulunterricht in der Regel die Chance, den Kindern eine Alternative zum Warenangebot der Spielzeugindustrie dadurch zu geben, daß ihnen Besitz und Produktion eigener Objekte ermöglicht, die Verfügbarkeit über solches Gerät gestattet wird, das ihre eigenen Erfahrungen zu bearbeiten gestattet. Vorschläge für derartigen Umgang mit Objekten im Unterricht, der den Begriff des Eigentums im Hinblick auf Arbeit überhaupt erst definiert, sollen an anderer Stelle genauer ausgeführt werden. Hier sei lediglich darauf hingewiesen, daß Unterricht nicht mit Notwendigkeit den Tendenzen der „Kinderkultur" anheimzufallen braucht.

Ein weiterer Zusammenhang zwischen Schule und Kinderkultur liegt in der Aufteilung der Realität, die vor allem in den Genres im Fernsehen begründet und mit der Kompartmentalisierung des Wissens in der Schule fortgesetzt wird. „Die Zerstückelung der gesellschaftlichen Totalität" in den genremäßig ausgelegten Sendungen des Fernsehens [29] wird den Kindern als konstitutives Element der Welt bereits präsentiert, bevor sie zur

Schule kommen. Dort begegnen sie einem nach Fächern aufgeteilten Lehrplan, dessen Aufteilung für sich eine „Botschaft" vermittelt: daß Wissen in Bereiche aufgeteilt ist, für die Spezialisten zuständig sind. Die Möglichkeit der Autonomie wird dadurch von vorneherein eingeschränkt, worauf *André Gorz* in „Ökologie und Politik" hingewiesen hat. Auch hier hätte Sachunterricht die Möglichkeit, gegenzusteuern. Den Kindern an einer Stelle zu zeigen, wie die verschiedenen Fächer untereinander verbunden sind und wie sie die Alltagserfahrungen der Menschen klären helfen, — darin liegt das Projekt, das die Kompartmentalisierung des Wissens und die Belanglosigkeit der Alltagserfahrung im Schulbetrieb überwinden kann.

Eine weitere Facette des heimlichen Lehrplans wird sichtbar, wenn man die typischen Inhalte des Sachunterrichts im Hinblick auf Lerneffekte kritisch betrachtet, die von ihnen — jenseits der erklärten Zielsetzung der Planer — ausgehen. Um eine andere Nuance der Betrachtung des heimlichen Lehrplans handelt es sich insofern, als die meisten Analysen die eigentliche Botschaft des Unterrichtsbetriebs in der Art und Weise erblicken, in der er organisiert und arrangiert ist, während die Inhalte selbst eher als eine Art Rohmaterial gelten. Demgegenüber sehe ich, daß auch die Inhalte des Sachunterrichts, wie sie sich im Lauf der siebziger Jahre überall im Bundesgebiet in dem Unterrichtskanon der Grundschulen etabliert haben, eine ideologische Komponente enthalten, die weithin nicht wahrgenommen wird, aber unabsehbare Folgen nach sich ziehen könnte. Ich meine, daß Sachunterricht in der Gefahr steht, zu einer Grammatik der Technologie zu verkommen.

Betrachten wir diese Tendenz genauer. In den Schulbüchern, Curriculumentwürfen und amtlichen Richtlinien zum Sachunterricht findet sich ein vorherrschendes Muster, das die Darstellung der Inhalte — gleich welchen Fachzusammenhanges — bestimmt. Dies Muster kann mit dem Begriffskomplex „Kompartmentalisierung — Mediatisierung — Abstrahierung" bezeichnet werden.

Kompartmentalisierung: Eine Welt wird vorgestellt, die aus lauter in sich geschlossenen Systemen besteht.

— Aus Stromkreisen etwa, die nach vorgegebenem Muster zusammengebaut und beschrieben werden können.

— Aus wirtschaftlichen Regelkreisen, die bestimmten Gesetzmäßigkeiten unterliegen, die ihrerseits mit Hilfe bestimmter Begriffe gefaßt werden können.

— Aus Lebenssystemen, deren geradezu mechanistisch ausgelegte Anpassungsfunktion bis ins Detail demonstriert werden kann.

— Aus technischen Apparaturen und Aggregaten, die aus bestimmten Funktionsteilen montiert sind, deren Bezeichnung und Funktion jeweils präzise bestimmbar ist.

D. h., über die an den Fächern orientierte Aufteilung hinaus wird innerhalb der fachorientierten Darstellung jede Erscheinung separat abgehandelt und als ein in sich geschlossenes System dargestellt. Die Zersplitterung der Wirklichkeit setzt sich endlos fort.

Mediatisierung: Neben der Aufteilung in separate Felder kann als weiterer Grundzug vieler Einheiten zum Sachunterricht der massierte Medieneinsatz bezeichnet werden. D. h., Lehr- und Lernmittel begleiten nicht nur die Lehrsequenz von Anfang bis Ende und zeichnen deren Gestalt auf der Medienebene gleichsam nach, sondern sie definieren weitgehend auch den Inhalt des Unterrichts. Da wird typischerweise oft eine ganze didaktische Kunstwelt zur Entfaltung gebracht, — eine Welt, die die Wirklichkeit der Erfahrungsmöglichkeiten verkleinert, nachmodelliert oder symbolhaft repräsentiert. Medien lassen bestimmte Aspekte, Gesetzmäßigkeiten komplexer Sachverhalte deutlich hervortreten; insofern stellen sie eine wichtige Lernhilfe dar, die allgemein gesagt das Komplexe durch Reduktion faßbar machen kann. Auf der anderen Seite kann der massive Einsatz von Medien, vor allem dann, wenn dabei direkte Umgangserfahrungen vollständig ersetzt werden, zu einer Verlagerung der Welterfahrung führen. Dann kann es geschehen, daß anstelle der aspektreichen Vielfalt nurmehr die fachsystematisch für wesentlich erachteten Gegenstände den Unterrichtsinhalt ausmachen. Diese Tendenz ist am Aufkommen von „Materialpaketen", „Gerätekoffern" u. ä. abzulesen.

Abstrahierung: Nun wird man den massierten Einsatz von Medien im Sachunterricht nicht verstehen können, ohne ein weiteres typisches Merkmal zu berücksichtigen, das in der Konzentration des Inhalts aufs Begrifflich-Abstrakte besteht, denn Sachunterricht stößt in der Regel sehr rasch und direkt zum Begriff, zum Merksatz, zum Konzept vor. Dieser schnelle, zweckrational zugeschnittene Vorstoß zum Abstrakten geht auf Kosten der eingehenden Betrachtung des jeweils zugrundeliegenden Ausgangsphänomens. In diesem Sinne gilt der reine, abstrakte Begriff mehr als die vielschichtige, komplizierte Lebenswirklichkeit, aus der er herausgezogen ist.

Der Stromkreis und seine Teile, der Markt und die ihn bestimmenden Faktoren, der Organismus und die seine Anpassung ermöglichenden organischen Subsysteme, das Aggregat und seine technischen Bestandteile, — diese alle sind ja Reduktionen sehr viel komplexerer Zusammenhänge.

Hier wird nun auch deutlich, weshalb diese Art Sachunterricht auf Vermittlung durchs Medium angewiesen ist: Das Medium leistet die Reduktion, präsentiert eine bereits begrifflich reduzierte Wirklichkeit. Die Inhaltsebene des Sachunterrichts korrespondiert in diesem Sinne mit seiner Beziehungsebene. Das Verhältnis zwischen Lehrer und Schülern erscheint häufig auf quasi mechanistische Weise verkürzt, im apparatehaften Ritual der Lektion entpädagogisiert. So verändert beispielsweise der Begriff des entdeckenden Lernens im Kraftfeld derartiger Didaktik seinen Sinngehalt: Nicht länger werden Zusammenhänge der Realität vom Schüler selbständig nachvollzogen und durch aktives Sich-Aneignen entdeckt, sondern nun heißt es, eine genau vorgeschriebene Parade ausführen, anhand vorgeschriebener Materialien die vom Lehrer angestrebte Aussage finden.

Die Tendenz zur Kompartmentalisierung zerlegt die Welt in lauter separate Systeme, die Tendenz zur Abstrahierung ordnet den Elementen dieser Systeme ein sprachliches Muster zu, die Tendenz zur Mediatisierung wirkt als vermittelnde Instanz zwischen beiden: die Gesamttendenz geht in Richtung einer Didaktik für die Ausbildung von Ingenieuren auch in den nicht technologischen Bereichen der Wirklichkeit oder, genauer gesagt, im Hinblick auf Sachverhalte, die verzerrt werden, wenn man sich auf die Darstellung ihrer technischen Aspekte beschränkt, wie es etwa im sog. Sexualkundeunterricht weithin geschieht.

Sachunterricht, der sich damit begnügt, die den Dingen innewohnende technische Seite zu erfassen, reduziert den Anspruch der Welt. Das Nachbuchstabieren der Bezeichnungen von Elementen und Funktionen ergibt eine technologische Grammatik, in deren Spiegel ein technologisch verzerrtes Weltbild erscheint. Die Welt ist hier zur Apparatur geworden, zu einem ungeheuer großen Aggregat, einer Maschine, die aus lauter kleineren und kleinsten Maschinenteilen zusammengesetzt ist. Aber eine solche umfassende Deutung der Welt wird explizit nirgendwo im Sachunterricht enthüllt, — es ist die in seinen Inhalten enthaltene, tendenziell gegebene Weltinterpretation.

Wie hat es zur Ausbreitung derartiger technologischer Grammatik im Sachunterricht kommen können?

Um die Genese der Sache zu verstehen, muß man zwei Faktoren berücksichtigen, die außerhalb der Didaktik liegen, und doch mit ihr verbunden sind: Es ist erstens der Einfluß des wirtschaftlichen Komplexes auf das Schulwesen — die sog. Bildungsökonomie — und zweitens die internationale Verflechtung auf politischer und wirtschaftlicher Ebene, die im Fall der Bundesrepublik Deutschland vor allem eine Abhängigkeit von den USA bedeutet.

Innerhalb des Lehrplans der Grundschule wurde der Sachunterricht zum Kernstück der Reform. Der Wechsel von der Heimatkunde zum Sachunterricht signalisierte die Abwendung von dem emotionsgetönten, volkstümlich ausgerichteten, alten Weltbild und die Hinwendung zum nüchtern-rationalen, wissenschaftsorientierten, neuen Weltbild als Basis des gesamten Curriculums. Ich meine, daß die technologisch verformte Gegenständlichkeit des modernen Sachunterrichts, die oben anhand von Beispielen umrissen wurde, eine inhaltliche Konsequenz der bildungsökonomischen Bestrebungen darstellt, die, in den USA ausgelöst durch den sog. Sputnik-Schock im Jahre 1957 und seit Anfang der sechziger Jahre in der Bundesrepublik Deutschland wirksam, auf eine Erhöhung der Zahl solcher Arbeitskräfte abzielte, die technologisch genügend vorgebildet waren, um den Anforderungen einer intensiv maschinenbetriebenen Produktion gewachsen zu sein.

Die Veränderungen im Lehrplan des Sachunterrichts hängen also mit bildungspolitischen Veränderungen zusammen, von denen das gesamte Schulwesen betroffen ist, und die bildungspolitische Entwicklung ihrerseits steht mit Veränderungen auf dem wirtschaftlichen Sektor des internationalen Geschehens in Zusammenhang. Es ist dieser Komplex, den *Freerk Huisken* in seiner Analyse „Zur Kritik bürgerlicher Didaktik und Bildungsökonomie" 1972 beleuchtet hat. Nach *Huisken* war die Wirtschaft der Bundesrepublik Deutschland mit Beginn der sechziger Jahre gezwungen, ihre Produktivität durch intensivere Arbeitstechniken zu steigern, um auf dem Weltmarkt konkurrenzfähig zu bleiben, denn die „Rekonstruktionsperiode", die durch das extensive Wirtschaftswachstum gekennzeichnet war, findet mit dem Versiegen des Zustroms von billigen Arbeitskräften Ende der fünfziger Jahre einen Abschluß. Wenn dieser von *Huisken* offengelegte Zusammenhang besteht, dann ergibt sich daraus auch eine inhaltliche Folge für den Unterricht: Wo es darauf ankommt, technisch qualifizierte, bewegliche und permanent weiterschulungswillige Arbeitskräfte zu bilden, muß das Curriculum entsprechend ausgestattet werden. Es wird also folgerichtig von den alten emotionsgetönten Teilen entrümpelt und mit den Versatzstücken eines technikförmigen Weltbildes ausgestattet. Da liegt es auf der Hand, daß der Sachunterricht stärker als andere Bereiche des Curriculums von dieser Entwicklung betroffen sein muß.

Diese Deutung der Genese erklärt, wie es dazu kommen konnte, daß der Orientierung an technologischen Mustern gewissermaßen die Tür geöffnet worden ist. Sie kann indes nicht erklären, weshalb die von uns kritisierte Tendenz von so vielen Didaktikern des Sachunterrichts bereitwillig akzeptiert, tatsächlich unbefragt hingenommen wurde und weithin längst etabliert ist. Die Erklärung scheint mir in der Funktionalität der technologischen Ausrichtung im Hinblick auf die Gesamtsituation der gegenwärtigen gesellschaftlichen Realität zu liegen. Damit ist ein Erklärungsmuster aufgegriffen, das die Betrachtungsweise des heimlichen Lehrplanes kennzeichnet. Die Botschaft, die in den verschiedenen Gegenständen des Sachunterrichts dauernd wiederholt wird, ohne den Verantwortlichen zu Bewußtsein zu kommen, entspricht der Botschaft, die in der gesellschaftlichen Umwelt zum Ausdruck kommt. Überall sind die Spuren eines kompartmentalisierenden, abstrahierenden Weltverständnisses zu finden, wie es dem *homo faber* in seiner Ausprägung als Ingenieur oder Verwaltungsspezialist zugehört. Man denke nur an den Niederschlag dieser Weltsicht in der Architektur der neuen Schulgebäude.

Wo diese technikförmige Gestalt der Wirklichkeit nicht zum Gegenstand kritischer oder wenigstens distanzierter Betrachtung im Unterricht wird, sondern im Gegenteil ihre Elemente gleichsam dort nachbuchstabiert werden, muß der Ansturm dieser Realität geradezu unwiderstehlich sein.

Die Kinder eines vierten Schuljahres, die ich im Frühjahr 1980 einmal bat, neue Maschinen zu erfinden und zu entwerfen, überschütteten mich geradezu mit einer Fülle von Entwürfen — von der Haarwuchs- zur Tafelwisch- zur Regen- zur Eßmaschine —, die allesamt ihre intime Beziehung mit der Welt der Knöpfe, Hebel und magischen Mecha-

nismen enthüllten. Gleichzeitig schienen mir dieselben Kinder in sehr viel geringerem Maß fähig zu sein, ihre Phantasien, Erlebnisse und Erfahrungen sprachlich zu artikulieren — ein Mißverhältnis, dem man im Unterricht immer wieder begegnen kann, und das m. E. auch mit den technologischen Präferenzen der Gegenwart zusammenhängt.
Die technologische Verfassung der gesellschaftlichen Realität hängt mit den Zerfallserscheinungen zusammen, die an anderer Stelle dieses Buches diskutiert worden sind: jene Aufsplitterung der Wissenschaften, die ihre Entsprechung in dem gespaltenen Bewußtsein des Zeitgeistes findet. Wir treffen hier, von dem Erfahrungsbereich des einzelnen ausgehend, auf den gleichen Problemzusammenhang, der im Mittelpunkt der Diskussion um wissenschaftlich „objektivierte" Erfahrung stand. Die von Karl *Jaspers* vorgetragene Überlegung, den verbreiteten Wissenschaftsaberglauben dadurch abzubauen, daß man lernt, Wahrheit und Wissenschaft auseinanderzuhalten, trifft beide Bereiche gleichermaßen. Wir müssen erkennen lernen, daß die technomorphe Erfahrung eine Reduktion unserer Erfahrungsmöglichkeiten bedeutet.
Theodor W. Adorno hat 1966 in einem Gespräch einmal auf den Zusammenhang zwischen der sich ausbreitenden Erfahrungsarmut und der Rolle der Technik im modernen Leben hingewiesen:

„Der tiefste Defekt, mit dem man es heute zu tun hat, ist der, daß die Menschen eigentlich gar nicht mehr zur Erfahrung fähig sind, sondern zwischen sich und das zu Erfahrende jene stereotype Schicht dazwischenschieben, der man sich widersetzen muß. Ich denke dabei vor allem auch an die Rolle, die im Bewußten und Unbewußten, womöglich noch weit über ihre reale Funktion hinaus, die Technik spielt." [1, S. 113/114]

Erich Fromm hat in „Haben oder Sein" zeitkritische Gedanken, die auf genau dieser Linie liegen, zu einem äußersten Punkt fortgeführt. Er spricht vom „Marketing-Charakter" des neuzeitlichen Menschen und von einer „kybernetischen Religion", der heutzutage viele verfallen erscheinen.
Mein Argument bezieht sich nicht auf die technische Ausformung des Lebens in unserer Zivilisation; es geht mir nicht darum, die Leute in prophetischer Manier zur Umkehr aufzurufen. Ich betrachte die Beschäftigung mit technischen Aspekten für unerläßlich; die Dinge und Sachverhalte werden uns durch Technik zugänglich, verfügbar. Eine Hauptaufgabe, die in der gesellschaftlichen Entwicklung gelöst werden muß, besteht darin, eine „Technologie mit menschlichen Zügen" *(Schumacher)* aufzubauen.
Hier geht es darum, ein verkapptes Leitbild aufzudecken, dem der Sachunterricht folgt, ohne dafür didaktisch Rechenschaft abzulegen. Die Reduktion der Welt auf technische Belange stellt eine bedenkliche Entwicklung dar; diese Entwicklung muß diskutiert werden, denn es könnte immerhin sein, daß wir uns mit dem technikförmigen Zuschnitt des Sachunterrichts in einem schrecklichen pädagogischen Irrtum befinden.
Ich habe in diesem Abschnitt einige Facetten von dem aufgegriffen, was als „heimlicher Lehrplan" bezeichnet zu werden pflegt, als ob es neben dem offiziell gültigen, didaktisch begründeten, einen zweiten, verborgenen Lehrplan gäbe. Damit sollten einige Aspekte der unabsehbaren Wirkungen ins Bewußtsein gehoben werden, die vom Unterricht ausgehen, und jenes Erfahrungsgefüge konstituieren, das die Gesamtsituation der Kinder darstellt. Die Betrachtung des heimlichen Lehrplans ist lediglich ein Instrument zum Verständnis dieser Gesamtsituation. In Wirklichkeit gibt es nur ein einziges Curriculum; in Wirklichkeit zählt nur das, was auf seiten der Lernenden an Erfahrung aufgebaut wird.
Im Unterricht, der die Gesamtsituation der Lernenden als Bezugsgröße voraussetzt, verschwindet der heimliche Lehrplan von selbst. Der verkappte, durch langfristig wiederkehrendes Handeln zementierte Übungseffekt, der dem Lernen nach dem heimlichen Lehrplan innewohnt, kann ebenso auch im Interesse des offengelegten Lehrplans eingesetzt werden. In diesem Sinne ist es zu verstehen, wenn der nach der *Freinet*-Pädagogik unterrichtende Lehrer *Maurice Mess* sagt: „Wenn die Schüler acht Jahre lang bei mir zur

Schule gegangen sind, weigern sie sich, bei Peugeot am Fließband zu arbeiten ..." (In dem Film über *Freinet*-Pädagogik „Der Unterricht des Maurice Mess", Päd. Kooperative, Bremen) — Ergebnis eines Unterrichts, der die Kreativität und Individualität der Schüler ernst nimmt und systematisch fördert. Auch, wenn Vokabeln wie „Automation" oder „Fließband" niemals gefallen sein sollten, werden sich die durch diese Schulerfahrung geprägten Menschen weigern, eine Arbeit auszuüben, die ihre Kreativität verkümmern läßt und ihr Bedürfnis nach individueller Selbstverwirklichung beleidigt. Die Frage, die sich an dieser Stelle aufdrängt, wie nämlich eine „Technik mit menschlichen Zügen" (*Schumacher*) auszusehen habe, bietet als ein wesentliches Problem der Gegenwart selbst einen möglichen Gegenstand für den Sachunterricht, der nach Maßgabe der jeweiligen Situation aufgegriffen werden kann. Eine auf dieser Linie liegende Folgerung für den Sachunterricht bezieht sich auf die Auswahl der Gegenstände: Neben den aus Naturphänomenen und gesellschaftlichen Problemen abgeleiteten Inhalten müssen auch solche aufgegriffen werden, die dem unmittelbaren Erfahrungsbereich der Schüler entstammen, und auf den ersten Blick mit den übergreifenden Fragen wenig zu tun haben. Ein Thema, das in jedem Fall wirksam ist — wenn meist auch lediglich unter der Oberfläche, im Rahmen des heimlichen Lehrplans — bietet der Schulweg der Schüler. Man kann bereits in der Form eine Art von Lehrprogramm erblicken, in der dieser Weg zurückgelegt wird. Es ist ein großer Unterschied, ob ein Kind zu Fuß, mit dem Fahrrad, mit dem Auto oder dem Schulbus regelmäßig zur Schule gelangt. In den ersten beiden Fällen ist er Bestandteil eines Curriculums, das zur Autonomie erzieht. Abkürzungen, Verlängerungen, Pausen sind möglich; das Risiko wird von den eigenen Beinen getragen. Im Falle des Schulbusses wird er dagegen zum Bestandteil eines Curriculums, das auf die Anpassung an die in Verwaltung und Produktion verbreiteten Strukturen vorbereitet. Die Kinder werden bis zu einem gewissen Grade der Erfahrung ihrer Ohnmächtigkeit ausgesetzt: der Bus ist gelegentlich verspätet, ohne daß dafür irgendwann von irgendwoher eine Erklärung zu erwarten wäre; es gibt Wartezeiten, oft in Dunkel und Kälte, die das von *Jackson* beschriebene Curriculum einer Erziehung zum passiven Empfängertum bestens ergänzen; es gibt oft genug Rempeleien und Rowdytum, Ausdruck des brutalisierten Verhältnisses der Kinder untereinander, das man früher als Anzeichen von Verwahrlosung gedeutet hätte. Man bedenke, daß der Schulweg über viele Jahre hin täglich zur Schulzeit wiederholt wird, bei wechselnder Witterung, zu verschiedenen Jahreszeiten, wobei möglicherweise die Kulisse durch Baumaßnahmen verändert wird, um den nachhaltigen Einfluß dieses Stückes Schulerfahrung würdigen zu können.

Während es im Unterricht nicht immer möglich ist, in den Schulweg der Kinder direkt einzugreifen, ist es deshalb doch wichtig, ihre Erfahrungen aufzugreifen; „Schulweg" als Gegenstand des Sachunterrichts kann dazu beitragen, daß sie aus diesem Stück Lebens- und Schulerfahrung lernen. Die geographische Ausrichtung des Themas oder seine Nutzanwendung für den Gewinn mathematischer oder anderer Erkenntnisse im Unterricht ist hier nicht gemeint. Beispielhaft erscheint mir dagegen der gesprächstherapeutische Ansatz, mit dem *Erika Vollmers* die Schulwegerfahrung einer dritten Klasse zu bearbeiten unternahm [126].

Sie gab im Gesprächskreis das Thema an: Was ich auf dem Schulweg denke und fühle. Die Kinder verflochten in ihren Berichten ihre Hoffnungen und Befürchtungen mit der Beschreibung ihres Weges. Das Gespräch wurde mit dem Tonband aufgezeichnet, später nochmals angehört und kommentiert, und dann auf Matrizen geschrieben, vervielfältigt und verteilt. Die Schüler bemerkten, daß sich ihre Äußerungen entweder auf Ängste oder auf tröstende Gedanken zurückführen ließen.

Manuela: „Daß ich den Bus nicht verpasse und daß ich meine Flöte nicht vergesse und daß ich meine Hausaufgaben richtig habe."
Armin: „Ich denke, hoffentlich kann ich das, was wir heute machen."

Simone: „Man denkt meistens an was Schönes."
Uschi (lacht): „Ja, ich denke z. B. manchmal an Pudding."
Rudi: „Oder ob es wohl Hähnchen gibt, das denk ich auch manchmal."
Ilona: „Uschi möchte an was Schönes denken."
Peter: „Und weils von der Schule nichts gibt, muß sie sich was anderes ausdenken."
Gabi: „Da kann man sich den ganzen Morgen schon auf etwas freuen."
Armin: „In der Schule kann man nicht machen, was man möchte, aber nachmittags da kann mans dann."

Die Schüler erfahren in dieser Unterrichtssituation, für die eine Gesprächsatmosphäre von langer Hand aufgebaut worden ist und gepflegt wird, daß sie einen Ort haben, an dem sie ihre Gedanken und Empfindungen aussprechen dürfen, ohne auf irgendwelche Weise zurückgestoßen zu werden. Sie sehen, daß die anderen Kinder von ganz ähnlichen Ängsten geplagt werden, ganz ähnliche Wünsche haben wie sie selber. Der Schulweg ist nicht länger Bestandteil jenes breiten blinden Bereiches, dessen Einflüsse insgeheim und um so nachhaltiger erziehen. Es ist möglich, Interessen, Probleme, Konflikte auf dem Forum des Unterrichtsgesprächs zur Sprache zu bringen, ohne die Grenzen zu überschreiten, die Tabus zu brechen, die Rituale zu zerstören, die jene Definition des Sachunterrichts ergeben, in der die Situation der Schüler keinen Platz findet.

Um den Erfahrungsbereich der Kinder inhaltlich zu umreißen und um zu zeigen, wie typische Inhalte, auf die sich ihr spontanes Interesse zu konzentrieren pflegt, als Bezugspunkte für den Sachunterricht genutzt werden können, sollen in den folgenden Abschnitten die Themen „Pflanzen und Tiere", „Affirmation und Heimatraum", „Sexualität" und „Phantasie" erörtert werden.

Die Beziehung zu Pflanzen und Tieren als Ausgangspunkt für den Sachunterricht

Unter der Perspektive individueller Lebenserfahrung erscheinen die lebenden Organismen in einem anderen Licht als unter den Gesichtspunkten der Fachbiologie oder auch bei der Betrachtungsweise übergreifender Probleme. Denn es geht hier weniger um kognitive Kenntnisse, um Klassifikation oder Analyse, als um das in den Menschen tief verwurzelte Bedürfnis nach Kontakten zu Pflanzen und Tieren. Nicht die Bedingungen, unter denen etwa die Feuerbohne keimt, stehen im Vordergrund, sondern die Pflege von Pflanzen, nicht das Verständnis der Stadien in der Entwicklung vom Laich über die Kaulquappe zum Frosch, sondern der Umgang mit Tieren. Damit ist gegen den Wert von Kenntnissen, die aus solchen Umgangserfahrungen zu gewinnen sind, nichts gesagt. Aber die Pflege und Sorge um lebende Organismen stellt für Kinder typischerweise einen eigenen Sinn dar, ist sich gewissermaßen Lohn genug, ohne des Erkenntnisgewinnes zu bedürfen, der zusätzlich hinzutreten kann. Das Bedürfnis der meisten Kinder, mit Pflanzen und Tieren, vor allem mit Tieren, Umgang zu haben, entspringt einer Faszination, die — nach allem, was aus Ethnographie und Geschichte bekannt ist — keineswegs auf die besondere Situation unserer gegenwärtigen Industriegesellschaft beschränkt ist. Kinder in den alten Stämmen und Nationen Afrikas und Amerikas beispielsweise scheinen ebensosehr von Tieren fasziniert gewesen zu sein wie die früherer Jahrhunderte in europäischen Gesellschaften.

Im Fasziniertsein durch andere Lebewesen liegt ein Zugang für den Sachunterricht, der den mit biologischen Aspekten verbundenen Problemkomplex der Wirklichkeit zu entdecken unternimmt. Im vorangehenden Kapitel ist dieser Komplex unter dem Gesichtspunkt des gesellschaftlichen Erfahrungsprozesses erörtert worden; jetzt soll die Seite des individuellen Erfahrungsprozesses betrachtet werden. Dabei können wir an die Überlegung aus dem Abschnitt zum „heimlichen Lehrplan" anknüpfen, daß die gleichen Lernvorgänge, die unter der Oberfläche des offiziösen Schulgeschehens unkontrolliert ablaufen, im Sinne einer pädagogisch sinnvollen Didaktik auch auf die anzustrebenden Ziele gerichtet und systematisch ins Spiel gebracht werden können.

Der Schulgarten, dessen sorgfältige Pflege Bestandteil der alltäglichen Arbeit ist, kann einen solchen Effekt nach sich ziehen: einerseits kann das Bedürfnis von Kindern danach, ein kleines Fleckchen Boden zu besitzen, um selbst zu säen, zu pflegen und zu ernten, befriedigt werden, andererseits können dabei grundlegende Einstellungs- und Verhaltensziele der Erziehung zu einem ökologisch angemessenen Bewußtsein angestrebt werden, Ziele, die jener Grundeinstellung förderlich sind, die *Ernst Bloch* mit dem Begriff der „Naturallianz" bezeichnet hat, und die den vorherrschenden technokratischen Tendenzen des Zeitalters entgegengerichtet sind.

Es erscheint bezeichnend für die gegenwärtige gesellschaftliche Situation, daß an der Bewirtschaftung des Bodens immer weniger Landwirte und Gärtner partizipieren, so daß die Gepflogenheiten für Kinder, entsprechende Umgangserfahrungen zu gewinnen, insgesamt immer seltener werden. Symptomatisch für die Situation an den Schulen ist es gleichzeitig, daß es mit fast unüberwindlich erscheinenden Schwierigkeiten verbunden ist, einen jener Schulgärten in der Nähe eines modernen Schulgebäudes wieder einzurichten, wie sie noch vor wenigen Jahrzehnten als selbstverständliche Bestandteile der kleinen Landschulen, aber auch vieler Stadtschulen vorhanden waren. Die Schwierigkeiten reichen von der verbreiteten Betrachtungsweise von Unterricht, derzufolge die Arbeit im Garten eigentlich nicht als Unterrichtsveranstaltung gilt, bis zum sog. Vandalismus, worin zumeist die Betrachtungsweise mancher Schüler zum Ausdruck kommt, derzufolge der Schulgarten, den eine andere Schülergruppe pflegt, als ein zu zerstörendes Objekt gilt. Der Unterschied zur früheren Situation liegt wohl auch weniger in der didaktischen als in der gewandelten wirtschaftlichen Bedeutung des Gartens: in Zeiten, als Gärten überall als wirtschaftliche Faktoren betrachtet wurden, die einen Teil der Nahrungsversorgung für die Bevölkerung sicherstellten, als der Haushalt der Lehrer und der meisten Schüler zu einem Teil aus Gartenprodukten bestritten wurde, lag es nahe, diesen für die einzelne Familie wie für die Volkswirtschaft wichtigen Gegenstand auch als Gegenstand des Unterrichts wahrzunehmen. In der heutigen Situation wird zwar die didaktische Bedeutung des Schulgartens unter dem Gesichtspunkt einer ökologischen Erziehung erkannt, aber für sich allein sind derartige didaktische Überlegungen offenbar zu schwach, um als Hebel für die Veränderungen im gesamten Organisationsmuster des Schulbetriebs verwendet werden zu können, auf deren Grundlage die Einrichtung und dauerhafte Kultivation eines Schulgartens erst sinnvoll wäre.

Schulen, in denen der Schulgarten als althergebrachter Bestandteil des Lehrplans verankert ist, zeichnen sich durch eine ganz andere innere Struktur aus, als sie in den üblichen Staatsschulen in so unüberwindlich erscheinender Gestalt entgegentritt. Es sind Waldorf-Schulen, Jugendwaldheime, Schulbiologiezentren und andere Einrichtungen, z. T. aus der Initiative einzelner Lehrer hervorgegangen, die eine Beschäftigung mit den Sachverhalten des Garten- und Landbaues als zentral bedeutsames Curriculum betreiben. (Eine Übersicht derartiger Einrichtungen im Bundesgebiet und deren ausführliche Beschreibung findet sich in [57].)

Die gleiche Einstellung, die durch intensive und systematische Gartenarbeit erreicht werden kann, in einer normalen Grundschulklasse zu erreichen, ist auf dem Wege kurzfristiger Unterrichtseinheiten zu diesem Thema nicht möglich. Ich selbst habe eine Lehrsequenz mehrfach erprobt und vorgeschlagen, bei der die Schüler den Waldboden untersuchen, Bodenproben entnehmen, das Schichtprofil zeichnen, Acker- und Waldboden auf ihre Wasserdurchlässigkeit untersuchen und miteinander vergleichen, den Sandgehalt verschiedener Böden durch Fingerprobe bestimmen, das Leben in der Blattstreu des Waldbodens beobachten und so den fruchtbaren Boden als Produkt von Stoffwechselprozessen wahrnehmen lernen, die Arbeit von Regenwürmern beobachten, eine Serie verwesender Blätter aufkleben, den Aufbau eines Komposthaufens untersuchen, Kleingärtner befragen u. a. m. Aber derartige Unternehmungen, so interessant sie für den Schüler und so wichtig im Hinblick auf die Analyse der ökologischen Problemzusammenhänge sie sind — bleiben der Sphäre des Kognitiven verhaftet, während die didaktische Stärke der langfristigen Pflege von Gewächsen darin liegt, daß dabei Kopf, Herz und Hand miteinander verbunden werden, um es in der schlichten Sprache *Pestalozzis* zu sagen.

Diese umfassende Zielsetzung anstreben heißt, den Bedürfnissen der Kinder entgegengehen, und wenn es angesichts der gegenwärtig vorherrschenden Verhältnisse im Schulbetrieb weithin auch geradezu unmöglich erscheint, einen Schulgarten einzurichten und zu unterhalten, so gibt es doch Möglichkeiten der langfristigen und intensiven Pflanzenpflege im üblichen Klassenzimmer. Das Bedürfnis der Kinder, eine eigene Pflanze heranzuziehen, kann mit einfachen Mitteln aufgegriffen werden. *Ruth Cohn* beschreibt an einer Stelle ihres Buches „Von der Psychoanalyse zur themenzentrierten Interaktion" [23], wie sie als Kind im Berlin der Hungerjahre nach dem 1. Weltkrieg fasziniert beobachtete, wie die Erbsen, die sie in einem Blumenkasten auf dem Balkon gelegt hatte, mit ihren Keimen die Erdkrume durchstießen: ein Stück Leben, das sich entfaltete, ihr entgegenwuchs und ihrer Pflege bedurfte. Setzkästen und Blumentöpfe haben in den meisten Schulräumen Platz. Oft gibt es dort ja ohnehin einige Topfpflanzen, aber sie fristen meist ein kümmerliches Dasein auf der Fensterbank. Es kommt darauf an, bei der Anschaffung von Pflanzen das Beobachtungs- und Pflegebedürfnis der Kinder zu wecken und als Lehrerin oder Lehrer dies Verhalten selbst zu pflegen. In den Klassenräumen von *Rainer Stöckelmann* in Bottrop sieht es zeitweise aus wie in einem Gewächshaus: in kleinen Treibhäusern, Blumentöpfen und alten Kisten geht die Saat von so ausländischen Gewächsen wie Baumwolle, Tabak und „Schwarzäugige Susanne" auf, neben heimischen

Nutzpflanzen wie Sonnenblumen, Bohnen, Kresse, Radieschen. Aus Avocadokernen und Dattelsteinen wachsen eigenartige Pflänzchen, überall ist grün und die Schüler kümmern sich jeweils um ihren eigenen Gewächstopf. Am Ende des Schuljahres veranstaltet die Klasse einen Basar und verkauft die sorgsam herangezogenen Pflanzen an Eltern und Lehrer aus anderen Klassen. So gibt es keine Schwierigkeiten wegen der sechswöchigen Ferienzeit, und die Kinder erfahren die gesellschaftsübliche Anerkennung für ihre Arbeit in Gestalt klingender Münze. Viel wichtiger ist aber die durch die langfristige und sorgfältige Pflege bedingte Umgangserfahrung, die schließlich einer Arbeit im Schulgarten ähnlich ist; auf diesem Wege ist Unterricht dem spontanen Interesse der Schüler, dem Anspruch ihres individuellen Erfahrungsbereiches gerecht geworden.

Stärker noch als Pflanzen scheinen Tiere faszinierend auf Kinder zu wirken. Kaum eine Autobiographie eines nachdenklichen Menschen findet sich in der Literatur, in der das besonders innige Verhältnis zu Tieren während der Kindheit nicht angesprochen wäre. Nicht selten wird dabei angedeutet, daß die betreffenden Menschen glauben, als Kinder ein dem Wesen der Tiere angemesseneres Verständnis aufgebracht zu haben, denn als Erwachsene. In diesem Sinne hat beispielsweise *Martin Buber* die plötzlich aufblitzende Erfahrung des — *Du* — beim Umgang mit einem Pferde angeführt. Man ist versucht, angesichts derartiger Erinnerungen die Erfahrung von Kindern beim Umgang mit Tieren inhaltlich in die Nähe eines Satzes zu rücken, der die Einstellung einer immer wieder aufscheinenden Naturallianz im Hinblick auf Tiere ausdrückt:

„Sie sind nicht Brüder, sie sind nicht Diener; sie sind andere Nationen, gefangen wie wir in den Netzen von Leben und Zeit, Mitgefangene der Glorie und Mühsal dieser Erde." [6 a.]

Aber diese inhaltliche Interpretation enthält bereits einen Anspruch, der aus einer aktuellen Problematik — mit welchem Recht werden alljährlich so viele Arten ausgerottet? — hergeleitet ist, und in Gestalt dieser Ausrichtung die Erfahrung der Kinder nicht immer wiederzugeben vermag. Sicher scheint demgegenüber allein das Faktum der Faszination durch Tiere und eine Interpretation, die die Funktion dieser inneren Disposition von Kindern im Zusammenhang des Sozialisationsprozesses erklärt, kann dazu beitragen, daß wir die didaktische Bedeutung derartiger Umgangserfahrungen erkennen. Der Versuch einer solchen Interpretation ist kürzlich von dem Sozial- und Erziehungswissenschaftler *James Coleman* vorgelegt worden [24].

Coleman konstruiert als Grundlage seiner Argumentation den Unterschied zwischen „künstlichen" und „natürlichen" Umwelten. Er zeigt, wie die künstliche Umwelt, in der die gegenwärtige Generation in den Industriegesellschaften Europas und Amerikas typischerweise heranwächst, u. a. dadurch bestimmt ist, daß sie keine Tiere enthält, mit denen die Heranwachsenden Kontakt aufnehmen könnten. Dies sei eine in der Entwicklungsgeschichte der Gesellschaften in dieser krassen Form bisher noch nicht aufgetretene Erscheinung, mit schädlichen Folgen für die Sozialisation der Heranwachsenden. Denn, so das Kernargument *Colemans*, junge Menschen bedürfen nicht nur der Zuwendung und Sorge durch andere, sondern brauchen auch Beziehungen, in denen sie selbst Sorge und Pflege üben können. Die bloße Imagination und Übung an stellvertretenden Gegenständen wie beispielsweise an Plüschtieren und Puppen reiche nicht aus, um die Erfahrung zu begründen, daß man selber benötigt wird. In dieser Erfahrung liege die elementare Kompetenz für den Aufbau sozialer Beziehungen. Ideal geeignet als Sorge-Partner seien lebende Wesen, die nicht bedrohlich auf Kinder wirken, sondern auf die ihnen entgegengebrachte Aufmerksamkeit und Wärme reagieren, und gelegentliche Fehler ertragen können. Das Bedürfnis von Kindern nach Umgang mit Tieren wurzele in ihrem Verlangen, ihr eigenes sorgendes Verhalten derart gespiegelt erfahren zu können.

Coleman weist auf den therapeutischen Effekt hin, den die Pflege von ihnen anvertrauten Tieren auf verhaltensgestörte und verschüchterte Kinder offenbar mit sich bringt. So plädiert er schließlich dafür, mehr Gelegenheiten für den Umgang mit Tieren für Kinder einzurichten.

Der Kommentar zu diesem auf die Verhältnisse in den USA bezogenen Plädoyer müßte aus europäischer Sicht zunächst die scharfe Trennung von „künstlichen" und „natürlichen" Umwelten auflösen. Die Umwelt, in der Kinder aufwachsen, ist stets mehr oder weniger künstlich, von Menschen gebaut gewesen, so lange Zivilisation besteht. Womit wir es zu tun haben, ist eine allmähliche Entfernung von der Natur, die im Prozeß der Industrialisierung immer rascher verlief und jetzt bereits einen Punkt überschritten hat, von dem aus Tiere entweder ausgeschlossen oder als eine Art schmückendes Beiwerk in den Wohnbezirken der Städte zugelassen sind. Die Arbeit der Tiere — als Zugpferd, Wachhund, Hauskatze — hatte ihnen eine Art Aufenthaltsgenehmigung in den Städten verschafft, und mit der Erfordernis eine Würdigung, die heute fehlt. Tiere sind vollends zur Ware geworden, die in Zoohandlungen gehandelt wird. Man kauft sie als Luxusgegenstände ein und unterwirft ihr Leben einem Ritual, das u. a. dazu dient, Störungen zu vermeiden. Bezeichnend erscheint mir das in den meisten Wohngebieten geltende Verbot der Kleintierhaltung. Während Kaninchen und Hühner dort ausgeschlossen sind, unterliegt die Haltung von Hunden so vielen Restriktionen, und erbringt andererseits so wenig Nutzen (— im Unterschied zu früheren Zeiten, als Hunde eine wichtige Funktion als Wach- und Jagdhunde oder auch als Rattenfänger und Zugtiere versahen —), daß sie weithin als bloße Belastung wahrgenommen wird. Diese Einstellung kommt nicht zuletzt in der Wendung zum Ausdruck, die das Thema „Haustiere" im Sachunterricht der siebziger Jahre genommen hat, wo es um den Umgang mit Hunden, Katzen, Meerschweinchen und anderen derartigen Tieren geht: „Ein Tier ist kein Spielzeug" lautet da der mahnende Tenor, und man glaubt fast, die verzweifelte Stimme einer Mutter zu hören, die sich durch die Bürde der Tierpflege zusätzlich belastet sieht, nachdem die Familie ein Haustier angeschafft hat, um das die Kinder sich zu kümmern doch vorher beteuerten.

Will man die Situation unter dem Gesichtspunkt des Interesses der Kinder beschreiben, so besteht der Verlust bei der gegenwärtigen Lage der Dinge vor allem darin, daß die Gelegenheiten zu jenem spielenden Umgang mit Tieren verschwunden sind, bei dem die Verpflichtungen der Spontaneität nicht im Wege standen. Ich erinnere mich, wie ich als Junge den Foxterrier des Nachbarn, den er zur Rattenbekämpfung hielt, respektvoll streichelte, wie ich die schweren Zugpferde des Spediteurs in unserer Kleinstadtstraße vorsichtig mit Grünzeug fütterte, wenn sie in der Sommerhitze stundenlang im Flüßchen standen; damals, in den Jahren nach dem 2. Weltkrieg hielten die meisten Leute Kaninchen und wir Kinder kannten alle Ställe, ebenso wie die Katzen der Nachbarschaft, den Hofhund des Bauern, bei dem wir Milch holten und die Hunde, die uns immer wieder auf dem Schulweg begegneten. Damals war es leicht, Tiere kennenzulernen und Beziehungen zu ihnen anzuknüpfen, ohne gleich mit der ganzen Verantwortung für das Leben des Tieres belastet zu werden. Demgegenüber erfährt mein Sohn seinen Hund als permanente Verpflichtung zu Fütterung und Spaziergang. Vor allem für Kinder im Grundschulalter sind derlei Belastungen nicht immer leicht zu verkraften. Es gibt Familien, die deshalb ihren Hund „abgeschafft" haben, nachdem sich das Ausmaß des zusätzlichen Aufwandes herausgestellt hatte. Die Sehnsucht ihrer Kinder nach Tieren braucht deshalb nicht geringer geworden zu sein. Wie viele Kinderzimmer sind mit Tierphotos, Plakaten, Figuren und Tierbüchern vollgestopft, — Ausdruck eines tief wurzelnden Bedürfnisses, das in der gegebenen Situation bei allem Reichtum unserer Gesellschaft offenbar nicht befriedigt ist?

Daß die Beziehung zu Tieren ein didaktisches Potential gerade im Hinblick auf die Entwicklung des Sozialverhaltens darstellt, wird durch Fälle von verhaltensgestörten Kindern immer wieder belegt, in denen der Umgang mit Tieren als Grundlage der Therapie angewandt wird: die Pflege eines Reitpferdes, die Aufzucht eines Schafes sind Beispiele

für eine Verantwortung, die Kinder nicht überlastet, und ihnen doch das Bewußtsein vermittelt, daß sie benötigt werden. Damit ist gleichsam ein Grundstein für den Ausbau der sozialen Beziehungen mit Menschen gelegt; man kann sich den Vorgang so vorstellen, daß das dauerhafte und wechselseitige Verhältnis zum Tier wie ein didaktisches Modell für das Verhältnis zu Menschen fungiert, oder so, daß das betroffene Kind erstmals die Selbstbestätigung erfährt, die den Aufbau einer positiv besetzten Identität ermöglicht.
Ich habe das Beispiel eines 10jährigen Jungen vor Augen, der wegen einer schweren Krankheit seit mehr als zwei Jahren nicht mehr zur Schule gegangen ist. Wenn er sich nicht im Krankenhaus befindet, befaßt er sich entweder mit den Tauben, Fasanen und Hühnern in der Voliere, die ihm sein Vater gebaut hat — oder er geht über die Straße zum Fluß, um Fische zu angeln. Da er seine Interessen auch in bebilderten Büchern und in vielen Gesprächen verfolgt, ist er, was Fischfang und Vogelzucht betrifft, zu einem regelrechten Experten geworden. Aber die Kenntnisse, über die er verfügt, sind Instrumente, mit deren Hilfe er den Kontakt zu Menschen pflegt: hätte er sie nicht, er hätte als Basis für die eigene Identität nichts außer dem Mitleid der anderen. So scheint mir in diesem Expertentum eine Art eigentherapeutischer Idee zu stecken; und es kann m. E. auch kaum als Zufall gelten, daß es gerade lebende Organismen sind, über die dieses Kind seine Position in der Gesellschaft zu bestimmen versucht, denn was liegt näher als Vorschule zur Bewältigung der schwierigen und komplexen Beziehungen zu Menschen, als das Studium des Umgangs mit Lebewesen, die abhängig sind und trotzdem eigene Verhaltensmuster zeigen, so daß ich mich, um sie zu verstehen, in ihre Reaktionsweise hineindenken muß, und gleichzeitig an ihrer Reaktion die Bestätigung meines eigenen Verhaltens erfahre?
Welche Möglichkeiten sind in der gegenwärtigen Situation vorhanden, um die Disposition der Kinder zum Umgang mit Tieren für den Sachunterricht zu nutzen?
Zunächst bietet es sich an, die hier und da immer wieder anzutreffenden Gelegenheiten aufzugreifen, bei denen intensiver Umgang mit Tieren sichtbar wird. In mancher Grundschulklasse gibt es Kinder, deren Eltern eine Hundezucht betreiben, Hühner halten, Reitpferde besitzen, Schafe züchten u. a. m. Die betreffenden Kinder geben einen Bericht vor dem Klassenplenum, verbringen einen Nachmittag mit einer Schülergruppe bei ihren Tieren, wobei Photos und Befragungen mit Tonband aufgenommen werden, die später den anderen Kindern vermittelt werden können. Derartige Aktivitäten helfen, das Interesse an Tieren zu formulieren und bieten hier und da Gelegenheit zur spontanen Kontaktaufnahme mit Tieren. Manchmal führt der Vortrag eines Tierexperten in der Klasse dazu, daß ein entsprechendes Projekt durchgeführt wird, beispielsweise die Ausführungen eines Mitglieds im Aquarienclub zur Einrichtung eines Aquariums oder die Hinweise eines sachverständigen Tierfreundes über Igel dazu, daß die Familien einzelner Kinder den Winter über einen kleinen Igel versorgen. Einen höheren Intensitätsgrad erreicht der Unterricht dort, wo die sporadische Beschäftigung mit Tieren durch die Möglichkeit dauernden Umgangs ergänzt wird. Tiere im Klassenzimmer zu halten, bereitet aber manche Schwierigkeiten, ganz abgesehen davon, daß die Haltung in manchen Gebieten amtlich verboten ist, wie z. B. im Lande Hessen. Dies Verbot bezieht sich auf das Seuchengesetz, ist aber einzuordnen als der schulbezogene Aspekt der oben beschriebenen allgemeinen Situation, in der Tieren nur am Rande die Existenz zugestanden wird, wo sie nicht gar als Ware verwertbar sind.
Eine vergleichsweise elegante Lösung der Schwierigkeiten, die Tierhaltung in der Schule mit sich bringt, scheint mir in der Laborschule Bielefeld gelungen. Dort ist es den Kindern gestattet, ihre Haustiere mit in die Schule zu nehmen, sie dort zu pflegen und mit ihnen zu spielen. Auf diese Weise ist die Schule nicht mit der Suche nach Partnerschaften für die Ferienzeit belastet. Entscheidend ist aber die Veränderung der Atmosphäre, die durch die Anwesenheit der Tiere und durch die Erlaubnis für die Kinder erreicht wird, eigene Tiere

— also Eigentum — in der Schule zu haben und damit umzugehen. Als Ganztagsschule mit einer vergleichsweise wenig rigiden Stundenaufteilung bietet diese Schule den Lehrerinnen und Lehrern einen Bedingungsrahmen, der solche Vorhaben begünstigt. Aber auch in der üblichen Schulsituation der Staatsschulen gibt es ungenutzte Möglichkeiten, um eine langfristige, dauerhafte Beziehung zu Tieren in den Unterricht einzubeziehen.

Eine faszinierende Möglichkeit scheint mir im Aufbau eines Patenschaftsverhältnisses zu bestehen, das sich auf bestimmte Landwirtschaftsbetriebe bezieht, auf denen ein breites Spektrum von Tieren zu finden ist. Typisch sind zum Beispiel sog. Demeterhöfe, die einen sog. biologisch-dynamischen Landbau betreiben und in der Regel die Aussicht auf langfristige Kontakte gerne akzeptieren. Eine Schulklasse könnte einen solchen Hof mehrmals im Laufe des Schuljahres besuchen, die Tiere photographieren und beschreiben und den Bericht dem Bauern überreichen. Auf diese Weise wäre auch Kindern aus der Großstadt eine Möglichkeit geboten, ihr Interesse an Tieren kontinuierlich zu verfolgen und allmählich Kontakte zu gewinnen, die andernfalls verschlossen blieben.

Dabei denke ich auch an das Leben und die Arbeit des Landwirts, einen buchstäblich grundlegenden Beruf, der viel mit der Evolution des Bedürfnisses nach Umgang mit Tieren zu tun hat, aber weithin aus dem Bereich kindlicher Erfahrungsmöglichkeit ausgeklammert bleibt.

Didaktisch am konsequentesten wäre wohl die Einrichtung einer kleinen Tierfarm auf dem Schulgelände, wie es in den Primarschulen in ländlichen Gebieten Englands manchmal zu beobachten ist. Die Kinder versorgen ein paar Schafe oder Ziegen, Kaninchen und Hühner, deren Ställe sie zum Teil selbst gebaut haben. (Vgl. die Handreichung, die *Her Majesty's Stationary Office* für derartige Vorhaben herausgebracht hat: „Keeping animals in schools". London o. J.) Aber die Vorstellung, daß die Vorzüge der ländlichen Sozialisation auf diese Weise in unsere Schulen importiert werden könnten, muß angesichts der gegebenen Verhältnisse fast grotesk wirken, womit nichts über den didaktischen Wert der Idee gesagt ist, wohl aber über die eingefahrene Sterilität des gegenwärtigen Schulsystems.

Das Bedürfnis der Kinder nach Umgang mit Tieren wird eher zu befriedigen sein durch den Ausbau außerschulischer Institutionen, die einen Ersatz für den verlorengegangenen Reichtum der Umwelt bieten können, vor allem die Abenteuer- oder Bauspielplätze, auf denen Kindern gestattet ist, bis zu einem gewissen Grade eine ihren Vorstellungen entsprechende Welt einzurichten. In Dänemark, wo Bauspielplätze seit längerer Zeit betrieben werden als in der Bundesrepublik Deutschland, werden auf den meisten dieser Plätze auch Tiere gehalten: Kaninchen, die frei herumlaufen und meistens einzelnen Kindern gehören, und größere Tiere wie Ziegen, Schafe und sogar Ponys, die als Kollektivbesitz gelten. Da diese Spielplätze von Sozialarbeitern beaufsichtigt werden, denen auch die kontinuierliche Sorge um die Tiere obliegt, sind die Kinder nicht mit der ganzen Verantwortung belastet, sondern frei, gleichsam in tastender Annäherung Erfahrungen zu gewinnen (vgl. die genauere Beschreibung dieses Aspekts der Bauspielplätze in: [127, S. 147—196]).

Bezeichnend ist, daß Kinder auf derartigen ihnen verfügbaren Plätzen immer wieder auch spontan kleine Gärten anlegen und teilweise hingebungsvoll pflegen.

Im Sachunterricht wird es darauf ankommen, solche Reservate, wo sie in der Nähe verfügbar sind, mitzutragen, die von dort ausgehenden Impulse aufzugreifen, ohne doch die Spontaneität der Beschäftigung durch einen verschulenden Zugriff zu stören. Berichte, Vorträge, Photoreportagen, Ausstellungen, Tagebücher, Jahresarbeiten bieten Gelegenheiten für einzelne Schüler und vor allem auch Schülergruppen, auf freiwilliger Basis und in selbstbestimmter Form ihre Erfahrungen mit Tieren für sich zu klären und im Raum der Schule zu publizieren.

Das Bedürfnis nach Affirmation als Ausgangspunkt des Sachunterrichts

Das Bedürfnis von Kindern, des Bestehenden versichert zu werden, die Grundmuster von Raum und Zeit als ein Netz immer wiederkehrender und miteinander verknüpfter Punkte verstehen zu lernen, entspringt dem Bedürfnis nach Sicherheit inmitten des furchteinflößenden Wirrwarrs permanenter Veränderungen. Hier liegt ein tief verwurzeltes Bestreben der Menschen, wahrscheinlich die Ursache für die Erfindung religiöser Systeme und philosophischer Theorien überhaupt, und insofern könnte sich hier gleichsam der Königsweg für eine Didaktik öffnen, die den Kindern, über die Vermittlung einzelner, zusammenhangloser Daten hinaus, Sinn und Deutung der menschlichen Stellung im Ganzen des Geschehens geben kann. Weil in vielen Kindern das gleiche Affirmationsbedürfnis die Wißbegierde antreibt, das zur Ausformung von Theorien und Interpretationsmustern im großen kulturgeschichtlichen Zusammenhang beigetragen hat, müßte Unterricht die Möglichkeit enthalten, entsprechende kognitive Strukturen zu entwickeln.

Dies geschieht nun tatsächlich; oben ist die gegenwärtige Situation geschildert worden, in der Sachunterricht weithin als eine Art technologische Grammatik praktiziert und somit die Welt als Maschine vorgestellt wird. Bedenklich ist bei dieser Entwicklung vor allem, daß die Sinndeutung gewissermaßen unter der Hand gehandelt und der didaktischen Diskussion entzogen wird. Bereits in den Anfängen des Sachunterrichts — als er noch mit dem Deutsch- und Fremdsprachenunterricht gekoppelt war — stellte die Sinndeutung den alles andere übergreifenden Inhalt dar. Im „orbis sensualium pictus" ist allen Angelegenheiten Gott und die Welt betreffend, ein bestimmter Platz zugewiesen. Wer den Inhalt des Buches erlernt hat, weiß, was oben und unten, was gut und böse, richtig und falsch, nützlich und schädlich ist. Bedenklich erscheint uns Heutigen angesichts solcher Vermittlung eines vom Endzeitglauben geprägten Weltbildes aus dem Jahre 1658 die Eindimensionalität der Darstellung, die sie uns naiv macht. Erst eine Darstellung, die die verschiedenen Perspektiven berücksichtigt, unter der ein Sachverhalt gesehen werden kann, will uns sachangemessen und somit auch didaktisch legitim erscheinen.

An dieser Stelle wird ein Dilemma sichtbar, dem sich die Didaktik gegenübersieht. Einerseits gilt das Problem: wie soll man guten Gewissens in der heutigen Situation überhaupt eine bestimmte Weltsicht auf dem Wege des Unterrichts propagieren können? Andererseits besteht auch das Problem: wie soll das Bedürfnis nach Affirmation gestillt werden, wenn keine einheitliche Deutung mehr gegeben wird? Müssen die Kinder dann nicht unkontrollierten Einflüssen verfallen, wenn Schule mit der Mehrperspektivität die Perspektivlosigkeit, mit der Vielschichtigkeit das Bodenlose, mit der Verweigerung der Affirmation die Unsicherheit vermittelt?

Um das Dilemma mit einem Beispiel aus der didaktischen Diskussion zu illustrieren: *Hermann Müller* hat 1970, zum Zeitpunkt des Wechsels — statt „Heimatkunde" dann „Sachunterricht" — die affirmative Erziehung als ideologischen Kern des alten Heimatkundeunterrichts bloßzulegen versucht, der auch in der neuen Sachkunde bereits wieder enthalten sei. [100, S. 202—223] Er sieht in der affirmativen Erziehung das Instrument, mit dessen Hilfe die bestehenden gesellschaftlichen Verhältnisse in den Köpfen der Menschen als einzig maßgebliche verankert werden. Die Anbindung ans Bestehende wirkt durch einen Komplex von Gefühlen, unter denen die der Dankbarkeit und der Schuld gegenüber der älteren Generation eine wichtige Rolle spielen. Kritische Gedanken gelten dabei von vornherein als suspekt: gut ist, was die gegebenen Verhältnisse stützt und trägt, böse ist, was deren Veränderung auch nur in Erwägung zieht, — so könnte die „heimliche Botschaft" der affirmativen Erziehung lauten, die *Müller* soziologisch seziert. Er schlägt als Gegenprogramm eine Erziehung zur Kritikfähigkeit vor, deren Konturen aber undeutlich bleiben. Hätte sie *Müller* präziser bestimmt, so hätte zugleich deutlich

werden müssen, daß sie auf eine bestimmte gesellschaftskritische Theorie hinauslaufen. Die Kritik der konservativen Affirmation hätte selbst affirmative Züge offenbart.
Um eine inhaltliche Stellungnahme im Sinne einer umfassenden Deutung der Welt scheint die Didaktik des Sachunterrichts letzten Endes nicht herumzukommen, und alle Kritik an der affirmativen Erziehung entpuppt sich bei genauer Betrachtung als Kritik an den Inhalten der Sinngebung, während der affirmative Effekt des Unterrichts (gleich welchen Namens) als tatsächlich vorhanden akzeptiert werden muß. Wie kann die Didaktik des Sachunterrichts die Kluft überwinden, die zwischen dem kindlichen Bedürfnis nach Affirmation — der Ursache des tatsächlich gegebenen affirmativen Effekts allen Unterrichts — und dem Ungenügen einer wie auch immer gearteten weltanschaulichen Ideologie zu liegen scheint? Vom pragmatistischen Ansatz her bietet sich eine Lösung des Dilemmas an, bei der zwei Gesichtspunkte im Vordergrund stehen:

1. Das Affirmationsbedürfnis von Kindern ist ein Instrument ihrer geistigen Entwicklung.

2. Vorrang vor der Richtigkeit von Weltbildern hat die didaktische Maxime, daß Affirmation überhaupt gewährt wird, unter einer entscheidenden Bedingung: kein Inhalt darf zum Dogma erhoben werden.

Zum ersten Gesichtspunkt ist zu erläutern, daß das in den Kindern verwurzelte Bedürfnis nach Affirmation unter didaktischer Perspektive den Sinn enthält, als Instrument für den sich entwickelnden Erfahrungsgewinn zu dienen. Das Bedürfnis gibt Impulse zur permanenten Konstruktion weltanschaulicher Systeme, aber auch zu deren permanenter Revision. Damit kommt es zur Bildung von Phasen, die eine Sequenz von Plattformen der Weltanschauung darstellen, Erkenntnisebenen, auf denen das Kind die Deutung der Wirklichkeit unternimmt.
Jean Piaget hat die Stadien der kognitiven und der moralischen Entwicklung von Kindern in diesem Sinne beschrieben. Jede Phase stellt das Ergebnis einer Auseinandersetzung dar, in der das Individuum versucht, die von Außen eindringenden Eindrücke mit den ihm verfügbaren inneren Modellvorstellungen in Einklang zu bringen. Zugleich trägt jede der solchermaßen ins Gleichgewicht gebrachten Phasen den Antrieb zur weiteren Entwicklung in sich, so lange Erscheinungen bei moralisch und sachlich angemessener Betrachtung — kognitive Erkenntnisse sind nach *Piaget* Ergebnisse einer „Moral des Denkens" — noch als rätselhaft wahrgenommen werden, weil sie aus dem Rahmen des Weltbildes gleichsam herausfallen.
Eine Didaktik, die das Affirmationsbedürfnis von Kindern gering schätzen oder ignorieren wollte, würde also die wesensmäßig entscheidende Triebfeder der geistigen Auseinandersetzung mit der Welt außer acht lassen.
Der zweite der o. a. Gesichtspunkte könnte zur Verdeutlichung auch folgendermaßen formuliert werden: es ist einigermaßen belanglos, mit welchen inhaltlichen Interpretationen die Deutung der Welt vorgenommen, so lange überhaupt das kindliche Bedürfnis nach Affirmation befriedigt wird, und so lange gewährleistet ist, daß alle Möglichkeiten zur Weiterentwicklung der Weltdeutung offengehalten werden. Es ist ohne weiteres zu sehen, daß damit die o. a. didaktische Aporie verschwindet, denn demnach ist Sachunterricht nicht dazu verpflichtet, das einzig richtige Weltbild zu liefern; entscheidend ist vielmehr, daß hier ein Forum zur Erörterung verschiedener Deutungsmuster zur Verfügung steht.
Um diese Auffassung an einem Beispiel zu zeigen, sei die Problematik der Affirmation anhand des wissenschaftlichen Weltbildes angeführt. Eine didaktische Maxime des naturwissenschaftlich geprägten Sachunterrichts ist bekanntlich mit dem Satz vom Revisionsverbot bezeichnet: kein Sachverhalt darf im Sachunterricht so dargestellt werden, daß die Darstellung in späteren Schuljahren revidiert werden müßte. Führen wir uns vor dem

Hintergrund dieser Maxime einmal vor Augen, was demgegenüber die Behauptung von der relativen Belanglosigkeit der Deutungsmuster beinhaltet!

Etienne Delessert hat in seinem Bilderbuch „Dann fiel der Maus ein Stein auf den Kopf. So fing sie an die Welt zu entdecken" den Erkenntnisweg des Kindes exemplarisch in diesem Sinne geschildert. Das Büchlein erweist zugleich *Piaget* eine Reverenz, der auf dem letzten Bild, zusammen mit Schmetterling, Vogel, Sonne, Fisch und einigen anderen Wesen, dem kleinen Helden des Buches, der Maus, begegnet als Repräsentant der neuen und spannenden Dinge, die auf ihn zukommen werden.

Das Büchlein beginnt mit dem Entdeckungs- und Emanzipationsdrang des Mäusleins, das fünf Jahre lang mit Vater und Mutter unter der Erde gelebt hat, und nun an die Oberfläche der Welt gelangt. Dort begegnet es nacheinander der Sonne, der Nacht, den Wolken, Blitz, Wind, Schnee, Blume, Mond und Sternen. Von jedem dieser Erscheinungen erhält es zum Schluß als Geschenk jeweils ein kleines Stück des eigenen Wesens, und das Mäuschen bringt die Geschenke in einem Rucksack unter, um mit dieser geistigen Wegzehr für die Dinge, die kommen werden, gerüstet zu sein. [31]

Was sind das nun aber für Vorstellungen, die da im Rucksack stecken? Manchem erwachsenen Leser werden sie als derart aberwitzige Deutungen erscheinen, daß er über den naiven Rückfall in archaische Betrachtungsweisen den Kopf schütteln wird, zumal es sich ja nicht einmal um eine „saubere" Abbildung sehr alter Vorstellungen handelt, sondern auch Versatzstücke aus dem modernen Alltagsleben ohne alle Skrupel mit ins Spiel gebracht werden. Beispielsweise erklärt *Delessert* den Kindern das Sonnenlicht in Wort und Bild mit der absurden Behauptung, ein Mann habe den Sonnenball mit einem Streichholz angezündet, und dieser Mann werfe den Ball morgens in die Luft und fange ihn abends wieder auf. Es wird weiter behauptet, daß die Nacht tagsüber unter der Erde stecke, daß Blitz und Donner vom Zusammenprall zweier Wolken verursacht werden, daß der Mond aus zwei Hälften besteht, die ein Mann zum Vollmond zusammensetzt, daß die Sterne wie Katzenaugen sind u. a. m. Dies alles müßte, rechnet man der o. a. didaktischen Maxime überhaupt einige Geltung zu, unter dem Gesichtspunkt der sachangemessenen Vermittlung des Weltverhältnisses als höchst bedenklich erscheinen.

In der Tat ist ja zu fragen, ob es nicht möglich wäre, die mindestens ebenso fesselnd-phantastischen Erklärungen zugrundezulegen, die als naturwissenschaftlich einigermaßen korrekt gelten, also beispielsweise die Sonne als ungeheuren Feuerball zu erklären, die Spiralbewegungen der Himmelskörper und der Galaxien in die Unendlichkeit hinein zu zeigen, die Dunkelheit als Abwesenheit des Lichts und die Kälte als Abwesenheit von Wärme, den Blitz als elektrischen Schlag und den Donner als Zusammenprall der Luftmassen, durch die der Blitz hindurchgezuckt ist, die Beleuchtung des Mondes durch die Sonne, und die Sterne als Himmelskörper im ungeheuren Nichts, das wir euphemistisch als „All" bezeichnen ...

Aber dieser Einwand ließe die dem Bilderbuch zugrundeliegende „Botschaft" außer acht: es geht hier gar nicht darum, eine Erklärung der Welt für Kinder zu geben, sondern darum, den Entdeckungsprozeß selbst abzubilden. Deswegen sind die inhaltlichen Erklärungsmuster, die hier unter Mitarbeit von Kindern zustande kamen, erst in zweiter Linie von Interesse. Wesentlich dagegen ist der Vorgang: nicht, wie das Licht der Sonne entsteht, ist entscheidend, sondern, daß es dafür überhaupt eine Erklärung gibt. Diese Erklärung allerdings hat den Charakter des Vorläufigen. Es scheint zunächst einmal alles darauf anzukommen, daß die Maus den Rucksack mit Wegzehr voll bekommt, damit sie ihre Reise fortsetzen kann. Später dann wird man die einzelnen Sachverhalte genauer unter die Lupe nehmen, und dann wird man finden, daß manches ungenau, manches im Kerne richtig, aber ausbaubedürftig, manches wohl auch völlig verkehrt gesehen war. So ist von Anfang an die Erfordernis der permanenten Revision des Weltbildes mit eingeschlossen.

Die Erfordernis, die Dinge immer wieder aufs Neue zu durchdenken und die Erkenntnis weiterzutreiben, ist für das didaktische Bestreben wichtig, den Erkenntnisdrang der Kinder auf ein Geleise zu bringen, das dem erfahrungsoffenen Bilde vom Menschen entspricht, — jedenfalls am Anfang des Prozesses viel wichtiger, als die inhaltlich exakte Darstellung des Sachverhalts nach Maßgabe des wissenschaftlichen Erkenntnisstandes. Betrachtet man die angeführte didaktische Maxime vom Revisionsverbot im Sachunterricht unter diesem Gesichtspunkt, so wird die in ihr enthaltene Gefahr der Verhärtung deutlich: wer davon ausgeht, daß der Inhalt der Sachverhalte wissenschaftlich „stimmen" muß, so daß spätere Erweiterungen zwar zulässig, Revisionen zu einem späteren Zeitpunkt aber unzulässig seien, der steckt damit einen inhaltlichen Rahmen ab, welcher dogmenartig ausgelegt ist. Nun bringen es aber die Phantasien und Träume der Menschen mit sich, die Grenzen des wissenschaftlich Festgestellten zu überschreiten, und man wird sich deswegen als Didaktiker die Frage vorlegen müssen, wie sinnvoll es sein kann, so etwas wie eine unbedingte Gefolgschaft für Konstrukte, Begriffe und Vorstellungen zu erzeugen, die derzeit für wissenschaftlich abgesegnet gelten. Die Geschichte der Wissenschaften zeigt, daß ihre Entwicklung von Irrwegen und überraschenden Wendungen geprägt war. Unsere Frage ist nun also, ob man dem Fortschritt der Wissenschaften in der Schule dadurch den größeren Dienst erweist, daß man die jeweilige Axiomatik „wie ein anderes Latein" vermittelt, oder dadurch, daß man dem spontanen Forschungs- und Spekulationsdrang der Heranwachsenden Raum gewährt, wobei selbstverständlich der Zugang zu dem Lehrgebäude der Wissenschaften offengehalten wird, aber auch Hypothesen und Überlegungen von Schülern zulässig sind, die jemandem abwegig erscheinen müssen, der das Lehrgebäude internalisiert hat. Schließlich sind es gerade die bedeutendsten Wissenschaftler, die unablässig daran erinnern, daß wesentliche Fragen ihrer Forschungsfelder nicht gelöst sind, und mit der rigiden Anwendung des gerade gebräuchlichen Instrumentariums auch nicht lösbar erscheinen.

All dies bedeutet selbstverständlich nicht, daß im Sachunterricht absichtlich überholte, verkehrte, unangemessene Erklärungen statthaft sind. Eine Lizenz für die Vermittlung falscher Weltbilder wird nicht erteilt. Es ging hier darum, die Didaktik von dem nicht einzulösenden Anspruch zu befreien, daß sie eine vollkommene und vollkommen konsensfähige Deutung der Wirklichkeit zu geben habe. Im Alltagsgeschäft des Unterrichts wird sich unsere These von der relativen Belanglosigkeit der Affirmationsmuster beispielsweise so auswirken, daß die Lehrerin/der Lehrer die Weltinterpretation von Schülern nicht dauernd zurechtrückt nach Maßgabe des eigenen Weltbildes, sondern sich damit begnügt, den hypothetischen Charakter derartiger Aussagen festzuhalten, sie aber als affirmationsstiftende Argumente zu akzeptieren. Denn Affirmation — so könnte man es am knappsten fassen — bezeichnet eine Möglichkeit, kein Faktum, eine Richtung, keinen Ort, ein Gefäß, keinen Inhalt.

Die Deutung physikalischer Erscheinungen erreicht ein hohes Maß allgemeiner Verbindlichkeit, und bietet deshalb ein Beispiel, an dem die Tragweite der relativen Belanglosigkeit von Interpretationsinhalten gegenüber dem Bedürfnis nach Affirmation deutlich werden kann. Eine andere Facette des Erfahrungsprozesses kommt an seinem entgegengesetzten Ende ins Blickfeld, wo es um die Sinndeutung persönlicher Erfahrung geht. Auch angesichts der eigenen Biographie äußert sich das Affirmationsinteresse als Bedürfnis nach Identität in der Zeit, als Bestreben, das Geschehende berechenbar zu halten. Von der didaktischen Tradition her gesehen — die Geschichte der Didaktik hat an dieser Problematik ja selbst Anteil — lassen sich drei untereinander verbundene Komponenten unterscheiden, die diesen Bereich bestimmen: Zeitverständnis, Biographie und Geschichte. Während die Fähigkeit, Zeiträume zu überschauen und messen zu können, mit dem Affirmationsbedürfnis korrespondiert, wie gleich gezeigt werden soll, hängt die Entwicklung eines eigenen lebensgeschichtlichen Standorts wie die übergreifende Deutung gesellschaftlichen Geschehens mit dem Bedürfnis zusammen, Identität aufzubauen. Aber der Unterschied läuft auf die unterschiedliche Akzentsetzung innerhalb des gleichen Strebens nach Versicherung hinaus, dessen beide Seiten als „Affirmation" und „Identitätsgewinn" beschrieben werden können.

So enthält die Versicherung der Wiederkehr der stets gleichen Ereignisse in der Zeit die Voraussetzung für die Strukturierung der eigenen Lebenserfahrung; beiden liegt das Konzept „Jahr" zugrunde.

Bei einer Untersuchung von Lehrberichtseintragungen konnte ich feststellen, daß sich die meisten Eintragungen zum Sachunterricht im 2. Schuljahr dem Strukturprinzip des Lehrplans zuordnen lassen, das mit „Jahreskreis" bezeichnet werden kann. Ob Feste, Veränderungen der Natur oder Kinderspiele das Thema bestimmten — stets gab der „Jahreskreis" das zugrundeliegende Muster ab, nahezu sämtliche Einzelthemen ließen sich als Beiträge dem umfassenden Thema „Wie das Jahr abläuft" unterordnen. Die eindrucksvolle Einheitlichkeit des Lehrplaninhalts ist um so überraschender, als diese Ausrichtung in der didaktischen Diskussion nirgendwo besonders abgehandelt wird. Wir haben es also mit einem weiteren Aspekt des „heimlichen Lehrplans" zu tun, eines Teiles der verborgenen Unterrichtspraxis, das es auch deshalb verdient, ans Licht gebracht zu werden, weil hier einmal ein pädagogisch sinnvolles Ziel angestrebt wird, ohne ausdrücklich als solches genannt zu werden. Was da geschieht, läßt sich nämlich in dem Sinne interpretieren, daß den Kindern Affirmation als „Behaust-Sein in der Zeit" vermittelt werden soll.

Sie lernen das, was sich um sie herum in der Natur und weiterhin im Leben von Familie, Schule und Nachbarschaft abspielt, gleichzeitig mit dem Kalender lesen wie eine Uhr, deren Zeiger das Verhalten von Mensch und Tier repräsentiert, und die durch den Wechsel von Farben, Temperaturen und Erscheinungen auf vielfache Weise kundtut, an welcher Stelle eines immer wiederkehrenden Kreislaufs die Welt sich befindet. Wenn damit auch noch nichts über die gesellschaftlichen Verhältnisse gelernt wurde, so ist doch ein wichtiger Beitrag zum Aufbau der eigenen Identität und damit zur Voraussetzung für eine kritische Beschäftigung mit gesellschaftlichen Verhältnissen geleistet.

In welcher Weise der Aufbau des Zeitbewußtseins beim Kleinkind den Aufbau des Bewußtseins der Identität bedingt, hat *Erik Erikson* dargelegt:

Die Zeit-Diffusion (V,I), d. h. der Verlust jener Ichfunktion, welche Zeitperspektive und Zukunftserwartung festhält, steht in Beziehung zu den frühesten Lebenskrisen (I,I), und zwar deshalb, weil die Wahrnehmung von Zeitzyklen und Zeitqualitäten der ersten Erfahrung von wachsender Bedürfnisspannung, Befriedigungsaufschub und schließlicher Vereinigung mit dem bedürfnisstillenden „Objekt" entspringt. Mit steigender Triebspannung wird die künftige Befriedigung in „halluzinierten" Bildern vorweggenommen; bei verzögerter Erfüllung kommt es zu Momenten ohnmächtiger Wut, in welcher das Erwartungsbild (also die Zukunft) ausgelöscht ist; die Wahrnehmung einer herannahenden potentiellen Befriedigung gibt der Zeit wieder die stark verdichtete Qualität intensiver Hoffnung und Furcht vor Enttäuschung. Dies alles trägt Zeitelemente in die Bildung des Ur-Vertrauens hinein, der inneren Zuversicht also, daß sich letzten Endes eine ausreichende Befriedigung mit ausreichender Sicherheit vorhersagen läßt, daß sich Warten und „Arbeiten" demnach lohnen. Aber wie immer das ursprüngliche Inventar der Zeitqualitäten beschaffen ist: unsere am bedenklichsten regredierten jungen Patienten zeigen deutlich eine allgemeine Haltung, die so etwas wie ein Mißtrauen gegen die Zeit an sich darstellt; jeder Aufschub erscheint als ein Betrug, jedes Wartenmüssen als ein Ohnmachtserlebnis, jede Hoffnung als eine Gefahr, jeder Plan als eine Katastrophe, jeder potentielle Versorger als ein Verräter. Deshalb muß die Zeit zum Stillstand gebracht werden, notfalls mit dem magischen Mittel katatoner Unbeweglichkeit — oder durch den Tod. Dies sind die Extreme, die zwar bei wenigen manifest, aber in vielen Fällen von Identitäts-Diffusion latent vorhanden sind. Jeder Jugendliche, glaube ich, kennt wenigstens flüchtige Momente, in denen er sich in der Zeit nicht mehr auskennt. In ihrer normalen, vorübergehenden Form wird dieses neue Mißtrauen mehr oder weniger rasch durch neu gewonnene Perspektiven überwunden, die eine intensive Investition in die Zukunft oder auch in mehrere mögliche Zukunftsgestaltungen erlauben und fordern. [40, S. 180/181]

Wir befinden uns an diesem Punkt an einer jener Nahtstellen zwischen dem Aufbau von

Subjekt- und Objektwelt, an denen die wechselseitige Beeinflussung und damit die allgemeine Aufgabe des Sachunterrichts deutlich wird.

Um die grundlegende Bedeutung des Konzeptes „Jahreslauf" anzudeuten, sei nochmals eine Passage aus der Sammlung naturphilosophischer Betrachtungen von *Annie Dillard* wiedergegeben:

„Ich frage mich, wie lange du brauchen würdest, um die regelmäßige Wiederkehr der Jahreszeiten zu bemerken, wenn du der erste Mensch auf der Welt wärest. Wie würde die Welt aussehen, wenn man in eine offene Zeit hineinleben würde, durchbrochen allein vom Wechsel zwischen Tag und Nacht? Du könntest sagen ‚es ist wieder kalt', ‚es war schon einmal kalt', aber die Schlüsselverbindung könntest du nicht herstellen und sagen: ‚Um diese Zeit im letzten Jahr ist es auch kalt geworden', denn die Kenntnis dessen, was ‚Jahr' bedeutet, ist genau das, was dir fehlt. Angenommen, du hättest die geordneten Veränderungen im Bild der Himmelskörper nicht bemerkt, — wie lange müßtest du auf der Erde leben, bevor du das einigermaßen sichere Gefühl haben könntest, daß eine besonders lange Kälteperiode tatsächlich zu Ende gehen würde? ‚So lange die Welt besteht, soll nicht aufhören Saat und Ernte, Kälte und Hitze, Sommer und Winter, Tag und Nacht': Gott gibt diese Garantie an einer frühen Stelle in der Schöpfungsgeschichte einem Volk, dessen Befürchtungen in dieser Hinsicht vielleicht noch nicht völlig ausgeräumt waren." [37, p. 75 Eigenübersetzung]

Das Bedürfnis, die Zeit zu strukturieren, hängt mit dem Bedürfnis nach Sicherheit zusammen. Die gewonnene Struktur der Zeit bildet zugleich das Gerüst für den Aufbau eigener Identität. „Wie alt bist du?" ist deswegen für Kinder eine ähnlich wichtige Frage wie die nach dem eigenen Namen. Immer wieder beobachte ich, mit welch intensivem Interesse bereits Drei- und Vierjährige das Photoalbum ihrer Familie durcharbeiten: für sie ist es das wichtigste aller Bücher; obwohl sie es auswendig kennen, nehmen sie es immer wieder zur Hand, um zu studieren, wie sie selbst als Babys aussahen, wie ihr Kinderwagen aussah, welche Kleider sie trugen. Sie führen sich selbst vor Augen, wer sie einmal waren, und gewinnen Einsicht, wer sie geworden sind, wohin sie weitergehen werden: Das bin ich, diesen Weg bin ich gegangen, das habe ich getan, so einer bin ich. Geschichte beginnt in diesem Sinn mit den Geschichten von einzelnen, die bestrebt sind, im Fluß der Zeit Identität zu bewahren.

Unter dem Gesichtspunkt einer unvoreingenommenen Didaktik muß es als Versäumnis gelten, daß Photographien in den Grundschulen so selten analog zu den Photosammlungen der meisten Familien zum Aufbau der Geschichte der Gruppe und einzelner Schüler genutzt werden. Wahrscheinlich hängt diese Enthaltsamkeit mit der didaktischen Tradition des Geschichtsunterrichts zusammen, die in der Grundschule u. a. durch das Erzählen von Sagen und sagenhaften Ereignissen geprägt war. Dennoch bin ich verblüfft, immer wieder Lehrerinnen und Lehrern zu begegnen, die von ihren Urlaubsreisen oder bei Gelegenheit ihrer außerschulischen Sport- und Sammelinteressen sehr viele Photos anfertigen und diese Bilder auch wie selbstverständlich im Sachunterricht den Schülern präsentieren, aber anscheinend nicht einmal auf den Gedanken kommen, die Entwicklung der Schulkinder, die sie häufig genug über Jahre hin verfolgen könnten, die Feste und besonderen Ereignisse der Schulzeit ähnlich festzuhalten und als didaktisches Mittel zum Gewinn der Gruppenidentität und zur Anbahnung eines historischen Interesses einzusetzen, bei dem die eigenen Erfahrungen nicht ausgespart bleiben.

Das Arrangement dieser Bilder, ihre Erläuterung durch Texte sind Schulaufgaben, die auf der Linie dessen liegen, was das im Photoalbum blätternde Kleinkind auf seine Weise begonnen hat. Methodisches Instrument kann ein Klassentagebuch sein, das nicht gelegentlich, gleichsam als zusätzliche Arbeit zur üblichen Unterrichtsarbeit, sondern als vollwertige Unterrichtsaufgabe geführt wird. Eine andere Möglichkeit bietet die sog. Jahresuhr, eine großflächige Kartonscheibe, die in vier Felder unterteilt ist, welche die vier Jahreszeiten repräsentieren, und ihrerseits in drei Abschnitte für die drei betreffenden Monate untergliedert sind. Die Monatsfelder geben Gelegenheit, kurze Berichte und

Photos aus dem Schulleben anzubringen. Im Lauf der Jahre entstehen zwei oder drei solcher Jahresuhren, die, nebeneinander angebracht, zu Vergleichen anregen.

Lehrerinnen und Lehrer, die mit solcher Arbeit beginnen, bei der die persönlich-biographische Komponente nicht durch das Ritual einer entpersönlichten Unterrichtsstruktur an den Rand gedrängt, sondern als didaktisches Instrument verwendet wird, werden es auch naheliegend finden, Befragungstechniken zu üben und persönliche Berichte von Erwachsenen in den Unterricht einzubeziehen. Wie die Welt früher ohne Fernsehen, ohne fließend warmes Wasser und ohne Autoverkehr ausgesehen hat, ist Kindern am ehesten über die Berichte ihrer älteren Verwandten und Bekannten zugänglich, und die Schule kann diese Berichte sammeln — als Tonaufnahmen oder in Form von Gesprächen mit älteren Menschen, die in den Unterricht eingeladen werden —, und mit Photos und anderen Dokumenten ausstatten.

Auf diesem Wege nähern wir uns über die Geschichten der einzelnen der Geschichte. Die Betroffenheit über das Geschehen führt zu Überlegungen, die Lösungen bieten, Sicherheit für die Zukunft versprechen, zu Mustern der Sinndeutung also, die den Gegenstand der Beschäftigung mit Geschichte bilden. Ein Beispiel: Angesichts einer Bilderserie, die in der „Hessisch-Niedersächsischen Allgemeinen Zeitung" über die Bombenzerstörung der Stadt Kassel im Zweiten Weltkrieg veröffentlicht worden war, berichtete der Hausmeister einer Schule einer Gruppe von Kindern, wie er den Feuersturm erlebt hatte. Die persönliche Erschütterung war seinem Bericht deutlich anzumerken. Die Kinder fragten ihre Eltern und Großeltern, erfuhren von verschiedenen Leidenswegen und lernten die persönlichen Deutungsversuche der Erwachsenen kennen, und kamen schließlich im Gespräch in der Klasse immer wieder auf die Frage nach den Ursachen, nach dem Sinn des Geschehens zu sprechen.

Die Stelle, an die diese Kinder gelangten, bezeichnet ein Identitätsproblem unserer Nation, das weit über didaktische Fragen hinausreicht, also durch didaktische Überlegungen allein so lange nicht zu lösen ist, wie die deutsche Identität nicht selbst erarbeitet wurde, — ein voraussichtlich langwieriger Prozeß der Handlung und Erfahrung, der wahrscheinlich nicht begünstigt wird, indem die makabren Ereignisse aus der Geschichte der Nation mit einem Tabu belegt und im Unterricht ausgespart werden, wie es in der Grundschule weithin geschieht. Die Erlebnisse der Kriegsgenerationen sind noch nicht so bearbeitet worden, daß sie den Namen der Erfahrung verdient hätten, und der Zugang zur Geschichte für die nachfolgenden Generationen führt einzig über diesen Weg: die ungetane Arbeit bleibt für die Nachkommenden liegen.

„Heimat" als Bezugsgröße des Sachunterrichts

Das Kapitel „Heimatkunde" erscheint nur auf den ersten Blick für die didaktische Diskussion des Sachunterrichts als abgeschlossen. Neue Aktualität ist entstanden, nicht allein wegen der amtlichen Bezeichnung unseres Lernbereichs in den Bundesländern Bayern und Schleswig-Holstein als „Heimat- und Sachkunde". Während die Heimatkunde am Anfang der siebziger Jahre als allzu emotionenbeladen und rückwärtsgewandt abgelehnt wurde, hat es sich im Lauf des Jahrzehnts eingebürgert, typisch heimatkundliche Arbeitsweisen im Kontext sog. schülerbezogener Ansätze wieder zu kultivieren, als bewußtes Gegenstück zu einer vermeintlich allzu „wissenschaftsbezogenen" Arbeitsweise im Sachunterricht.

Derartige Pendelbewegungen in der didaktischen Diskussion werden den Kern der Sache eher verdecken als herausbringen, weil man dazu neigt, den Wandel der Betrachtungsweise, der meist als Akzentverschiebung beschrieben werden kann, ins Übergreifend-Umfassende zu projizieren, und so eine Umwertung aller Werte zu proklamieren, wo in Wirklichkeit lediglich eine Seite dessen ein wenig stärker betont wird, was man längst schon praktiziert hatte. Ich möchte mich hier nicht damit aufhalten, zu zeigen, wie die gleiche Begriffshuberei, die zeitweilig zum Markenzeichen des sog. „wissenschaftsorientierten" Sachunterrichts wurde, bereits in der Heimatkunde der sechziger Jahre enthalten war und sich dort zunehmend ausgebreitet hatte.

Unter der erfahrungsbezogenen Perspektive verdienen es vor allem zwei Aspekte, daß man über sie nachdenkt, weil sie geeignet sind, den didaktischen Kern des Heimatbegriffs neu zu bestimmen und einer Bearbeitung zugänglich zu machen. Es geht um die Bestimmung des dem Heimatbegriff zugrundeliegenden Verständnisses und um die Veränderungen der ihm zugeordneten Gehalte, und, damit untrennbar verbunden, auch um die Funktion der Sache selbst, die man im Deutschen mit dem nostalgisch getönten Wort „Heimat" zu bezeichnen pflegt, im gesamten Prozeß der menschlichen Entwicklung, d. h. bezogen auf die stammesgeschichtlichen Spuren, die Bedeutung für den Identitätsgewinn des einzelnen, und für die gesellschaftliche Entwicklung.

Das Wort „Heimat" — darauf deuten die Belege aus dem GRIMMschen Wörterbuch der deutschen Sprache — scheint sich zuerst im alemannischen Sprachgebiet vor etwa zweihundert Jahren eingebürgert zu haben. Rasch überlagerte die verklärend-erinnernde Nuance die handfeste ursprüngliche Bedeutung „Wohnort". Gleichzeitig war der Entwurf idealer Landschaften in der Malerei zu einem beliebten Gegenstand geworden. Die Verbindung zwischen derartigen Wunschbildern und den verklärenden Erinnerungen an das Heimatgefühl aus der Kindheit ist bei einigen dieser Bilder offensichtlich. Das Aquarell von *Salomon Gessner* aus dem Jahre 1786 mit dem Titel „Der Wunsch" beispielsweise ist eine Komposition heimatlich anmutender Gegebenheiten: Im anheimelnden Dämmer einer schützenden Baumgruppe das Haus, getrennt vom Rest der Landschaft durch einen breiten wassergefüllten Graben und einen Zaun ringsum am Rande des Inselchens, in splendider Isolation, aber verbunden mit der Welt durch eine Brücke und einen Weg, der darüber hinwegführt und sich weit hinten verliert, wo sich ein Ausblick auf die fernen Häuser der Nachbarn und, jenseits der Ebene, auf eine nicht allzu zerklüftete Gebirgslandschaft öffnet. Es gibt eine Frau, die den Betrachter des Bildes anschaut, mit einem Kind an der Hand, ein zweites Kind jagt einige Gänse über die Brücke ins Wasser, im Vordergrund grasen zwei Kühe, in den vielen Winkeln und überwachsenen Schattenzonen mag sich noch manch anderes Wesen verborgen halten.

Derartige Entwürfe idealer Heimat-Räume zeigen, daß dem Heimatbegriff von Anfang an neben der Komponente einer nostalgisch-verklärenden Erinnerung auch eine projekthaft aufs möglicherweise Künftige gerichtete Perspektive innegewohnt hat.

Bezeichnend ist, daß den vielfältigen Entwürfen idealer Landschaften, wie sie sich zumal in der englischen und niederländischen Malerei als typisches Sujet etablierten, ein gleiches Grundmuster zu entnehmen ist: Der Vordergrund zeigt meist eine Baum-, Busch-, Haus-, Felsgruppe o. ä., die den Betrachter gleichsam zum Verweilen einlädt, im Hintergrund öffnet sich stets ein weiter Ausblick über Täler und Ebenen, der typischerweise am Horizont durch eine Bergkette o. ä. aufgefangen wird. Dies Grundmuster der Landschaftsmalerei nun läßt sich im anthropologischen Sinne interpretieren, wobei auch ein Licht auf die Bedingungen der Heimaterfahrung fällt.

Ich entnehme diese Interpretation dem bemerkenswerten Buch von *Rene Dubos*, „The Wooing of Earth", [38]. *Dubos* versucht hier, die Raumerfahrung des Menschen aus den Bedingungen herzuleiten, die das Leben der Gattung über Zeiträume hin bestimmt haben, denen gegenüber die Spanne der sog. Zivilisation als äußerst kurz gelten muß:

„Die Erfahrung von mehreren Millionen Jahren Lebens in einer offenen Umwelt, in der gute Sicht die Voraussetzung für Überleben und Jagd war, hinterließ eine bleibende Prägung in der menschlichen Natur. Beispielsweise siedelten während der Eiszeit die Völker der Cromagnon und Neanderthaler in Talauen, die reich an Fisch und Wild waren. Sie hausten in Höhlen oder in Unterkünften, die sie aus Zweigen und Tierhäuten zusammenbauten, und die sich an solchen Stellen befanden, von denen aus das Tierleben mit Leichtigkeit beobachtet werden konnte. In den Tälern der Dordogne und der Vézère in Frankreich hat man Hunderte derartiger altsteinzeitlicher Siedlungen gefunden. Von der riesigen Höhle der Cromagnon in Les Eyziers überblickt das Auge ein ungeheures Panorama von Erde, Fluß, Himmel. Die solchermaßen in sich doppelseitig bedingte Umwelt konditionierte Homo sapiens zu zwei verschiedenen aber komplementären Sichtweisen: Einerseits das Bedürfnis für offene Landschaften, in denen das Auge zum Horizont schweifen kann; andererseits das Bedürfnis nach einem Platz, um sich zu verbergen, wie zum Beispiel eine Höhle oder ein dichter Baumbestand, wo man bei Gefahr Unterschlupf finden kann. Kinder, so läßt sich vermuten, äußern diese frühe Konditionierung beim Versteckspiel. Die genetische Konstitution, die mit den physischen Merkmalen unserer Evolution zusammenhängt, hat sich im Lauf der letzten fünfzigtausend Jahre nicht signifikant verändert. Deshalb spiegeln unsere Umweltbedürfnisse immer noch die Lebensbedingungen der Steinzeit. So erklären sich viele gegenwärtige Verhaltensmuster, Zum Beispiel:

...

— bestimmte Grundmuster, die sämtliche Schulen der Landschaftsmalerei bei ihren Entwürfen erkennen lassen." [38, S. 58/59, Eigenübersetzung]

Wir sehen die Möglichkeit, daß unser Gefühl heimatlicher Anmutung die Spuren längst vergessener Zeiten an sich tragen, längst überwundene Überlebenserfordernisse transportieren könnte. Entscheidend ist aber der dieser Argumentation innewohnende Gesichtspunkt, daß Heimat wesentlich eine Raumerfahrung darstellt. Die Erfordernis, daß in der Gestalt der Landschaft, in der Gestaltung des Lebensraumes seinen Ausdruck finde, was wir als „Heimat" bezeichnen, macht die materielle Seite des Heimatbegriffs deutlich. Heimat, wie immer reine Empfindung, drängt doch auch stets auf Konkretisierung im Geographisch-Vorhandenen. Umgekehrt ist es möglich, Heimat im Gegebenen zu verhindern. Es ist möglich, die Umwelt so zu arrangieren, daß das Zustandekommen von Heimat erschwert wird, — ein Vorgang, der an Wohnhochhäusern studiert werden kann (Vgl. etwa den aufschlußreichen Bericht über ein Hochhaus in Freiburg in: [122]).

Auf der anderen Seite ist Heimat ebenso als Sozialerfahrung konstituiert, — eine Komponente, die von den Didaktikern der Heimatkunde weithin übergangen wurde, obwohl *Aloys Fischer* bereits in den zwanziger Jahren darauf hingewiesen hatte, zu einer Zeit, als die Diskussion um „Heimatschule" und „Heimatkunde" mit besonderer Intensität geführt wurde. Bezeichnenderweise hat die Bedeutung menschlicher Beziehungen für die Konstitution von Heimaterfahrung das Interesse von Psychoanalytikern gefunden. In der Schrift von *Alexander Mitscherlich* über „Die Unwirtlichkeit unserer Städte", die zuerst 1965 erschienen ist, finden sich einige Anmerkungen zum Thema „Heimat", die letztlich auch von didaktischem Interesse sind: „Denn um sich beheimaten zu können, bedarf es doch einer Verzahnung mit der menschlichen Umwelt insbesondere; ich will mich niederlassen und die anderen müssen mir den Platz dazu mit freundlichen Gefühlen abtreten." [98, S. 125]

Mitscherlich zeigt, daß das Gefühl, willkommen zu sein, von anderen Menschen ausgeht, daß es eine notwendige Grundlage dafür ist, damit Kinder Identität aufbauen können, und daß dies Gefühl in der Größe und Anlage einer Wohnung, im Arrangement der Möbel wie in den Verkehrs- und Umgangsformen des Wohnens einen Niederschlag findet. Deswegen plädiert er dafür, die gesellschaftlichen Vereinbarungen so zu ändern, daß mehr Bewegungsraum geschaffen wird, daß größere Wohnungen normal werden. Interessant im Zusammenhang unseres Versuchs einer Bestimmung der Struktur des Heimatbegriffs ist *Mitscherlichs* Interpretation des Heimatgefühls, denn hier wird eine Parallele zur Evolutions-Hypothese von *Dubos* sichtbar: Heimat beinhaltet eine Ambivalenz, umschließt sowohl das den Menschen Bergende als auch das ihn Beengende. „Heimlichkeit und Gemeinsamkeit als Funktionspole", — so beschreibt *Mitscherlich* eine zur Heimat gewordene Wohnung ([98], S. 136/137), deren Bild er aus der Erinnerung an die eigene Kindheit entwirft. Es ist der Ort, an dem Sicherheit gegeben ist, aus der die Identität eines Kindes erst erwachsen kann, und zugleich der Ort, von dem das Kind ausgreift in das Unbekannte, Abenteuerliche des Lebens, — im Grunde die gleiche Beschreibung auf der Ebene der inneren Erfahrung, die in den Entwürfen einer idealen Landschaft auf die Ebene der konkreten Topographie projiziert erscheint.

Der Punkt, an dem die beiden Beschreibungen zusammentreffen, scheint mir letzten Endes im Begriffe der Mutter zu liegen. In gewisser Hinsicht mag man den Begriff „Heimat" selbst als ein Kind des Mutter-Begriffs begreifen, was dort besonders deutlich wird, wo die evozierende Funktion der Sprache zur Wirkung kommt. Besonders in lyrischen Texten trifft man öfters auf Stellen, an denen „Heimat" und „Mutter" weitgehend ineins geraten sind, wie beispielsweise in dem folgenden frühen Gedicht von *Peter Huchel*, das hier auch deswegen wiedergegeben werden soll, weil dabei die ganze nostalgische Heimatwelt mit all ihren gemütvollen und anheimelnden Versatzstücken heraufbeschworen wird, die als heimliches Leitbild der Heimatkunde für lange Zeit das didaktische Denken prägte.

Die Magd

Wenn laut die schwarzen Hähne krähn,
vom Dorf her Rauch und Klöppel wehn,
rauscht ins Geläut rehbraun der Wald,
ruft mich die Magd, die Vesper hallt.

Klaubholz hat, sie im Wald geknackt
die Kiepe mit Kienzapf gepackt.
Sie hockt mich auf und schürzt sich kurz,
schwankt barfuß durch den Stoppelsturz.

Im Acker knarrt die späte Fuhr.
Die Nacht pecht schwarz die Wagenspur.
Die Geiß, die zottig mit uns streift,
im Bärlapp voll die Zitze schleift.

Ein Nußblatt wegs die Magd zerreibt,
daß grün der Duft im Haar mir bleibt.
Riedgras saust grau, Beifuß und Kolk.
Im Dorf kräht müd das Hühnervolk.

Schon klinkt sie auf das dunkle Tor.
Wir tappen in die Kammer vor,
wo mir die Magd, eh sie sich labt,
das Brot brockt und den Apfel schabt.

Ich frier, nimm mich ins Schultertuch.
Warm schlaf ich da im Milchgeruch.
Die Magd ist mehr als Mutter noch.
Sie kocht mir Brei im Kachelloch.

Wenn sie mich kämmt, den Brei durchsiebt,
die Kruke heiß ins Bett mir schiebt,
schlägt laut mein Herz und ist bewohnt
ganz von der Magd im vollen Mond.

Sie wärmt mein Hemd, küßt mein Gesicht
und strickt weiß im Petroleumlicht.
Ihr Strickzeug klirrt und blitzt dabei,
sie murmelt leis Wahrsagerei.

Im Stroh die schwarzen Hähne krähn.
Im Tischkreis Salz und Brot verwehn.
Der Docht verraucht die Uhr schlägt alt.
Und rehbraun rauscht im Schlaf der Wald.

[68, S. 150/151]

Das Gedicht ruft — ohne es beim Namen zu nennen — genau jenes Geflecht von Person-Beziehung und Raumerfahrung hervor, auf dem das Gefühl der Geborgenheit gründet, das der Erwachsene später beim Begriff „Heimat" erinnern wird. Die Erfordernis solchen „Aufgehoben-Seins" für die Entwicklung der Identität eines Menschen hat vor allem *Erik Erikson* betont. Er machte den Begriff der Identität, den zentralen Bezugspunkt seiner gesamten Arbeit als Psychoanalytiker und Biograph, durch eine Kette von gegensätzlichen Haltungen operationalisierbar, die den typischen Phasen des Menschenlebens entsprechen. All diese Haltungen gehen auf jene grundlegende Einstellung gegenüber der Aufgabe des Lebens zurück, die in der frühen Kindheit erworben worden ist, das „Ur-Vertrauen", dessen Gegenpol die negierende Einstellung des „Ur-Mißtrauens" bildet. Die im Lauf eines Lebens auftretenden Krisen stellen so etwas wie Aktualisierungen des in der frühen Kindheit auftretenden Kampfes um Identität dar; die dem „Ur-Vertrauen" auf späteren Stufen entsprechenden Haltungen — *Erikson* bezeichnet sie nacheinander als Autonomie, Initiative, Werksinn, Identität, Intimität, Generativität und Integrität — sind Facetten des Identitätsbegriffes. Für den Sieg des Urvertrauens über das Urmißtrauen im kleinen Menschen sind nach *Erikson* vor allem die Eltern verantwortlich, denn ihre Vertrauenswürdigkeit ist es, die dem Kinde das Gefühl vermittelt, sich auf sich selbst verlassen zu können. Die Vertrauenswürdigkeit der Eltern liegt letzten Endes darin, daß sie selbst dem Sinn des Lebens vertrauen. *Erikson* sagt: „Die Eltern müssen es nicht nur verstehen, das Kind durch Verbieten und Gewähren zu lenken; sie müssen auch imstande sein, vor dem Kind eine tiefe, fast körperliche Überzeugung zu repräsentieren, daß das, was sie tun, einen Sinn hat." [40, S. 72].

Mit der Erfordernis, sinnvolle Zusammenhänge zu erfahren, kommen wir zu einer weiteren Komponente des Heimatbegriffs, die unmittelbar mit dem Aufbau von Identität beim Individuum zu tun hat. Wenn die oben geäußerte Annahme nämlich zutrifft, daß unter „Heimat" die Entfaltung und Ausdifferenzierung von Bedingungen zu verstehen ist, die ursprünglich dem Gefühl des Geborgenseins bei der Mutter entstammen, dann ist mit dem Postulat *Eriksons*, daß die Eltern dem Kinde das Vertrauen zum Leben vermitteln, auch eine Bedingung des Heimatbegriffes gegeben: Die Erfahrung, daß das Leben Sinn macht, wohnt der Heimaterfahrung inne. Es wäre zu kurz gegriffen, wollte man hier lediglich auf die Transparenz des Stellenwertes der Dinge und Sachverhalte abheben. Um die Vertrauenswürdigkeit der Welt zu akzeptieren, braucht man nicht genau zu wissen, was groß und klein, unten und oben, nah und fern ist. Die Klassifikation der Dinge ist nicht nur als Bedingung der Identität nicht hinreichend, sie ist genaugenommen auch nicht einmal notwendig, denn das Vertrauen betrifft eine andere Ebene. Denkbar bleibt, daß bei aller Vorläufigkeit und Unangemessenheit von Aussagen über die Verhältnisse trotzdem Sinn vermittelt, Vertrauen geschaffen, Identität aufgebaut wird. An diesem Punkt berührt sich unsere Argumentation mit dem, was oben zum Begriff des Affirmativen entwickelt worden ist: Nicht ihre unbedingte Richtigkeit in der Sache schafft einer Aussage Geltung, sondern allein ihre Glaubwürdigkeit für das Kind.

„Heimat" stellt sich somit als Komplex von Erfahrungen dar, die bestätigen, daß das Leben sinnvoll und vertrauenswürdig sei. Es ist naheliegend, die in sich geschlossene, in weiten Bezügen tatsächlich autark erscheinende bäuerliche Welt als Urtypus solchen Sinnzusammenhangs aufzufassen, wie es *Huchel* in dem o. a. Gedicht gelingt. Da kann jeder Erscheinung, jedem Handgriff nach-gedacht werden — letztlich fügt sich alles ins Bild der zyklisch wiederkehrenden Bedingungs-Konstellationen, die Sinn irgendwie augenfällig machen, selbst insoweit Sinn darstellen, als hinter ihnen nur noch das Dunkel des Numinosen aufzuwallen scheint. Auch dann, wenn diese Welt nirgendwo jemals so gegeben war, hat sie doch als Bezugsfeld der Heimat-Idee und daher auch der Heimatkunde existiert, — ein ideales Konstrukt, dessen Spuren und Bruchstücke hier und da gefunden werden konnten, bis der Zugriff der industrialisierten, verwalteten Gesellschaft sich auch des letzten Winkels bäuerlicher Autarkie bemächtigt hatte. Statt nun aber den Heimatbegriff als didaktisches Bezugsfeld ganz und gar abzuschaffen, wie es zunächst überall verfügt worden ist, ist es möglich und angesichts der Bedeutung des Heimatbegriffes sinnvoll, seine Inhalte neu zu bestimmen — eine Arbeit, die sich als erstes der Heimaterfahrung in der heutigen Kindheit zu widmen hätte, um dann die Umrisse eines angemessenen Bezugsfeldes — Heimat heute — zu skizzieren.

Die Heimat-Erfahrung erscheint gegenwärtig vor allem als eine Erfahrung sozialer Bezüge, weniger als die eines Raumes, der auf bestimmte, unverwechselbare Weise geprägt ist. Wahrscheinlich hat sich so etwas wie eine Akzentverschiebung innerhalb des Heimaterlebnisses ereignet, die mit Veränderungen des gesellschaftlichen Bedingungsrahmens einhergeht. Jedenfalls wird die Einmaligkeit eines geographischen Raumes nicht mehr als unabdingbare Voraussetzung dem Begriff zugrundegelegt werden können, wie dies noch in der Heimatschul-Diskussion der zwanziger Jahre als selbstverständlich galt. Vielleicht, daß Kinder heute häufiger umziehen als früher, vielleicht auch, daß die Orte, von wo sie wegziehen, denen immer ähnlicher sind, zu denen sie hinziehen, so daß die Beziehung zu Freunden und Verwandten eine alles andere überragende Bedeutung erhalten muß. Die Situation des Umzugs von einem Wohnort an den andern ist geeignet, den Wandel der Heimat-Erfahrung zu verdeutlichen, von dem hier die Rede ist.

Herman Grimm, der Sohn von Wilhelm, schildert in seinen Lebenserinnerungen den Umzug der Brüder *Grimm* von Göttingen zurück nach Kassel, wo die Familie vorher gelebt hatte. Der kleine Herman empfand diesen Umzug als Rückkehr in die eigentliche Heimat; das fünfzig Kilometer weit entfernte Göttingen war ihm nie recht vertraut geworden, ja, er hatte die Fremdheit der Göttinger Landschaft schmerzhaft empfunden: Die Ebereschen, die im Niedersächsischen anstelle der Apfelbäume die Landstraßen säumten, die in Südniedersachsen gegenüber Nordhessen ein wenig andere Art der Fachwerkbauweise, das Fehlen der Holunderbüsche im Felde, die durch die unterschiedlichen Entfernungsverhältnisse bedingten verschiedenen Schattierungen in der Farbtönung des Landschaftsbildes, — lauter winzige Details, die das Auge eines heutigen Betrachters wahrscheinlich gar nicht mehr finden könnte, ergaben für ihn den großen Unterschied zwischen Heimat und Fremde.

Die Sensitivität für Nuancen, für Stimmungen eines Landschaftsraumes ist nicht allein die Frucht jenes geistigen Wurzelgefühles, auf das *Eduard Spranger* in „Vom Bildungswert der Heimatkunde" hingewiesen hat, sondern auch ein Niederschlag aus der jeweiligen gesellschaftlichen Situation. Die Brüder *Grimm* haben ihre Arbeit als Beitrag zur patriotischen Verankerung der Idee der deutschen Nation verstanden, und die Kultivierung des Heimatgefühls lag auf der gleichen Linie. Es ist das nostalgisch gestimmte Gefühl, das weite Kreise der Bevölkerung im Zuge der Industrialisierung und der raschen Verstädterung des Lebens mit Wehmut erfüllte und dann, im Anschluß an den verlorenen Weltkrieg, als vermeintlich autarker Restbestand deutschen Nationalbewußtseins in den Mittelpunkt der Bildungsarbeit rückte.

Während diese Arbeit unter dem Nationalsozialismus allzu oft in die Nähe der ideologischen Instrumente zur Sicherung der brutalen Herrschaft geraten war, um nach dem Zweiten Weltkireg im ursprünglichen Sinne glaubwürdig weitergeführt werden zu können, ist doch zu beobachten, daß jenes alte landschaftenbezogene Sensorium auf anderem Gebiet weitergepflegt worden ist, vermittelt zwar und vielfach gebrochen, aber bei aller Verfremdung doch deutlich als beherrschender Gegenstand der deutschen Literatur.

Die Beschwörung verlorener Landschaften, die Suche nach den durchgeistigten Räumen, die einmal Heimat waren, und das grübelnde, bohrende Nachforschen nach dem Sinn des Verlustes — das umreißt den Inhalt der Romane, Novellen, Anekdoten und Gedichte vieler maßgeblicher deutscher Schriftsteller nach dem Zweiten Weltkrieg. Erinnert sei nur daran, wie sich *Günter Grass* am Thema „Danzig" abgearbeitet hat, oder *Siegfried Lenz* an der masurischen Region, oder auf geradezu unheimliche Weise *Johannes Bobrowsky,* der mit dem Entwurf eines Raumes, den es so nie gab, eine spirituelle Landschaft beschwor, der die Klage innezuwohnen scheint, daß Heimat anders als in Träumen nicht wirklich sein könne: Sarmatien.

Es ließe sich anhand von Vergleichen zeigen, daß derartige Aufarbeitung verlorener Heimat eine Eigenheit deutscher Literatur ist. Für unsere Erörterung ist nun vor allem die Schlußfolgerung von Interesse, daß die Tradition der Heimatpflege auf einem Gebiet fortgeführt wird, das für die Grundschule nur wenig relevant ist. Die Heimaterfahrung der gegenwärtig heranwachsenden Generation, Bezugspunkt unserer Überlegungen, muß **aufs Neue entdeckt werden.**

Spricht man mit Kindern, die vor kurzem umgezogen sind, etwa aus einem Innenstadtgebiet in eine der charakteristischen Wohnsiedlungen, die überall am Rande der Städte entstanden sind, über ihre Hoffnungen und Wünsche im Hinblick auf die neue Heimat, so tritt typischerweise stets die Sorge in den Vordergrund, ja auch gute Freunde zu finden. Heimat wird von ihnen vor allem als der Ort empfunden, an dem Menschen leben, mit denen man besonders verbunden ist. Es ist eine Erfahrung, die auch viele ihrer Eltern im Flüchtlingselend nach dem Zweiten Weltkrieg gewonnen haben: Wichtiger als die Geographie ist zuletzt das Netz der Familie und der sozialen Beziehungen, von denen irgendwo jeder unmittelbar abhängig ist.

Die Ruhelosigkeit, die *Vance Packard* in seiner bekannten Studie als kennzeichnendes Symptom der Krise der amerikanischen Gesellschaft beschrieben hat [104], muß auch als Merkmal bundesdeutscher Sozialerfahrung gelten. In mancher Hinsicht sind wir eine Nation von Migranten geworden; dies gilt vor allem dann, wenn man die Entfernungen zwischen Wohn- und Arbeitsstätte mit veranschlagt, — eine Form der Mobilität, die auch im Schulwesen einen Niederschlag gefunden hat: Wie sollen Kinder etwa ihr Heimatdorf im Unterricht kennenlernen, wenn die Schule in der zehn oder zwanzig Kilometer entfernten Kreisstadt liegt, und ihre Klassenkameraden aus ganz anderen Ortschaften mit dem Schulbus herangefahren werden?

Die Standardisierung der Gegenstände und Sachverhalte, die dem Leben überall den Stempel des Gleichen aufdrückt, und die daraus resultierende Gleichförmigkeit von Wohnräumen und Tagesabläufen machen das Umziehen ebenfalls leichter: Überall spielt sich eh das Gleiche ab, so daß die Hoffnung auf neue Impulse, auf Geborgenheit und auf die Erfahrung sinnvollen Daseins allein an den neuen Gesichtern hängenbleibt, denen man begegnet.

Mir ist die weitgehende Entwurzelung von allen geographischen Bezügen während meiner Tätigkeit als „Host Nation Teacher" an einer Elementarschule der US-Streitkräfte deutlich geworden. Viele Kinder, die ich dort über „deutsche Sprache und Kultur" unterrichtete, hatten vorher an ein oder zwei anderen Stützpunkten der amerikanischen Luftwaffe gelebt, von Taiwan bis England, von der Türkei bis nach Alaska. Soll man es als überraschend betrachten, wenn die Besonderheiten der jeweiligen Kultur und Landschaft sie nicht besonders zu berühren schienen, nur gerade etwa bis zur Erinnerung reichten, daß Eskimokinder dauernd mit einem Stück Speck im Munde herumlaufen? Der Raum, in dem sie sich wirklich bewegten, war zwar reduziert, gewissermaßen auf einen Ausschnitt des Gesamtbildes beschränkt — die gleichen Raumformen mit den gleichen Möbeln, die gleichen Fliegengitter vor den Fenstern, die gleichen Schulbusse, das gleiche Mobiliar in den Klassenräumen von den Metallpulten bis zur Flagge in der Ecke, den an der Wand montierten Bleistiftspitzern und den Filzziegeln, mit denen die Tafeln gewischt werden —, aber diese Welt aus dem Baukasten des Pentagon bot in ihrer Gleichförmigkeit auch ein Stück Sicherheit vor der wechselhaften und als bedrohlich wahrgenommenen Szenerie draußen vor dem Fenster. Ich habe mich in jener Welt, in der ich als Vermittler meiner Sprache und Kultur fungieren sollte, oftmals überflüssig gefühlt. Was ich zeigen wollte — die Schönheit der Gestalt des nahen Rheintals, die Atmosphäre der alten Städtchen im Taunus und im Odenwald beispielsweise — schien sich den Möglichkeiten der didaktischen Vermittlung zu entziehen. Die räumliche Erfahrungsbasis der Kinder war zu schmal, als daß sie hätten erfassen können, was nur auf dem Wege jahrelanger Lebens- und Lernprozesse zu gewinnen ist: die geistige Dimension des Raumes. Wo die Basis im eigenen Leben fehlt, läßt sie sich durch Exkursionen, Lichtbildervorträge, Erzählungen nicht kurzfristig herstellen. Und nur dort, wo sie einmal auf dem Wege der Erfahrung aufgebaut worden ist, kann sie durch Vergleich und Übertragung weitergebaut werden. So ist mein Verständnis für fremde Landschaftsräume, die von Menschen arbeitend eingerichtet worden sind — von den terrassierten Hügeln der Toskana bis zu den klar gegliederten Siedlungen weißer Clapboard-Häuser in Neuengland — am Ende abhängig von der Qualität der grundlegenden Raumerfahrung meiner Kindheit.

Aber die Befähigung zur geographischen Hermeneutik liefert den entscheidenden Einwand dagegen noch nicht, daß man die Verlagerung des Akzents innerhalb der Heimaterfahrung von den räumlichen zu den menschlichen Bezügen bedenkenlos akzeptieren sollte. Wichtiger ist die Überlegung, daß Raum- und Sozialerfahrungen miteinander verflochten sind. Wollte man die eine Seite eliminieren, so müßte auch die andere leiden. Hier liegt das Hauptargument von *Packards* Plädoyer in seiner o. g. Studie: Entwurzelung hört nicht beim Raume auf, sondern führt folgerichtig zu Verwahrlosungserscheinungen. Deshalb musse man den Menschen Gelegenheit geben, über ein Stück Raum zu verfügen, es selbst zu verändern, sich seßhaft zu machen und „Wurzeln zu schlagen".

Die Vernachlässigung des Raumbezuges bei der Heimaterfahrung geht mit der Vernachlässigung sozialer Bezüge Hand in Hand — so könnte man *Packards* Beobachtungen zusammenfassen. Der Satz enthält eine Bestätigung unseres Verständnisses des Heimatbegriffes, der eine innere Dimension umfaßt, die mit dem Begriff „Mutter" korrespondiert, und eine äußere, die aus den tatsächlichen Überlebensbedürfnissen der Gattung im Lauf der Entwicklungsgeschichte hervorggangene ist und auf die optimale Einrichtung des Raums abzielt: Insofern, als beide Dimensionen aneinandergekoppelt sind, wird man die eine nicht gegen die andere ausspielen können.

Zur Bestätigung der Wechselseitigkeit ist auch geeignet, was in diesen Jahren nahezu überall an den Kindern der Arbeitsemigranten beobachtet werden kann. Diese Kinder, die unsere Schulen besuchen, manchmal neben deutschen Kindern sitzen, meist aber durch bildungsorganisatorische Maßnahmen von diesen getrennt unterrichtet werden, wissen nicht, ob sie hier zu Hause sind oder in dem anatolischen Bergdorf, aus dem die Familie ursprünglich stammt, oder in der Hüttensiedlung am Rande von Ankara, wo sie zuletzt lebten, bevor sie hierher kamen, bevor ihre Eltern hier eine vielleicht gutbezahlte Arbeit fanden, aber ihre Kinder weitgehend sich selbst überlassen müssen.

Am günstigsten scheinen immer noch diejenigen davonzukommen, die ihre Kindheit unter wie auch immer ärmlichen Umständen an einem Ort verbracht haben, den sie als „Heimat" bestimmen konnten, bevor sie in die Bundesrepublik umgezogen sind. Sie haben nämlich einen Bezugspunkt gewonnen, von dem her sie alles ermessen können, was später geschieht. Deshalb ist die Beharrlichkeit verständlich, mit der sich solche jungen Leute als Türken, Jugoslawen oder Portugiesen selbst dann definieren, nachdem sie scheinbar vollkommen integriert sind, was Sprache und äußeres Verhalten betrifft. Es ist, als ob das Recht der Menschen, auf diesem Planeten zu leben, von jedem einzeln während der Kindheit in einem Lernprozeß erworben werden müßte. Schlimm ergeht es denen, die diese Erfahrung nicht gewinnen können, „Kinder zwischen zwei Welten" [27], wobei die räumliche Heimatlosigkeit der Unentschiedenheit der erwachsenen Bezugspersonen entspricht. Der doppelte Verlust an Identität macht die betreffenden Kinder nicht nur zu „Analphabeten in zwei Sprachen" (Filmtitel), sondern auch zu Menschen, die im Innersten verunsichert sind. Es gibt Spekulationen über das eventuelle Entstehen einer neuen Form der Identität, die auf den Wechsel zwischen verschiedenen Kulturen hin angelegt ist. *Erikson* bezeichnet sie als „proteische" Identität [41], und zeigt, wie wir alle, die in modernen Industriegesellschaften leben, den Keim dazu irgendwie in uns tragen. Zu befürchten bleibt, daß diese neue Identität mit ihrer letztlich abstrakten Qualität nur den wenigsten erreichbar ist. Auf der Strecke werden die Massen derer bleiben, die im Fegefeuer zwischen den Kulturen verharren.

Selbst die jüdische Kultur, die es wie keine andere verstanden hat, die äußere, räumliche Komponente der Heimaterfahrung durch die Betonung der sozialen Komponente des Familienlebens aufzuwiegen, hat den Heimatbegriff in seinem geographischen Gehalt nicht etwa überwunden, sondern ihn im Gegenteil glorifizierend erhoben, indem die Sehnsucht nach Heimat, die Hoffnung, sie zu finden, den entscheidenden spirituellen Motor, den Gegenstand des permanenten Handels mit Gott bildet. Daß diese Arbeit der jüdischen Kultur ihren kulturellen Rahmen sprengt und allen einen Gewinn bringt, indem der Heimatbegriff die Oberfläche des Vordergründig-Konkreten transzendiert, macht auf grandiose Weise nochmals der Schlußsatz aus *Ernst Blochs* Werk „Das Prinzip Hoffnung" deutlich:

„Die Wurzel der Geschichte aber ist der arbeitende, schaffende, die Gegebenheiten umbildende und überholende Mensch. Hat er sich erfaßt und das Seine ohne Entäußerung und Entfremdung in realer Demokratie begründet, so entsteht in der Welt etwas, das allen in die Kindheit scheint und worin noch niemand war: Heimat." [7, S. 1628]

Wir erkennen, daß im Heimatgefühl nicht allein die Saite der nostalgisch schwelgenden Erinnerung an eine mehr oder weniger „verklärte" Kindheitserfahrung zum Schwingen kommt, sondern auch die Sehnsucht nach einer noch zu schaffenden Geborgenheit im Gegenwärtigen. Es ist jener prospektive Zug, der schon in den ersten Bildern utopischer Heimatentwürfe begegnet, — die Tradition eines progressiven Heimatverständnisses, die unter den rückwärtsgewandten Versatzstücken der alten Heimatkunde lange Zeit verschüttet war, und die angesichts der gegenwärtigen Probleme aus Notwendigkeit aufgegriffen werden müßte.

Konkret wird diese Heimat-Utopie beispielsweise am Ende des erschütternden Berichts von Christiane F., „Wir Kinder vom Bahnhof Zoo", wo die Sehnsucht nach Geborgenheit im Raum sich an einem abseits in Schleswig-Holstein gelegenen Gebiet festmacht:

„Das Geilste aber ist unsere Kalkgrube. Ein wahnsinniges Loch mitten in der Landschaft. Fast einen Kilometer lang und 200 Meter breit und bald 100 Meter tief. Die Wände sind senkrecht. Es ist sehr warm da unten. Kein Wind. Unten wachsen Pflanzen, die wir sonst noch nirgends gesehen haben. Unheimlich klare Bäche fließen durch dieses Wahnsinns-Tal. Und aus den Wänden kommen Wasserfälle. Das Wasser färbt die weißen Wände rostrot. Überall liegen weiße Brocken rum, die aussehen wie die Knochen von Urtieren und vielleicht auch Mammutknochen sind. Der riesige Bagger und die Förderbänder, die am Alltag einen nervenden Lärm machen, sehen an den Wochenenden aus, als lägen sie schon seit Jahrhunderten still. Der Kalk hat sie auch längst weiß gemacht.
Wir sind ganz allein in diesem Wahnsinnstal. Vor der übrigen Welt liegen ringsum die senkrechten Kalkwände. Es kommt kein Geräusch von draußen rein. Das einzige Geräusch machen die Wasserfälle.
Wir stellen uns immer vor, daß wir die Kalkgrube kaufen, wenn die Förderung eingestellt wird. Wir wollen uns Blockhäuser da unten bauen, einen Riesengarten anlegen und Tiere halten und alles da haben, was man zum Leben braucht. Den einzigen Weg, den es aus der Grube gibt, wollen wir wegsprengen.
Wir hätten sowieso keinen Bock, je wieder nach oben zu gehen." [43, S. 333]

Es liegt nahe, diesen Wunsch nach Abkehr von einer Gesellschaft, die als destruktiv erfahren worden ist, ausschließlich vom Kompensationsbedürfnis des Mädchens her zu interpretieren. Aber ihrer Utopie wohnt auch der Traum nach jenen Verhältnissen inne, die *Bloch* mit dem Begriff der „Naturallianz" bezeichnet hat; es geht darum, konkret vorhandene Plätze so einzurichten, daß dort die Möglichkeit einer Harmonie zwischen Gesellschaft und Natur aufscheint.

Dubos in dem oben erwähnten Buch „The Wooing of Earth" weist darauf hin, daß solche Arbeit schon immer geleistet worden sei: Die Knicklandschaften in Norddeutschland und England, das Netzwerk der Grachten und Kanäle, das die Niederlande prägt, die Bergdörfer im Mittelmeerraum, die chinesische Wasserkultur mit ihren von Menschenhand geschaffenen Hügeln — das Gesicht all dieser Landschaften ist das Ergebnis langfristiger und unablässiger menschlicher Mühen, eine tragfähige Balance zwischen den Bedingungen der Natur und dem Kulturstreben herzustellen. *Dubos* bemerkt dazu:

„Die Passung, die diese Plätze zwischen der ansässigen Bevölkerung und der Natur darstellen, ist die Grundlage für ihre Bezeichnung als ‚Heimat': Der Katalysator, der eine bloße Umwelt zu einem Heimatort werden läßt, liegt im Prozeß einer tiefen Erfahrung — nicht als auf ein Objekt, sondern als auf einen lebenden Organismus bezogen. Die Passung wird erst nach langsam fortschreitenden wechselseitigen Anpassungen erreicht und bedarf deshalb zu ihrer Voraussetzung einer gewissen Stabilität der Beziehungen zwischen Personen, Gesellschaften und Orten." [38, p. 113, Eigenübersetzung]

Wir erkennen die Möglichkeit, den Heimatbegriff mit einem ökologischen Sinn zu füllen: Heimat ist das stets erst Herzustellende, der Platz, an dem Naturallianz aufscheint; aber die Möglichkeit setzt stets voraus, daß Heimat bereits in dem von Menschen gestalteten Raum — wie auch fragmentenhaft und vorläufig — erfahrbar sei.

Welche Folgen ergeben sich für die Didaktik des Sachunterrichts? Einerseits gibt es das Heimatbedürfnis als individuelle Disposition der Kinder, andererseits ist Heimat ein gesellschaftliches Problem: Nicht allein ihrer projektiven Aspekte wegen, die sie zu einem utopischen Ziel-Ort machen, sondern wegen des fortschreitenden Verlusts an Gelegenheiten, Heimat-Erfahrung zu gewinnen. Durch handelndes Lernen, so lautet unser Refrain, werden die Interessen der Kinder mit den Problemen der Gesellschaft vermittelt. Überblickt man den Vorrat an geeigneten Aktivitäten für den Sachunterricht der Grundschule, so zeigt sich ein Spektrum, das vom Entwurf individueller Heimat-Räume bis zur Bearbeitung typischer Themenstellungen aus der Heimatkunde unter ökologisch bestimmter Perspektive reicht. Doch bleibt dies alles im Bereich mittelbarer Heimat-Erfahrung, setzt also eigentlich als vorhanden voraus, was gerade zu fehlen scheint. Deswegen werden wir schließlich auch die Frage zu erörtern haben, ob Schule etwa selbst zur Heimat werden könne.

Wie tief das Bedürfnis nach Heimat unter den Schulanfängern verankert ist, ist an der Masse von heimatbeschwörenden Bildern ablesbar, die sie produzieren, und die als künstlerischer Gemeinplatz jedermann bekannt sind: Ein Haus, ein Garten, eine Sonne am Himmel, oft Rauch aus dem Schornstein, oft ein Gesicht am Fenster. „Das bin ich", sagt das Kind, das sich in diese komfortable Geborgenheit hineingemalt hat, auch dann, wenn es in Wirklichkeit unter Verhältnissen lebt, die von der abgebildeten Idylle weit entfernt sind, im Hochhaus oder im sog. „Kinderheim" (— einer Bezeichnung, die in den meisten Fällen nur als Euphemismus begreifbar ist).

Das Haus mit den freundlichen Fenstern ist also vor allem Abbild einer Idee, eines Wunschraumes, und damit ein respektables Sujet der Kunsterziehung. Das didaktische Problem besteht dabei darin, die starre, geradezu ritualisierte Reproduktion des ewig Gleichen zu durchbrechen, ohne den geistigen Gehalt derartiger Phantasien abzuschneiden.

Ein Gegenstand, dem sich Kinder im dritten und vierten Schuljahr bezeichnenderweise gerne widmen, ist der Entwurf einer Insel. Als Aufgabe kann eine Traum-Situation angedeutet werden, die den Bedürfnissen nach weitgehender Autarkie, einem harmonischen Zusammenleben mit Pflanzen und Tieren und einer idealen Raumgestalt entgegenkommt, die konstitutiv für die Heimat-Vorstellungen der meisten Menschen sind: „Stell dir vor, du hast eine Insel! Wie soll das Land aussehen? Wie willst du dort leben?" Kinder zeichnen Inseln, ein Stück phantastisches Land mitten im Meere, nach eigenen Wünschen gestaltet, für sich oder in kleinen Gruppen auf großen Makulaturbögen. Es sind individuelle Utopien, Lebensentwürfe, eine eigene Art von Heimatvorstellung, die der Erläuterung durchs Wort meistens bedarf, gegenseitiges Zuhören, Einander-Anregen, Miteinander-Phantasieren in Gang setzen kann.

Im Mittelpunkt steht die Frage nach der autarken Lebensweise; viele Kinder sehen sich als Bauern, auch dann, wenn man nach ihren Wunschberufen fragt. „Ich möchte Bäuerin sein, ganz viele Tiere haben, und eine ganz wichtige Arbeit machen", sagt die neunjährige Inga in Hamburg-Bahrenfeld, und ihre Klassenkameraden nicken dazu. Überraschend für viele von uns, die an der Lebensweise des Landwirts wenig Erstrebenswertes finden, aber verständlich vor dem Hintergrund des Kinderlebens im städtischen Wohngebiet, dem die Familie im Urlaub auf dem Bauernhof in Dänemark oder Österreich entflieht.

An dieser Stelle werden Inhalte der Heimatkunde als Anknüpfungspunkte sichtbar. Die bäuerliche Arbeits- und Lebensgemeinschaft, das wesentliche Bezugsfeld heimatkundlicher Thematik, hat neue Aktualität gewonnen. Aber die Perspektive, unter der dies Feld betrachtet und erarbeitet wurde, hat sich verändert. Eine neue Akzentuierung ist notwendig geworden. Nicht länger kann der nostalgische Blick auf Spinnstubenromantik, Dorfgemeinschaft, Sitte und Brauch, die Idee zyklischer Wiederkehr anstelle von Geschichte die Art und Weise der Betrachtung bestimmen. Die Verklärung des Vergangenen, die stets ein Reflex auf den zunehmenden Verlust der Autonomie und die wachsende Entfremdung unter den industrialisierten Produktionsverhältnissen war, kann für sich wenig bieten. Die Situation der Heimatkunde zwischen den Weltkriegen war dadurch gekennzeichnet, daß man alles Alte zusammentrug, als ob es für die tatsächlich herrschenden Verhältnisse von entscheidend wichtiger Bedeutung sei, während der in Wahrheit unverbindliche, allenfalls im Heimatmuseum zu Buche schlagende Wert solcher Arbeit den meisten gleichzeitig bewußt war. In der heutigen Situation kommt es dagegen darauf an, die alten Lebensverhältnisse im Hinblick darauf zu untersuchen, was man für die künftige Gestaltung des Lebens davon lernen kann.

Hier öffnet sich ein weites Feld, das im einzelnen gründlich bearbeitet zu werden verdiente, denn die thematische Kontinuität von Heimatkunde und Sachunterricht würde dem Lernbereich erst das didaktische Gewicht geben, das seine bildungspolitische Festigkeit begründete, ganz abgesehen von dem persönlichen Leiden vieler älterer Kolleginnen und Kollegen, deren didaktisches Arbeitsgebiet „Heimatkunde" mit dem Beginn der siebziger Jahre zerschlagen worden ist: Daß die Diskussion zwischen den Generationen damals faktisch abgeschnitten wurde, ist eine Torheit der sog. Bildungsreform in der Bundesrepublik Deutschland gewesen.

Eine Verbindungsstelle besteht in der ökologischen Betrachtung des Verhältnisses von Gesellschaft und Natur. Es ist unbestritten, daß in der landwirtschaftlichen Nutzung des Landes, die in Westeuropa über Jahrtausende hin etabliert worden ist, eine ökologisch sinnvolle Idee realisiert wurde, in der Aspekte der aktuellen Zielvorstellung einer „Naturallianz" aufscheinen. Althergebrachte Techniken des Land- und Gartenbaus, wie z. B. Kompostierung, Drei-Felder-Wirtschaft, Gründüngung u. a. gewinnen im Rahmen der überall kontrovers diskutierten Fragen um den industrialisierten und den ökologischen Landbau neue Relevanz. Die weitgehend vorhandene Autarkie des alten Bauernhofs, mit den Hunderten von schönen handgefertigten Gerätschaften, die dabei gebaut und verwandt worden sind, stellt für sich ein reizvolles Thema dar, das unter dem Gesichtspunkt einer dezentralisierten Gesellschaftsordnung im Rahmen des Zieles „Antizipation" enthalten ist —, eines Richtzieles, das für die weltweite Neuorientierung der Didaktik maßgeblich werden könnte (vgl. [105]).

Das Thema kann in den Heimatmuseen vieler Orte studiert werden, etwa auch ausgebaut zu einem Vergleich der Lebens- und Arbeitsbedingungen früher und heute, wobei die Vielschichtigkeit des Modeworts von der „Lebensqualität" zu zeigen wäre.
Bei einem Gegenstand aus dem traditionellen Themenkanon der Heimatkunde wird die Möglichkeit, neue Impulse aus dem Althergebrachten zu beziehen, besonders deutlich: „Hausbau" bietet Ansatzpunkte für eine ästhetisch und baubiologisch begründete Renaissance der alten Techniken, die mit Kindern untersucht werden können. Ein Vergleich der alten mit den neuen Häusern in ländlichen Gebieten macht die Abhängigkeit der alten Häuserbauer von den Baustoffen augenfällig, die in der unmittelbaren Umgebung zu finden waren: Holz vor allem in Waldgegenden, das zu Balken und Fachwerkgestellen verarbeitet, deren Gefache mit einem korbartig geflochtenen Gewinde und Lehm ausgefüllt wurden; zu Quadern behauener Sandstein, kunstvoll verfugter Bruchstein gaben die Grundmauern, Schiefer, wo er zu finden war, deckte das Dach, das in Gebieten mit besonders rauher Witterung weit über die Seiten des Hauses heruntergezogen war, oder Reet, oder Ziegel, Biberschwänze, Pfannen, Mönch und Nonne, usw. Dagegen sind die neuen Häuser aus Baustoffen, die überall gleich sind, aus Fabriken kommen, oft von weit her, und Kunstnamen haben, wie Ytong, Rigips, Heraklit, Eternit usw. Das Fundament der neuen Häuser besteht überall aus Beton: überall wird erst eine Grube gegraben, dann eine Verschalung errichtet, ein Eisengeflecht eingebaut, die Mischung aus Zement, Kies und Wasser eingegossen usw.
Ein Vergleich der alten mit den neuen Bauten kann mit Hilfe von Exkursionen in Museumsdörfer, Modellbauten — es gibt beispielsweise Fachwerkbaukästen — u. a. m. auch für Grundschulkinder mit einiger Gründlichkeit durchgespielt werden. Die wirtschaftlichen und bautechnischen Gesichtspunkte, die sich dabei als Vergleichsmaßstäbe aufdrängen, werden durch Kriterien ergänzt, die zwar weniger zur Quantifizierung geeignet sind, aber um so eher die qualitative Komponente des Verhältnisses der Kinder zu Haus und Heimat treffen: Welches Haus ist das gemütlichere? In welchem haben die Bewohner mehr Platz? In welchem können Kinder besser spielen? In welchem könnten die Bewohner leichter einen Nagel in die Wand schlagen? Bei der Bearbeitung solcher Fragen tauchen im Gespräch Vorstellungen über die Gestalt des heimatlichen Nahraums auf, werden unterschiedliche Möglichkeiten seiner Einrichtung diskutiert, und damit probeweise unterstellt, daß dieser Raum entsprechend den Vorstellungen der Bewohner gestaltet werden könnte, — was längst nicht allen Kindern selbstverständlich ist.
Der Vergleich kann die ästhetische Seite betonen, indem die Schönheit alter Holzbalken und algenbewachsener Steine herausgestellt wird (mit Hilfe von Fotos und Zeichnungen), oder kleine Ausschnitte des Raumes, in denen quasi naturgegebene Arrangements sichtbar werden, gesammelt werden. Derartige „Kleinodien" sind an Häusern alter Bauweise eher zu finden als an neuen: Eine Wildpflanze vor der Mauer, ein knorriger Apfelbaum am Staketenzaun, das ausgewaschene Silbergrau einer verwitterten Holzbohle, Gras zwischen den Sandsteinstufen, die schlichte und perfekte Form einer alten Tür usw.
Eine reichhaltig bebilderte Arbeitshilfe für derartige Vergleiche bietet die Schrift von *Dieter Wieland:* „Bauen und Bewahren auf dem Lande" [146].
Der naheliegende Einwand, daß Kinder des Grundschulalters noch kein Gespür für derartige ästhetische Kategorien entwickelt haben, trifft nur zu einem Teil, nämlich insofern, als ihnen diese Art und Weise, zur Umwelt in Beziehung zu treten, vorenthalten worden ist. Sie sind meistens Anfänger auf dem Gebiet kritischen Sehens, und vielen von ihnen wird diese Betrachtungsweise zeitlebens vorenthalten. Wie anders sind die teuren Scheußlichkeiten zu erklären, die Plastikschindeln, Glasbausteine und Metallhaustüren, die unsere Dörfer verschandeln? Wer einmal erlebt hat, wie Kinder gegenüber leuchtenden Lackfarben dann doch dezente Naturfarben spontan bevorzugten, wird sich überlegen, ob nicht vieles von dem, was üblicherweise für typisch kindlich gilt, das Resultat gesell-

schaftlicher Vermittlung ist, — ein sich selbst erfüllendes Vorurteil. In Japan, wo jene verhaltene Eleganz alter Dinge, die gleichsam in die Natur zurücksinken, mit dem Schönheitskonzept „shibui" bezeichnet und hochgeschätzt wird, ist die Wahrnehmung der Kinder bereits von diesem Schönheitsbegriff geprägt. Unter diesem Blickwinkel entfaltet die Bearbeitung der Heimatidee im Unterricht eine geradezu subversive Kraft: Indem wir Loyalitäten für einen heimatlich-gemütlichen, kinder- und menschengerechten und die Würde der Schönheit berücksichtigenden Wohn- und Lebensraum wecken, wächst die Distanz zur Enge und Sterilität dessen, was weithin immer noch gültige Norm des Wohnens ist. Die alten Verhältnisse sind dabei nicht das Museal-Verstaubte, sondern augenfälliger Beweis für die Realisierungsmöglichkeit des Traumes von Heimat.
Nun muß man auch die Tatsache im Auge behalten, daß die Vorstellungen der Kinder auf Erfahrungen beruhen, die ihren Ort außerhalb der Institution Schule haben. Der Anspruch der Schule, dies aufzugreifen und in Arbeit zu nehmen, trifft insofern nur die halbe Sache, als die Schulerfahrung der Schüler Teil ihrer Lebenserfahrung ist. Hinzu kommt, daß Heimaterfahrung in der außerschulischen Lebenswirklichkeit der Kinder immer seltener gewonnen werden kann, also außer in Gestalt diffuser Sehnsüchte (— wie sie in dem o. a. Zitat von Christiane F. zum Ausdruck kommen —) kaum noch zum Vorschein kommt. Deswegen stellt sich die Frage wie von selbst, ob die Schule als Erfahrungsraum einen Ersatz für die abhanden gekommene Heimaterfahrung geben kann. Spielt man diesen erweiterten Anspruch in Gedanken einmal durch, so kommt als erstes die Einrichtung des Raumes in den Sinn: Um entsprechende Erfahrungen zu ermöglichen, müßte es Nischen und Winkel geben, in denen einzelne Kinder sich in ihre Beschäftigungen vertiefen könnten, ohne der dauernden Beobachtung und Begutachtung durch andere ausgesetzt zu sein; außerdem müßte die lustvolle Seite der Arbeit betont werden, was in Gestalt von weichen Sitzmöbeln, Teppichen usw. in der Einrichtung einen Niederschlag finden müßte; die räumlichen Rahmenbedingungen würden selbstverständlich ihr Pendant in der inneren Struktur des Unterrichts finden müssen; die Fächertrennung müßte aufgehoben werden: *Peter Fürstenau* in seiner bekannten Arbeit über „Psychoanalyse der Schule als Institution" [47 a] hat darauf hingewiesen, daß die Aufteilung der Wirklichkeit in Fachperspektiven die Voraussetzung für die Elimination starker, intensiver Gefühle im Unterricht darstellt, daß erst die Isolation dem ritualisierten Unterrichtsverlauf ermöglicht. Umgekehrt, so wäre zu folgern, bringt der Verzicht auf jede Systematik jene starken, intensiven Gefühle zum Tragen, die aus den Lebenszusammenhängen erwachsen.
Die Aufhebung der Sterilität des Unterrichtsbetriebes wäre erst ein Anfang; das entstehende Gefühl, daß „alles geht", brächte die Schüler dazu, ihre persönlichen Ängste und Wünsche zu äußern; eine Affinität zu gesprächstherapeutischen Ansätzen ergibt sich; usw. Kurzum, die Unterrichtsveranstaltung wäre umdefiniert, sozusagen bis zur Unkenntlichkeit verändert, wenn man Schule entsprechend dem Postulat konsequent verändern wollte, daß sie selbst Heimaterfahrung ermöglichen müsse.
Es bleibt die skeptische Frage, wie weit Schule als Instrument zur Bearbeitung und planvollen Anwendung menschlicher Erfahrung überhaupt brauchbar wäre, nachdem sie lediglich dem Gesichtspunkt lustvoller Geborgenheit gerecht zu werden strebte. Der Unterschied zu anderen Einrichtungen, wie beispielsweise sog. Kinderhäusern, macht die inneren Grenzen der Institution Schule deutlich. Kinderhäuser, die vormittags als Kindergarten und nachmittags als Kinderhort für Schulkinder dienen, fungieren faktisch wie ein Heimatraum. Besucht man ein solches Haus, etwa das Kinderhaus des Deutschen Kinderschutzbundes in Itzehoe, das auf private Initiative zustandegekommen ist, sich den Kindern der untersten Schichten und der Arbeitsmigranten widmet, und in einer alten Baracke untergebracht und mit tausend alten Möbeln, Teppichen, Bildern und Geräten anheimelnd eingerichtet ist, so empfindet man spontan: Dieser Ort ist da, damit

man miteinander reden, etwas spielen, basteln, nichtstun kann. Dies scheint nun auch genau der Weg zu sein, um die Kinder beispielsweise der türkischen Arbeitsmigranten zu integrieren, wenn Integration nicht ausschließt, das Anders-Sein des Anderen zu akzeptieren, — viel eher, als irgendwelche unterrichtsorganisatorische Sondermaßnahmen es je vermöchten.

Andererseits wird auch deutlich, daß die Leistung der Schule und des Unterrichts auf einem andern Gebiet liegt. Auch wenn ihr das bedingungslose Wohlgefallen als Kennzeichen heimatlicher Geborgenheit nicht zu fehlen braucht, so zielt sie zuletzt doch auf die Anstrengung des Begriffs, auf Systematik und Klarheit, auf einen Beitrag zur menschlichen Arbeit.

Sie wird das, worauf die Erfahrung von Heimat beruht, allenfalls als eine zusätzliche Leistung bieten können. Mag sein, daß Lehrerinnen und Lehrer angesichts des wachsenden Ausmaßes allgemein herrschender Entfremdung diese zusätzliche Aufgabe zu übernehmen haben werden.

Eine Lehrerin pflegte mit ihrer Grundschulklasse das Schulgelände zu verlassen, um einen in der Nähe gelegenen, völlig verwilderten Hügel zu besuchen. Dort wucherten Wildpflanzen, unter denen die Kinder spielen oder das Nichtstun üben konnten. Manche begannen hier, mit der Lehrerin über ihre persönlichen Nöte zu reden, aber es gab keinen Unterricht. Im Lauf der vierjährigen Grundschulzeit wurde der Gang zu „unserem Hügel", wie die Kinder den Platz bald nannten, zu einer dauerhaften Einrichtung. Im vierten Schuljahr begannen die Kinder, auf dem Hügel kleine Bäume einzupflanzen. Im folgenden Jahr wurde das brachliegende Land von einem Bauern gepachtet und als Ackerland umgepflügt.

Die sexuelle Disposition als Gegenstand des Sachunterrichts

Zu den Problemen, Trieben, Impulsen, die das Interesse des einzelnen Menschen bestimmen, gehört ursprünglich die sexuelle Disposition. Wie auch immer gesellschaftlich vermittelt und durch die Filter der Wahrnehmung gebrochen — hier ist ein wesentliches Motiv menschlichen Handelns gegeben, und durch die vor allem mit dem Namen *Sigmund Freuds* verbundenen Studien haben einsichtige Erwachsene die Vorstellung von der kindlichen Sexualität akzeptieren gelernt.

Unter didaktischer Perspektive geht es vor allem darum, die Möglichkeiten herauszufinden, die im Unterricht gegeben sind, um die Sexualität der Kinder zum Ausgangspunkt für eine Entwicklung zu machen, die dem einzelnen in seinem Leben Erfüllung geben und zugleich den Grundbedingungen des gesellschaftlichen Fortbestands gerecht werden kann, ohne die Weiterentwicklung des Verhaltens in den sexuellen Beziehungen zu verhindern. Nun ist die Sexualerziehung seit Jahren im Lehrplan der Schulen verankert; was die Grundschule angeht, so gilt „Sexualkunde" traditionsgemäß als Bestandteil des Sachunterrichts — eine Zuordnung, die mit der vorwiegend humanbiologischen Ausrichtung der betreffenden Themen einhergeht. Auch innerhalb unserer auf die Lebenserfahrung der Schüler bezogenen Begründung des Sachunterrichts gehört die Bearbeitung des sexuellen Erfahrungsbereiches hierher, aber es ergeben sich andererseits weitreichende Unterschiede zur vorherrschenden Praxis der Sexualkunde, obgleich die Erfordernis von kursartigen Unterrichtsabschnitten zugestanden sei, die dem dienen sollen, was man lange Zeit als „Aufklärung" zu bezeichnen pflegte.

Abgesehen nämlich von den curricularen Mängeln bei der Koordination derartiger Sexualaufklärung auf den verschiedenen Schulstufen, ja in verschiedenen Jahrgangsklassen ein- und derselben Schule — ich kenne Schüler, die drei- und viermal nacheinander auf ziemlich gleiche Weise über in der Standardsprache akzeptable Bezeichnungen der Geschlechtsorgane „aufgeklärt" wurden —, ist es vor allem die Reduktion auf einzelne Unterrichtseinheiten, die unter dem Gesichtspunkt eines erfahrungsbezogenen Ansatzes als wenig sinnvoll erscheint. Aufklärung, die eine Antwort auf die wirklichen Lernbedürfnisse der Schüler gibt, müßte gelegentlich der von ihnen geäußerten Befürchtungen und Vermutungen ansetzen. Dies würde bedeuten, daß die Lehrerin / der Lehrer die Kinder gut genug kennt, um derartige Bedürfnisse überhaupt erfassen zu können. Außerdem ist eine besondere Lernatmosphäre vorausgesetzt, die als nicht bedrohlich wirkende Umgangsweise bezeichnet werden kann. Diese atmosphärische Voraussetzung ermöglicht den einzelnen ja erst die Öffnung des Bereichs ihrer Erfahrung, der für „intim" gilt und weithin mit einem Tabu belegt ist. Was oben über das Bedürfnis nach Heimat und Affirmation entwickelt wurde, umreißt zugleich auch die Rahmenbedingungen einer Sexualaufklärung nach Maßgabe des Bedürfnisses der Betroffenen. Und schließlich sollten weitere Bedingungen erfüllt sein, die in der Persönlichkeit der Lehrenden gründen, und ihnen einerseits zumindest gestatten, die sexuelle Komponente des eigenen Lebens ohne Bitterkeit zu akzeptieren, und andererseits den Kindern gestatten, den betreffenden Erwachsenen als erfahrene Bezugsperson wahrzunehmen.

Angesichts solcher Voraussetzungen erscheint es verständlich, daß Sexualkundeunterricht als Antwort auf Aufklärungsbedürfnisse zu den Seltenheiten in einem Schulsystem gehören muß, das immer deutlicher als Teil einer durch Verwaltungskategorien geprägten Wirklichkeit begriffen wird. Abgesehen davon, daß viele Lehrerinnen und Lehrer, wie *Peter Fürstenau* [47 a, S. 9—25] überzeugend dargelegt hat, genau den die Intimität berührenden Umgang mit den Schülern als Bedrohung ihrer Rolle wahrnehmen, der eine Voraussetzung für die Sexualaufklärung darstellt.

So legt sich die Frage gleichsam von selbst nahe, ob Schulunterricht in seiner gegenwärtig gegebenen Gestalt überhaupt als Ort der Sexualerziehung geeignet sein kann. Derartige

Bedenken verstärken sich, wenn man die vorherrschende Praxis der Sexualkunde unter dem Aspekt ihrer sexualerzieherischen Konsequenzen betrachtet.
Wie aufgrund der Vorherrschaft einer wissenschaftlich-begrifflichen, technomorphen Realitätsdarstellung im Sachunterricht nicht anders zu erwarten, sucht Sexualkunde einen quasi vergegenständlichten Begriff von der menschlichen Sexualität zu vermitteln: Das weibliche und das männliche Genitale werden schematisiert, in Elemente und Funktionen zerlegt und begrifflich bezeichnet. Wo es bei derlei Erläuterungen bleibt — und leider bleibt es weithin bei nicht viel anderem — ist zu befürchten, daß die Menschen beginnen, ihre eigene Sexualität als quasi technischen Vorgang zu verstehen. Der inhaltliche Zusammenhang mit dem vorherrschenden mechanischen Weltbild, wie es *Lewis Mumford* in „Mythos der Maschine" nachgewiesen hat, dürfte die Tendenz zu derartiger Betrachtung verstärken.
Nicht nur, daß die Schnittzeichnungen und anderen schematisierten Darstellungen der Genitale den Eindruck des Apparathaften hervorrufen, — angesichts des einfachen Wunsches nach Aufklärung seitens der Kinder haben derartige Zeichnungen wohl eher einen verkomplizierenden, vernebelnden als einen aufklärenden Effekt: die Darstellung der im Inneren des Körpers liegenden Organteile gestattet eine biologistisch-sterile Betrachtung der in Frage stehenden Phänomene, „entschärft" die Sache vom Interesse der Angstabwehr her und läßt sie vom Aufklärungsbedürfnis der Schüler her in gewisser Weise als uninteressant erscheinen.
Typisch für solch gängige Praxis ist wohl der legitimatorische Gesichtspunkt des sprachlichen Standards. Daß Kinder beispielsweise „Penis" statt „Pimmel" sagen, wird zum Kriterium erfolgreichen Sexualkundeunterrichts. Die Ausdrücke der sog. Gossensprache werden als „häßlich" und „ungenau" wahrgenommen; immer wieder taucht in solchem Begründungszusammenhang das Beispiel des Kindes auf, das einem Arzt gegenüber die hochsprachlichen Bezeichnungen nicht zu verwenden versteht. Nun ist es sicher wünschenswert, daß man mit den Ärzten ins Gespräch kommt, aus verschiedenen Gründen, und daß man überhaupt über Dinge reden kann, die sonst tabuiert sind, daß man also die physische Seite der menschlichen Sexualität der Bearbeitung durch Diskussion und Bericht überhaupt zugänglich macht. Aber dies wichtige Ziel könnte durch die ganze Art der Darstellung und der Begriffsvermittlung in der Schule eher verhindert als erreicht werden: indem ich nämlich den fremdsprachlichen Begriff als einzig gültigen vermittle, vermittle ich zugleich den Eindruck, daß über die Belange der menschlichen Sexualität nur in einer bestimmten Weise geredet werden dürfe. Man kann diese Weise mit Begriffen wie „medizinisch" oder „humanbiologisch" charakterisieren, — man darf also über alles reden wie ein medizinischer Experte, wie ein Fachspezialist, wie einer, der hier studiert und brav gelernt hat. Bei genauerem Hinsehen zeigt sich dann, daß unter dieser Oberfläche die mechanisch-apparative Weltbetrachtung verborgen ist: all das funktioniert eben, die Begriffe schreiben es fest, die Modelle und Schnittbilder, die Funktionsschemata decken es ab. Aber die Dimension der persönlichen Betroffenheit, aus der das Interesse hervorgegangen ist und auf die es hinausläuft, wird als irrelevant definiert, bleibt außen vor.
Es hieße, den Didaktikern der Sexualerziehung wenigstens in Anbetracht der umfangreichen Literatur, die sich mit der eben genannten Verkürzung befaßt, Unrecht tun, wenn man diese Folgen als Absichten des Sexualkundeunterrichts unterstellen wollte. Tatsächlich wird hier immer wieder ein Anlauf unternommen, um die vorhandenen, keineswegs aufs Kognitive eingeschränkten Bedürfnisse der Kinder aufzugreifen, und Wege zu finden, auf denen beispielsweise das „Lernziel Zärtlichkeit" erreicht werden kann.

Solche Bemühungen erscheinen mir im doppelten Sinne als kompensatorisch: im engeren unterrichtsdidaktischen Sinn wird hier der Versuch unternommen, die einseitig verbal-kognitive Ausrichtung des Schulunterrichts zu überwinden; in einem weiteren, auf die gesamte Erfahrungsmöglichkeit von Kindern bezogenen Sinne soll zugleich das Defizit an Erfahrungen der Zärtlichkeit ausgeglichen werden, unter dem viele Kinder leiden. Wir geraten bei der Erörterung grundlegender Begriffe wie „Heimat" und „Sexualität" also immer wieder an einen Punkt, von dem aus sich die Aussicht auf eine völlig veränderte Schule auftut: eine Schule als Erfahrungsraum, der Kindern inmitten einer zunehmend kinderfeindlichen Umwelt gestattet, diejenigen Lernerfahrungen zu gewinnen, die unter pädagogischen Gesichtspunkten unerläßlich sind, um ein sinnerfülltes Leben zu führen, und die in der ganzen Breite zwar stets allein den Privilegiertesten verfügbar gewesen sind, aber in der gegenwärtigen Situation, wie es scheint, völlig abhanden zu kommen drohen.

Dennoch ist eine Sexualerziehung, die als konstruktiver Beitrag zur Entwicklung der kindlichen Sexualität gelten kann, selten genug anzutreffen. Weshalb fällt es einzelnen Lehrerinnen und Lehrern bei all ihrem Engagement im sexualpädagogischen Bereich so schwer, die Grenze zu überschreiten, die von den Rahmenbedingungen der Institution Schule markiert wird und in dem weithin praktizierten Verständnis der Lehrerrolle festgelegt ist? Was diese Belange so undurchdringlich werden läßt, ist ihre Verflochtenheit mit den in der Gesellschaft vorherrschenden Tabus, von denen alles Sexuelle nach wie vor belegt ist. Einzelne tapfere Seelen, die das Geflecht aus Verschulung und Tabuierung auf eigene Faust zu durchbrechen versuchen, das vor die Bearbeitung der Sache „Sexualität" in der Schule gesetzt ist, müssen anscheinend immer wieder gegen eine Mauer anrennen. Man kann jemanden kaum auf peinlichere Weise bloßstellen als durch den Hinweis auf Tabuverletzung. Dies gilt auch für Situationen, in denen Kinder und Erwachsene anscheinend ohne Scheu und Verklemmung über Sexualität miteinander zu reden versuchen, wie beispielsweise im Unterricht einer 2. Klasse, aus dem die Lehrerin berichtete, daß sich beim Gespräch spontan ein Junge dazu anbot, den Mädchen in der Klasse sein Glied vorzuführen. Daß gleich darauf der Gong zum Ende der Stunde ertönte, habe sie sozusagen gerettet, erklärte die Lehrerin, denn ihr war bei aller Freizügigkeit doch bei der Vorstellung derartigen „Anschauungsunterrichts" unbehaglich zumute. Aber in der Tat, so fragte sie, was soll denn eigentlich schon dabei sein: sonst werde doch alles gezeigt und erklärt, und zwar möglichst anhand der Originale, bloß im Sexualkundeunterricht solle man sich mit Bildern begnügen. Warum also sollte man die Vorführung der Dinge, um die es geht, eigentlich nicht zulassen?

Das Unbehagen, das die Lehrerin trotzdem davor zurückhielt, die Idee des Schülers aufzugreifen, ist nicht allein als Resultat der Befürchtung von Schwierigkeiten zu erklären, die sich seitens der Eltern und Dienstvorgesetzten ergeben könnten. Vielmehr erscheint das Beispiel dazu geeignet, die Grenze sinnfällig werden zu lassen, die eine Tabuzone bezeichnet.

Die Vertreter des „emanzipatorischen" Ansatzes in der Sexualpädagogik weisen immer wieder darauf hin, daß Regelungen des Sexualverhaltens als Instrumente politischer Unterdrückung zu betrachten sind, und daß Tabus auch deshalb errichtet werden, um bestehende gesellschaftliche Verhältnisse zu zementieren; umgekehrt liegt demnach im freigesetzten Sexualleben der Menschen ein Schlüssel zu ihrer politischen Befreiung. „Emanzipation" bedeutet im Kontext dieses Ansatzes vor allem die Befreiung von den Fesseln des Tabus. „Moralisieren", „Psychologisieren", „Klinifizieren", „Ethologisieren", „Assoziieren mit dem nationalsozialistischen Faschismus und mit dem Kommunismus" und „Kriminalisieren" heißen die Techniken der Gegenaufklärung, mit deren Hilfe die Vorherrschaft des Tabus aufrechterhalten werden soll, und die es folgerichtig zu entlarven und an den Pranger des emanzipatorischen Forums zu stellen gilt [78].

Ich kann nur hoffen, daß ich mich keiner Waffe aus diesem Arsenal bediene, wenn ich die Vermutung äußere, daß die gesellschaftlich verfügten Einschränkungen sexueller Freizügigkeit, jenseits ihrer — zugestandenen — Verfilzung mit herrschaftspolitischen Interessen, einen Sinn ergeben möchten: Noch jede Gesellschaft hat das sexuelle Verhalten ihrer Mitglieder in ein System von Regeln gefaßt; diese Regeln gehören — der ungeheuren

Sprengkraft sexueller Impulse entsprechend — zu dem Verbindlichsten, das überhaupt an Verhaltensnormen vorgegeben ist. Wo die Regeln dysfunktional werden oder ihre Verbindlichkeit aus irgendwelchen Gründen abhanden kommt, werden andere Regelungen hervortreten. Wenn die gegenwärtig weithin herrschenden Tabus verschwinden sollen, müßten die Konturen des neuen Sexualverhaltens sichtbar sein; was man in Anlehnung an die gebräuchliche Redewendung vom „Sozialdarwinismus", als „Sexualdarwinismus" bezeichnen könnte, dürfte den meisten als wenig verlockende Zukunftsperspektive erscheinen. D. h., kritisch auf die emanzipatorische Sexualpädagogik gerichtet, Emanzipation als bloße Grenzüberschreitung macht noch keinen Sinn. Man müßte das Terrain, dessen Grenze da überschritten wird, schon ein wenig kennen, um darauf siedeln zu können. Allerdings erscheint es ebenso als legitim, die Grenze zu überschreiten, um das Gelände zu erkunden.

Es liegt durchaus im Rahmen dieses Bildes, wenn *Carl Rogers* die Männer und Frauen, die Formen des Zusammenlebens erproben, welche in unserer Gesellschaft bisher nicht legitimiert erscheinen, als „Pioniere" bezeichnet: Zweierbeziehungen, die sich zu Viererbeziehungen ausdehnen oder den Kern eines wechselnden sexuellen Beziehungsgeflechts bilden, Gruppenbeziehungen, homosexuelle Paare usw. [118].

Man bedenke, daß das Erfahrungspotential menschlicher Sexualität in jeder neuen gesellschaftlichen Situation aufs Neue zu bestimmen ist. *Rogers* beschreibt die Formen, von denen er glaubt, daß sie den Umkreis künftiger Erfahrungen andeuten; er beschreibt sie, als ob es sich um die ersten tastenden Versuche der Gesellschaft handelte, ein noch unbekanntes Territorium zu erkunden, und damit neue Erfahrungsmöglichkeit für die Kinder derer zu erschließen, die heute meist in den hergebrachten Institutionen ihrer Zweierbeziehungen leben und oft genug innerhalb der durch diese Institution vorgezeichneten Grenzen leiden, ja an ihnen zerbrechen.

In ähnlicher Weise kann auch etwa *Ingmar Bergmans* Film „Szenen einer Ehe" als Versuch interpretiert werden, die Grenzen der konventionellen Ehebeziehung zu überschreiten und Erfahrungsräume zu betreten, in denen die Menschen sich verändern: sie lernen, die Illusionen zu durchschauen, die notwendig sind, um die hergebrachte Ordnung im Leben der Geschlechter aufrecht zu erhalten, und mit dem Maß ihrer Desillusionierung wächst ihre Kraft, sich selber „wirklich", und zugleich den Partner zu erkennen: letztlich bleibt die alte Frage „wer bin ich?", die sich in der Frage „wer bist du?" spiegelt, das Motiv.

Diese Hinweise sollen die Richtung bezeichnen, in der m. E. die Zielbestimmung einer künftigen Sexualpädagogik zu suchen ist, welche den „emanzipatorischen" Ansatz gewissermaßen transzendiert, indem die Überschreitung der Grenze des hergebrachten sexuellen Verhaltenskodex mit der Erfüllung einer Sexualethik verbunden ist, deren Konturen allmählich herausgearbeitet werden. Da unsere didaktische Betrachtungsweise auf die Vermittlung zwischen den spontanen Interessen der einzelnen Schüler und den in der gesellschaftlichen Entwicklung vorhandenen Problemen bezogen ist, und da die Kultivierung der sexuellen Beziehungen von Menschen den gegenwärtigen Problemstand bezeichnet, kommt für die Sexualerziehung im Rahmen des Sachunterrichts alles darauf an, daß die Tür zur Weiterentwicklung, die an die Arbeit menschlicher Erfahrung gebunden bleibt, nicht zugeschlagen wird.

Sexualerziehung kann damit als Prozeß beschrieben werden, der so zwischen zwei Polen verläuft, wie ein Fluß zwischen beiden Ufern: auf der einen Seite geht es um die Bewältigung von Ängsten, um den Abbau von Verklemmungen beim einzelnen Kind; hier hat all das seinen Ort, was als „Aufklärung" bezeichnet werden kann und auf die Förderung der Lebenslust als Lust auf Leben gerichtet ist. Auf der anderen Seite geht es um den Respekt vor den Bedürfnissen und Gefühlen des anderen; daß dieser Respekt letztendlich für die Selbsterfahrung erforderlich ist, weil die Frage „wer bist du?" mit der Frage

„wer bin ich?" untrennbar verbunden bleibt, ist eine Einsicht, die das Verkehrte und Verdrehte an den in diesem Zusammenhang weit verbreiteten moralisierenden Ermahnungen deutlich machen. Sie wird durch Erfahrung begründet, die anders als durch handelndes Leben kaum zu erwerben ist. Was bleibt da für den Schulunterricht übrig?

Als Voraussetzung dafür, daß die Erfahrung der Sexualität überhaupt zum Gegenstand des Unterrichts werden kann, muß eine Atmosphäre selbstverständlicher Offenheit gegeben sein, die von Schülern und Lehrern als nicht bedrohlich wahrgenommen wird. Dies gilt selbstverständlich für jeden anderen Aspekt des erfahrungsbezogenen Unterrichts, ist aber angesichts des Intimcharakters der Sexualerfahrungen in diesem Bereich besonders augenfällig. Es ist kein Zufall, wenn Lehrerinnen berichten, daß von den Kindern in den Stunden Gespräche über derartige Themen begonnen werden, die Fächern wie etwa „Nadelarbeit" gewidmet sind: die Situation in der verhältnismäßig kleinen Gruppe, deren Mitglieder alle mit einer handwerklichen Übung befaßt sind, erscheint im Vergleich zu den Gesprächsgelegenheiten in anderen Unterrichtsfächern fast ideal zu sein, denn da jeder mit einer Arbeit beschäftigt ist, die durch das Gespräch nicht beeinträchtigt zu werden braucht, verliert das Miteinander-Reden den Geruch des Störenden, der ihm sonst anhaftet, und die Interessen der Schüler können nebenher, wie von selbst mit einfließen, ohne gleich frontal aufgegriffen und nach den Spielregeln des offiziellen Unterrichtsgesprächs abgehandelt werden zu müssen. Eine kluge und erfahrene Nadelarbeitslehrerin befindet sich innerhalb des üblichen Schulbetriebs ebenso wie ein kluger und erfahrener Werklehrer in einer sehr günstigen Situation, um den Kindern Hilfestellung bei der Bearbeitung ihrer sexuellen Aufklärungsbedürfnisse zu geben.

Überhaupt erscheinen Formen der indirekten Bearbeitung didaktisch günstiger als solche der direkten, die Einbettung in umfassenden Perspektiven angemessener als die Reduktion aufs nackte Genitale (— was keineswegs heißen soll, daß jener sich neuerdings ausbreitenden Prüderie das Wort geredet sei, der die Darstellung des nackten menschlichen Körpers als anrüchig gilt). Beispielsweise ergibt die Frage „Wer bin ich?" als Ausgangspunkt einer entsprechenden Unterrichtseinheit einen Rahmen, in dem die sexuelle Disposition einbezogen werden kann, ohne einer begrifflich-schematischen Verkürzung anheimzufallen: hier wird die Unverwechselbarkeit jedes einzelnen betont, indem jeder Schüler eine Beschreibung herstellt, in der Handumriß, Fingerabdruck, Photo, Geburtsdatum, Hobbys u. a. m. enthalten sind; die Phasenfolge des Menschenlebens wird anhand der Generationenfolge, mit Hilfe von Bildern etwa aus dem Familienalbum dargestellt; die Kinder sehen, daß jedes von ihnen erwachsen wird, Mann oder Frau, um zu arbeiten und zu lieben, und schließlich alt zu werden und zu sterben. „Wer möchte ich sein?", „Wie möchte ich leben?", sind Fragen, die sich in diesem Zusammenhang fast von selbst ergeben. Die sexuelle Komponente ist in der Perspektive des späteren Zusammenlebens mit anderen enthalten; Aufklärung über sexuelle Fragen gewinnt in solchem Kontext einen Stellenwert, bei dem die Verbindung zur eigenen Erfahrung nicht abgeschnitten zu sein braucht. Ebenso bietet es sich an, außer der auf den kognitiven Bereich bezogenen Sexualaufklärung durch Interaktionsspiele Körpererfahrungen direkt zu vermitteln, die Verklemmungen abbauen und Selbstvertrauen aufbauen können.

Ein Feld, das von vielen auf den ersten Blick so wahrgenommen wird, als habe es wenig mit Sexualerziehung zu tun, das mir aber als zentral bedeutsam erscheint, zumal es echte, ernste Erfahrungen und nicht spielerische Erfahrungssurrogate betrifft, ist das des sorgenden Umgangs der Kinder mit kleinen Geschwistern. Bei der teilnehmenden Beobachtung und der selbstverantworteten Pflege eines Babys oder Kleinkinds lernen sie, daß Menschen außer den materiellen Gegebenheiten — Kleidung, Nahrung, Wärme, Sauberkeit usw. — Zuwendung und Zärtlichkeit brauchen. Nun ist die Zärtlichkeit, die ein Erwachsener geben und empfangen kann, anders als die Zärtlichkeit bei einem Kind. Es scheint aber so, daß das eine aus dem anderen hervorgeht und das auf den verschiedenen

Lebensaltersstufen je angemessene Verhalten betrifft. *Erich Fromm* hat diesen Sachverhalt folgendermaßen beschrieben:

„Wenn ein sechsjähriger Junge zu seiner Mutter sagt: ‚Ich hab dich lieb', so gebraucht er das Wort ‚Liebe' entsprechend der Erfahrung, die er im Alter von sechs Jahren besitzt. Wenn das Kind sich weiterentwickelt hat und zum Manne herangereift ist und dann die gleichen Worte zu einer geliebten Frau sagt, so haben sie eine andere Bedeutung. Es kommt dann darin der weitere Bereich — die größere Tiefe, die größere Freiheit und Aktivität — zum Ausdruck, der die Liebe eines Mannes von der eines Kindes unterscheidet. Aber wenn auch die Erfahrung, auf die sich das Wort ‚lieben' bezieht, beim Kind eine andere ist als beim Manne, so hat sie doch in beiden Fällen den gleichen Kern, genauso wie der Mann sich vom Kind unterscheidet und doch mit ihm identisch ist." [50, S. 18]

Der Umgang mit kleinen, vergleichsweise hilflosen Geschwistern, die auf sorgende Zuwendung durch ihre älteren Geschwister angewiesen sind, vermittelt Lernerfahrungen, die dem Grundschulkind beim Umgang mit geliebten Erwachsenen kaum begegnen können. Hier bleibt es in der Rolle des Empfangenden, — allzu subtil ist es um die Wechselseitigkeit des Eltern-Kind-Verhältnisses bestellt. Ganz anders gegenüber dem kleinen Brüderchen oder Schwesterchen, die auf Zuwendung angewiesen sind und ihre Freude oder ihren Kummer sofort und direkt ausdrücken.

In den allermeisten Gesellschaften, die häufig als „primitiv" bezeichnet werden, ist es üblich, daß Kinder für ihre jüngeren Geschwister weitgehende Verantwortung übernehmen. Sie gewinnen dabei ein tiefes, intuitionsartiges Verständnis für die Bedürfnisse von kleinen Kindern, das ihnen hilft, ihre spätere Rolle als Eltern, Onkel, Tanten und Großeltern auszufüllen. Es ist sicherlich kaum als Vorzug der fortschreitenden Zivilisation zu betrachten, daß diese Erfahrungskontinuität weithin abgeschnitten worden ist, obwohl gerade der Schulunterricht die Möglichkeit bieten würde, durch Besuche von Müttern mit kleinen Kindern oder durch Berichte von älteren Geschwistern auch diejenigen Kinder an solchen Erfahrungen teilnehmen zu lassen, die selbst keine jüngeren Geschwister haben.

Was durch die Nichtachtung dieser Beziehung verlorengeht, läßt sich nicht allein im Hinblick auf die Elternrolle der späteren Erwachsenen ermessen; vielmehr ist die Vermutung nicht von der Hand zu weisen, daß durch den dauernden sorgenden Umgang — das Herumtragen, das Herzen, das In-den-Schlaf-Wiegen, das Füttern, das Miteinander-Spielen — mit kleinen Geschwistern die Fähigkeit zum zärtlich liebenden Umgang mit den Sexualpartnern im Leben der Erwachsenen auch direkt beeinflußt wird.

Der Sachunterricht bietet sich als Forum zur Bearbeitung der Fragen an, wie kleine Kinder heranwachsen und das Leben lernen. Hierzu können alle beitragen, denn es gibt Photos aus der Kleinkindzeit, die jeder mitbringen kann, Eltern, die ein Kind erwarten und die Schulklasse im Lauf der Zeit öfters besuchen können, so daß die Kinder Schwangerschaft und Säuglingszeit mitzuerleben Gelegenheit haben, und Kinder, die ihre kleinen Geschwister beobachten und deren Bedürfnisse und Fortschritte beschreiben können.

Daß dies alles ein sehr wichtiges und ernstes Thema darstellt, ist für die Kinder wahrscheinlich gar keine Frage. Wir Erwachsenen sind es, denen die überragende Ernsthaftigkeit des Begriffes „Liebe" manchmal abhanden zu kommen scheint.

Das Phantastische als Element der individuellen Erfahrung und als Keim einer utopischen Perspektive im Sachunterricht

Daß die Weltvorstellung der Kinder von phantastischen Elementen gleichsam durchtränkt ist, kann als allgemein anerkannt gelten. Viele Didaktiker scheinen es als gleichfalls selbstverständliche Aufgabe der Schule zu betrachten, die gerade dem Sachunterricht zukomme, das Weltbild der Kinder von seinen phantastischen Bestandteilen zu säubern, um es auf den nüchtern-rationalen Nenner zu bringen, der dem vorherrschenden mechanistischen Weltbild entspricht. Bevor wir uns einer solchen Auffassung anschließen, ist zu fragen, ob nicht in der Phantasie ein Sinn im Hinblick auf die mögliche Lösung der Probleme enthalten sein möchte, die den einzelnen Phantasierenden in der jeweils aktuellen Lage und zugleich die künftige Entwicklung der Dinge insgesamt betreffen.
Die Funktion der Phantasie ist von *Sigmund Freud* im Sinne einer Ersatzhandlung gedeutet worden, als Kompensation unterlassener Aktivitäten zur Trieberfüllung, als „Schutzbau, in dem die Herrschaft des Lustprinzips bewahrt bleibt" [47]. Dieser Schutzbau werde aus den Bruchstücken, die in der Erinnerung vorhanden sind, errichtet, um die Frustrationen des tatsächlich erfahrenen Lebens abzuwehren. *Freud* sieht im Phantasieren eine doppelte Regression: einerseits wende sich das Interesse von den wirklich vorhandenen Konflikten ab, um sich in eine phantastisch ausgestattete Innenwelt zurückzuziehen, und andererseits greife der phantasierende Mensch auf die eigene Vergangenheit zurück; statt vorwärts zu schauen und die Arbeit des Lebens auf sich zu nehmen, verfalle er der Vergangenheit.
Angesichts dieser Auffassung vom Stellenwert des Phantastischen im Leben der Menschen muß folgerichtig die diagnostizierende Beschäftigung mit der Phantasie als einzig gültige betrachtet werden, und sie steht im Zusammenhang eines therapeutischen Interesses, das letztlich auf die Befreiung des Menschen von der Phantasie abzielt, denn der Glückliche phantasiert nicht mehr. Ohne die kompensatorische Funktion des Phantasierens in dem von *Sigmund Freud* entwickelten Sinne in irgendeiner Weise zu bestreiten — sie wird in den Phantasien zumal von Kindern immer wieder eindrucksvoll bestätigt —, sehen wir die wesentliche Funktion dieser menschlichen Kraft vor allem im Zusammenhang mit der Veränderung der Zukunft, — eine Ausweitung der Perspektive, die neben dem Zugriff des Therapeuten auch den des Pädagogen legitimiert. Sie soll im Folgenden präziser bezeichnet werden.
Um die Funktion des Phantastischen richtig einschätzen zu können, muß man sich zunächst die Tatsache vergegenwärtigen, daß phantastische Elemente überall in der Wirklichkeit als deren manifest gewordene Bestandteile anzutreffen sind. Das Phantastische macht ein gut Teil dessen aus, was als das quasi Objektive fraglos akzeptiert zu werden pflegt.
Jean Piaget, der die innere Konsequenz der Entwicklung des kindlichen Weltbildes zu erfassen suchte, begegnete bei seinen Forschungen animistischen und magischen Verständnisweisen nicht nur bei Kindern, sondern — aller Logik der dann abgeschlossenen Entwicklung zum Trotz — auch bei Erwachsenen, inmitten des rational geprägten Weltverständnisses unserer Zivilisation. Der Versuch, den Fortbestand solcher Reste einer längst überwundenen phantastischen Weltsicht zu erklären, brachte *Piaget* auf die Spur der Sprache. Die Sprache, offenbar mit den Resten magisch-phantastischer Betrachtungsweisen behaftet, aus der sie — wer weiß? — hervorgegangen sein mag, stellt jedenfalls selbst so etwas wie eine permanente Verlockung zu phantastischen Ideen dar. *Piaget* gelingt es, dies an einfachen Beispielen überzeugend zu zeigen:

„Vom Wind sagen, ,er ist es, der bläst', bedeutet doch eben gerade, daß man aus ihm ein aktives, substantielles und permanentes Wesen macht. Damit fällt man dreimal der Sprache zum Opfer. Wenn diese Sprache sagt, ,der Wind bläst' oder ganz einfach vom ,Wind' wie von einem Wesen spricht, so begeht sie die dreifache Absurdität, daß sie annimmt, der Wind sei unabhängig vom Akt des Blasens, es könnte einen Wind geben, der nicht bläst, und der Wind subsistiere unabhängig von seinen äußeren Manifestationen. Für uns ist es derart natürlich, so zu sprechen, daß wir diese Formulierung fast für richtig halten." [111, S. 203]

Es scheint mir einiges dafür zu sprechen, daß gerade Kinder ein offenes Ohr für derart verdeckte Unterstellungen haben, die in der Sprache enthalten sind, oder anders formuliert, daß sie im allgemeinen den phantastischen Zwischentönen der Sprache mehr Sensitivität entgegenbringen, als es den meisten Erwachsenen möglich ist, nachdem diese den routinemäßigen Sprachgebrauch verinnerlicht haben.
Michel Leiris, der einen Zugang zum Verständnis anderer Lebensformen auf der Grundlage der Selbsterfahrung zu erschließen suchte, berichtet in einem bemerkenswerten Aufsatz mit dem Titel „Das Heilige im Alltagsleben" von der magischen Wirkung bestimmter Wörter, die ihm in der Kindheit begegnet waren:

„Derartige Worte hatten in meiner Kindheit oft die Funktion von *Schlüsseln,* denn durch ihren Klang eröffneten sich entweder überraschende Perspektiven, oder aber die plötzlich vollständige Erfassung eines Wortes, das man vorher immer entstellt hatte, wirkte gewissermaßen wie eine Enthüllung, wie das plötzliche Zerreißen eines Schleiers oder das Aufbrechen irgendeiner Wahrheit. Einige dieser Wörter oder Ausdrücke sind an Orte, Umstände, Bilder gebunden, deren Natur schon die emotionale Kraft erklärt, mit der sie beladen war. So zum Beispiel das „leere Haus", ein Name, den meine Brüder und ich einer Gruppe von Felsen in der Nähe von Nemours verliehen hatten, die sich um eine Art von natürlichem Dolmen herumlagerten und nicht vom Haus entfernt waren, wo wir mit unseren Eltern mehrere Jahre hintereinander die Sommerferien verbrachten. Das ‚leere Haus': das ist wie der Klang unserer Stimmen unter dem granitenen Gewölbe, es ruft die Vorstellung von der verlassenen Behausung eines Riesen hervor, von einem in Gestein gewaltigen Alters und außerordentlicher Brüchigkeit hineingehauenen Tempel mit gigantischen Ausmaßen.
Zum Gebiet des Heiligen im engeren Sinne gehört auch ein Name wie *Rebekka,* den ich in der biblischen Geschichte gefunden hatte und der für mich auch ein typisch biblisches Bild evozierte: Eine Frau mit kupferfarbenem Gesicht und kupferfarbenen Armen, in eine lange Tunika gekleidet und einen weiten Schleier über dem Kopf tragend, mit einem Krug auf der Schulter und den Ellbogen auf einen Brunnenrand gestützt. In diesem Falle wirkte sich die Lautform des Namens selbst auf eine genau bestimmbare Weise aus: sie erweckte einerseits die Vorstellung von etwas Süßem und Aromatischen, wie Rosinen oder Muskatreben, und erinnerte andererseits — aufgrund des anlaufenden *R* und hauptsächlich wegen des ... *ekka,* von dem ich eine Spur heute in Wörtern wie ‚Mekka' oder ‚perfekt' wiederfinde — an etwas Hartes und Eigensinniges." [86, S. 234/235]

Die Erinnerung des Ethnologen *Leiris* mag in manchem Leser ähnliche Erinnerungen wachrufen, sie ist hier in einiger Ausführlichkeit wiedergegeben worden, weil dabei der evokative Charakter der Sprache deutlich wird — eine Dimension des Sprachlichen, die über die von *Piaget* aufgewiesenen logischen Unsinnigkeiten und verkappten Unterstellungen weit hinausreicht und eigentlich die Grenzen zur Musik berührt. Sprachrhythmus und Sprachmelodie, die Farbe der Vokale und die Muster der Rede rufen immer auch die Phantasie hervor — ganz abgesehen von der Doppelbödigkeit, den irritierenden und verfremdenden Effekten ihrer inhaltlichen Bedeutungen.
Über die Sprache hinaus wiederum greifen phantastische Elemente, die im kulturellen Leben verankert sind, und als Superfiguren kollektiver Phantasien eine höchst einflußreiche Rolle im gesellschaftlichen Leben spielen. Wir können die Spur ihres Einflusses verfolgen und einige ihrer Auswirkungen aufdecken, ohne sie jemals einer rationalen Kontrolle gänzlich unterwerfen zu können. Vieles von dem, was eine Kultur an Kunst und Musik hervorbringt, ist ihr Produkt und ihr Motor in einem. Andere Beispiele für die faktische Macht des Phantastischen hat *Elias Canetti* in seiner großen Arbeit über „Masse und Macht" angeführt. Wenn er beispielsweise die nationenspezifische Ausprägung der „Massensymbole" beschreibt, und in diesem Zusammenhang der deutschen Nation den Wald zuschreibt, so erscheint die Häufigkeit des Themas „Wald" in den deutschen Lehrplänen zur Heimatkunde und zum Sachunterricht plötzlich in einem völlig

neuen Licht, und wir müssen uns fragen, ob nicht auch das in mehrfachem Sinn allem Anschein nach vollkommen rationalisierte Geschäft der Curriculumplanung Einflüssen unterlegen ist, von denen sich die Planer selber nichts träumen lassen oder, genauer, die sie, falls ihnen davon träumen sollte, nicht mit ins Kalkül ziehen werden (vgl. [20, S. 190 ff.]).

Eine weitere Dimension des Phantastischen tut sich jenseits von Sprache und Kultur auf, wenn man den phantastischen Charakter der Wirklichkeit selbst berücksichtigt, wie er alles zu durchdringen scheint, was sich ereignet, und letztlich auch das Verhältnis zwischen Mensch und Natur prägt. Verfolgt man die Ereignisse in einem beliebigen Bereich mit einiger Aufmerksamkeit und vergleicht sie mit der entsprechenden Literatur, so wird man den häufig viel phantasievolleren, auch unter literarischen Gesichtspunkten kreativeren Gang der Dinge in der Wirklichkeit kaum übersehen können. Mag sein, daß der nachgerade irreal anmutende Charakter der Realität von den meisten erst in jüngster Zeit bemerkt und deshalb als Zeichen einer aus dem inneren Gleichgewicht geratenen Zeit gedeutet wird. Der amerikanische Schriftsteller *Philip Roth* hat einmal seine tiefe Beunruhigung darüber zum Ausdruck gebracht, daß die in den Tagesnachrichten enthaltenen Ereignisse zunehmend alles an skurrilen, überraschenden, für unmöglich gehaltenen Einfällen übertreffen, was etwa der Schreiber eines Romanes aufzubringen imstande wäre [120, S. 107—124]. Aber bei genauer Betrachtung erkennt man, daß die Ereignisse der Wirklichkeit seit eh und je die phantastischeren gewesen sind: In gewissem Sinn hinkte die Literatur der Ungeheuerlichkeit des Daseins stets hinterher; was sie gegenüber der Wirklichkeit zu leisten vermag, ist immer von dieser abhängig, kann bestenfalls aufdecken, was vor aller Augen liegt, aber nicht wahrgenommen wird.

Schließlich wird man auch die Tatsache phantastisch nennen dürfen, daß die objektiv gegebene Wirklichkeit der Natur den Versuchen des forschenden Menschen entspricht, und nicht vielmehr sich entzieht: Jedenfalls hat *Albert Einstein* diese Erfahrung als wunderbar bezeichnet. In der Begegnung mit Pflanzen und Tieren, mit Steinen und Sternen steckt ein phantastisches Element insofern, als es überhaupt möglich ist, die Struktur der Dinge, die Muster, denen sie entsprechen, aufzuspüren, — oder genauer, sie als solche zu entdecken, die den Mustern menschlichen Denkens gleichen.

Bedenkt man, daß die Welt voller Anspielungen auf unsere Phantasie steckt, so erscheint auch jenes verbreitete Verständnis von „Sachlichkeit" bedenklich, wonach „Sache" und „Phantasie" streng voneinander getrennt werden, und wonach die Sache des Sachunterrichts in der Eliminierung der phantastischen Anteile im Weltbild der Kinder liegen müßte: Die Verkürzung der Dinge auf Element und Funktion kommt ja geradezu einer Deformation des Verhältnisses zwischen Kindern und Sachen gleich.

Berücksichtigt man darüber hinaus die Tatsache, daß Phantasie ein wesentlicher Bestandteil der kreativen menschlichen Arbeit darstellt, so daß buchstäblich jedes uns umgebende Produkt menschlicher Arbeit auch ein Ergebnis menschlicher Phantasie ist, so läßt sich die Absolutheit des didaktischen Irrtums erahnen, der die Förderung der Phantasie und die des sachlichen Denkens verschiedenen, voneinander getrennten Fächern zugewiesen hat. Wenn es wahr ist, daß die Gesellschaft von den neuen Generationen Besseres als eine Nachahmung erwartet, wie *Piaget* einmal feststellt, dann ist zu fragen, woher dies Bessere — wie immer man es inhaltlich definiert sehen möchte — denn anders kommen soll als aus den Individuen der neuen Generationen selber, aus ihrer Spontaneität und ihrer Kraft, die Dinge entsprechend den eigenen Vorstellungen voranzubringen?

Daß die Tagträume der Menschen den Keim einer konkreten Utopie in sich tragen, die schließlich zur Veränderung der Gesellschaft führen wird, ist bekanntlich eine zentrale Überlegung in *Ernst Blochs* Hauptwerk „Das Prinzip Hoffnung". Die Frage allerdings, wie die vielen „Hoffnungsspuren" der individuellen Wunschvorstellungen zu kollektiven Phantasien anschwellen können, die politische Veränderungen zu bewirken imstande

sind, ist schwer zu beantworten. Wie kann der kompensatorische Charakter der individuellen Phantasien, den *Sigmund Freud* so überzeugend nachgewiesen hat, mit der Arbeit auf einen Nenner gebracht werden, auf die konkrete Utopien allemal hinauslaufen? Obwohl diese Frage eine Antwort verdiente, wie sie in einer eigenen Abhandlung detailliert und präzise gegeben werden müßte, sollen hier knapp vier Gesichtspunkte angedeutet werden, die sich aus pragmatistischer Perspektive ergeben.
Erstens wird man die Schlüsselstellung des Problembegriffes sehen müssen: Insofern, als die Probleme des einzelnen mit den umfassenden Problemen in einer Wechselbeziehung stehen, die das gesellschaftliche Ganze betreffen, partizipiert er mit seinen Phantasien, die ja eine Kompensation der unbefriedigenden Lebenssituation darstellen, irgendwie an der Arbeit, die erforderlich ist, um die Gesamtproblematik zu bewältigen.
Zweitens ist die Art und Weise solcher Partizipation ein entscheidender Gesichtspunkt; Phantasie als Arbeit muß sich offenbar eine Bewertung gefallen lassen. Billig sind käufliche Ersatz-Phantasien, Phantasien aus zweiter Hand, wie sie die Reklame-Industrie benutzt, um Menschen zum Konsum bestimmter Produkte auszubeuten, die ihnen Teilhabe am Phantastischen vorspiegeln. Die Lust auf Freiheit, die Sehnsucht nach Zärtlichkeit, der Wunsch, geborgen zu sein und geliebt zu werden, wird irgendwie mit Zigaretten, Parfums, Süßigkeiten verkuppelt, und unglaublicherweise scheint die Falle irgendwie zu funktionieren.
Aber den kommerziell vernutzten Tagträumen wohnt gleichwohl die Hoffnungsspur inne. Es gibt immer wieder aufs Neue den Versuch, mit den Träumen Ernst zu machen, planvoll umzusetzen, was man als Kind phantasiert hat, und es gibt eine — übrigens internationale — Literatur des Phantastischen, die die Grenzen des bloßen Eskapismus weit hinter sich läßt — von der Ästhetik des Phantastischen bei *Tolkien* über die Erschließung der magischen Traditionen beispielsweise bei *Castaneda* bis hin zu so konkreten Anleitungen zur Umsetzung des Traumes von der Autarkie, wie sie *Seymour* [130 a] unter die Leute gebracht hat. In diesen Facetten der gegenwärtigen Lage des Phantastischen wird die Richtung sichtbar, auf die hin Arbeit zu leisten ist, um unsere gegenwärtigen Probleme, vor allem die Misere der Entfremdung, zu überwinden.
Drittens wird zu bedenken sein, daß Phantasie ein breit gefächertes Spektrum verschiedener Instrumente darstellt, die es je nach den Erfordernissen der zu lösenden Aufgabe einzusetzen gilt. So gesehen, macht die absolute Trennung zwischen Kreativität und Phantasie, wie sie manchmal von den Vertretern eines besonders feinsinnigen Phantasiebegriffes behauptet wird, wenig Sinn. Statt die beiden Begriffe als Gegensätze hinzustellen, sollte man sie lieber als Spielarten einer umfassenden Fähigkeit wahrnehmen, deren jede wichtig und für die Lösung von Problemen unverzichtbar ist. Wenn beispielsweise im Anschluß an eine Bilanz des Zustandes der Welt formuliert wird: „Neue und phantasievolle Ideen — und die Bereitschaft, sie in die Tat umzusetzen — sind heute wichtiger als alles andere." [26, S. 30] — dann ist hier sowohl die Fähigkeit zum Traum vom Unwahrscheinlichen als auch der kühne Gedanke, die technische Erfindungsgabe betroffen. Die Zukunft als Projektionsfläche für konkrete Utopien gibt uns mit der Energiekrise ein Beispiel, um die Implikationen zu verdeutlichen, die mit dem Zusammenhang von technischer Kreativität und individueller Phantasie gegeben sind: Zunächst denkt man vielleicht an die Entwicklung großtechnischer Systeme, etwa an Sonnenkraftwerke auf Satellitenbahnen im All, an gigantische Parabolspiegelsysteme in der Sahara, an ungeheure Gezeitenkraftwerke u. a. m. Es ist deutlich, daß derartige Apparaturen, ebenso wie die Atomkraftwerke unserer Tage, technische Gebilde von höchster Komplexität darstellen, die von Spezialisten gebaut und bedient werden müssen, Menschen, die sehr viel technischen Erfindungsgeist aufzubringen haben. Aber diese Kreativität wäre Teil der Arbeit nur einiger weniger; die große Masse der Menschen käme nicht zum Zuge, würde in der Tat mit ihren individuellen und kollektiven Phantasien wahrscheinlich eher

störend wirken. Der entscheidende Einwand liegt aber in der Vernachlässigung der Phantasie in diesem utopischen Entwurf selbst: Die bloße Extrapolation gegenwärtig vorherrschender Tendenzen gibt allemal eine schwache Basis für Prophezeiungen, weil die allmähliche Entstehung der allgemeinen Richtung von Entwicklungen aus den individuellen Phantasien der einzelnen ausgeklammert bleibt.

Ein anderes Szenario, nämlich eines von der Art, wie es *Schumacher* oder *Lovins* zu entwerfen nicht müde geworden sind, erscheint eher geeignet, den Träumen der Menschen und der möglichen konkreten Utopie einer Überwindung der vorherrschenden Entfremdung zu entsprechen: Wenn die technische Kreativität des einzelnen im Rahmen eines dezentralisierten Systems zum Tragen käme — etwa auf der Ebene mittlerer Technologien, bei denen die Kraft von Wind und Wasser und die Wärme aus der Erde, aus organischer Substanz und Sonnenlicht, von Maschinen verwandelt würde, die leicht zu bedienen und eventuell auch zu reparieren sind, — dann wäre zugleich auch ein Stück Verfügbarkeit über die das eigene Leben betreffenden Dinge und Sachverhalte zurückgewonnen, und damit ein immer wiederkehrender Bestandteil aus den Tagträumen der Zeitgenossen realisiert.

Viertens wird man die wechselseitige Beförderung von Phantasie und Wirklichkeit bedenken müssen; dieser Zusammenhang ist mit der Beschaffenheit phantastischer Vorstellungen bereits gegeben, da diese aus nichts anderem als aus den Bruchstücken der Erinnerung bestehen, wie *Sigmund Freud* gezeigt hat. Die Erinnerung an wirkliche Begebenheiten liefert das Material, aus dem wir unsere Träume spinnen und weben. So ist auch das Fortschreiten der Phantasie erklärbar: wir haben es mit einem Prozeß zu tun, der an die je gegebene Realsituation in Vergangenheit und Zukunft anknüpft. So mag es, um beim Beispiel ökologischer Zukunftsvisionen zu bleiben, manchen Zeitgenossen gar nicht möglich sein, sich eine Alternative zum gegenwärtigen „Lebensstandard" anders vorzustellen denn als Rückfall in längst überwundene, quasi steinzeitliche Arbeits- und Wirtschaftsformen; die Angst vor der Möglichkeit zu hungern und zu frieren bewirkt, daß man sich, wenn auch gewissermaßen zähneknirschend, mit den gegebenen Umständen arrangiert — und eben auch so weit identifiziert, daß die Möglichkeit einer weniger energieaufwendigen, aber vielleicht glücklicheren Zukunft nicht einmal zu träumen gewagt wird. In dem Maße aber, in dem tatsächlich Befriedigung erfahren wird, die etwa in einem sauber hergestellten und sinnvoll verwendbaren Werkstück liegt, in dem der Luxus gegeben ist, Zeit zu haben, sich das Leben in Gelassenheit und einiger Unabhängigkeit selber ein Stück weit einrichten zu können — kurz: in dem Maße, in dem die Realisierung von Traumbestandteilen gelingt, wird dann auch der Mut wachsen, weiter zu träumen.

Was wäre nun aber in der Schule zu tun, um die Phantasie so zu fördern, daß das Individuelle politisch werden, Sachlichkeit auch das Phantastische einschließen kann?

Um die Bewegung vom Privaten zum Öffentlichen wieder aufzugreifen, die der kurzen Erörterung zur Relevanz des Phantastischen zugrundelag, sollen einige didaktische Ideen in der entsprechenden Reihenfolge angeführt und mit Beispielen illustriert werden, die in verschiedenen Grundschulen bereits erprobt worden sind.

Die Phantasien von Kindern sind ein Spiegel ihrer besonderen Probleme;
Erzählungen, Texte und Bilder können deshalb Schlüssel zum Verständnis
ihrer individuellen Situation werden.

Die intime Form der persönlichen Arbeit eines Kindes bietet sich geradezu an, psychoanalytisch gedeutet zu werden. Abgesehen von den Kinderzeichnungen, bei denen derartige Übungen seit langem gang und gäbe sind, erscheinen im Bereich des Grundschulunterrichts dazu vor allem Texte geeignet, in denen sich ein spontaner Ausdruck der betreffenden Kinder niedergeschlagen hat. Dies ist beispielsweise in sog. freien Texten der Fall, die im Rahmen der pädagogischen Bewegung ein methodisches Kennzeichen sind, die mit dem Namen *Celestin Freinets* verknüpft ist. Während *Freinet* selbst die „freien Texte" stets im Hinblick auf die Veröffentlichung in der Klassenzeitung oder für die Korrespondenz mit Partnerklassen betrachtete — ihm ging es weniger um die Intimität als um die Authentizität und die Spontaneität des Ausdrucks (vgl. [46] —, gibt es im Gefolge seiner Bewegung ein stark ausgeprägtes psychoanalytisches Interesse, demzufolge die Texte der Schüler als Vorlage zu einer Deutung ihrer inneren Verfassung dienen. In der Tat drängt sich angesichts vieler freier Texte eine solche Deutung geradezu auf, wie z. B. im folgenden Fall: (Der Text stammt von einem Mädchen aus einer 2. Klasse):

„Die kleine Biene.
Es war einmal eine kleine Biene, die sich einen langen Stachel wünschte. Aber die Mutterbiene sagte: ‚Wenn du groß bist, kriegst du schon einen langen Stachel!' Aber die kleine Biene war noch immer nicht zufrieden. Eines Tages flog die Biene in ein Haus. Da sagte sie: ‚Da ist ja mein gewünschter langer Stachel!' Und sie versuchte, ihn anzuziehen, aber es klappte nicht. Aber sie versuchte es immer wieder, bis sie merkte, daß es eine Nadel war. Und von da an wünschte sich die kleine Biene nie mehr einen langen Stachel."

Die Lehrerin, die über ihre Arbeit mit freien Texten berichtet, hat sie acht verschiedenen Themengruppen zugeordnet, die größtenteils von psychologischer Eindeutigkeit sind: Schönheit, Sexualität — Ehe, Freundschaft, Emanzipation — Erziehung, Natur, Kraft — Unterlegenheit — Überlegenheit, Konflikte, Tod [99, S. 12—27].

Der Weg, der sich hier andeutet — Lehrer lassen sich mit den individuellen Phantasien einzelner Kinder ein — führt manchmal zu erstaunlicher Tiefe und einer ausgeprägten Sensitivität für die Lage einzelner Schüler. Die französische Lehrerin *Annemarie Mislin* berichtet beispielsweise einmal von den Auswirkungen eines Gedichtes von *Hans Arp*, das sie in ihrer Grundschulklasse von einer Gruppe von Kindern hatte lesen lassen:

In der tiefen Stille der Vogesen
Sind mir große Segelschiffe ohne Matrosen
begegnet, die schweigend durch die Wälder segelten.

Sie notiert die Bemerkungen der Kinder dazu, denen es offenbar leicht fällt, die Wolken intuitiv mit Schiffen und die bewaldeten Hügel mit dem Meere zu vergleichen. Sie verfolgt die Spur des Eindrucks, den dies Gedicht in den Aufzeichnungen — Texten und Bildern — des Schülers Richard hinterläßt, über die folgenden Wochen hin. Richard schreibt in dieser Zeit achtzehn Texte, in denen das Schiffsymbol auftaucht, z. B.: „Die Sonne scheint auf das Schiff und der Vogel besingt den Stern."
Annemarie Mislin deutet diese Texte nun insgesamt anhand einiger psychoanalytischer Interpretationsmuster: Das Schiff als Zeichen von Angst, Aggression, das Meer als Zeichen von Weiblichkeit, als Ausdruck eines Regressionsbedürfnisses. Aus ihrer Deutung zieht sie Rückschlüsse auf die geistig-seelische Situation von Richard und faßt ihre Tagebuchaufzeichnungen folgendermaßen zusammen:

„Richards Text ist also nicht durch Zufall so geworden; vieles ist zusammengekommen, was man dazu allerdings wissen muß:
— seine eigene Gefühlslage
  die Möglichkeit, diese Lage auszudrücken
— seine Sensibilität, seine Aufnahmefähigkeit für das, was andere ausdrücken (vielleicht ist dies verbunden mit dem starken Wunsch, sich mit anderen zu verständigen)
— der äußere Einfluß des Textes von einem Dichter." [96, S. 14—19]

So wünschenswert das tiefe Verständnis der Bedürfnisse der Schüler auch ist, das aus solcher aufmerksamen und sensiblen Beobachtungs- und Analysepraxis resultiert, so notwendig ist es in diesem Zusammenhang, an die Unfruchtbarkeit der Erstarrung in privaten Mythologien zu erinnern. Aufgabe der Schule muß es sein, die Phantasie als Beitrag zum Ganzen erfahrbar werden zu lassen, und gerade hierin ist ja auch ein entscheidender Vorzug der *Freinet-Bewegung* zu sehen. *Annemarie Mislin* berichtet weiter:

„Entscheidend ist, daß Richard sich ausgedrückt hat, daß sein Text der Gruppe sehr gut gefiel und ihm, dem schüchternen, ängstlichen Schüler sicher geholfen hat, einen festen Platz in der Gruppe zu finden und sich zu behaupten. Von da an wurde er oft darum gebeten, ein treffendes Wort für einen Text zu finden, oder ein Bild, einen Eindruck in Worte umzusetzen." [96, S. 14—19]

Schule als Gesellschaft im Keime, *embryonic society,* gibt einzelnen mit ihren individuellen Vorlieben, Wünschen und Lernbedürfnissen Raum zur Entfaltung, läßt sie rasch Excellenz gewinnen, weit über das vorgesehene Maß hinaus, ohne jener penetranten Leistungshuberei zu verfallen, die Rangplätze nach Punktesystemen zuteilt und Konkurrenzgefühle produziert. Daß die individuellen Interessen einzelner Schüler einen Platz im Ganzen der Lerngruppe erhalten können, hängt ursächlich damit zusammen, daß die Phantasien der Kinder als Teil der Arbeit akzeptiert werden.

Phantasien verschiedener Menschen sind einander ähnlich;
Kinder können die öffentliche Dimension des Phantastischen erkennen lernen.

Mit unseren Träumen und Phantasien nehmen wir Teil an inneren Impulsen und äußeren Problemsituationen, von denen viele Menschen betroffen sind. Der kollektive Charakter des Phantastischen liegt vor aller Augen — die Reklame bezieht sich immerzu darauf —, und trotzdem herrscht die Idee, daß man es bei der Phantasie mit einer vollkommen intimen, privaten Angelegenheit zu tun habe, die deshalb auch völlig von dem abzutrennen sei, was öffentlich verhandelt werden kann. Um Interaktion in dieser Hinsicht auf der gesellschaftlichen Ebene langfristig ins Spiel zu bringen, müßte den Kindern in der Schule wenigstens dies vermittelt werden: Das Phantastische sollte in dem Sinne ernst genommen werden, daß es neben der Rezeption von Begriffen und neben der Diskussion von Funktionszusammenhängen als Gegenstand des Unterrichtsgespräches akzeptabel erscheint; die den individuellen Phantasien innewohnenden Muster kollektiver Ängste und Hoffnungen sollten offengelegt werden, damit die Schüler erkennen, daß sie sich mit ihren Träumen nicht in der Isolation befinden, sondern daß die meisten anderen ganz ähnliche Wünsche und Befürchtungen teilen; der Stellenwert des Phantastischen im Leben der einzelnen wie der Gruppe sollte immer wieder einbezogen und versuchsweise bestimmt werden: Man muß lernen, den Verstand auf die Phantasie anzuwenden.

Eine Lehrerin stellte ihrer 3. Klasse, nachdem das Gespräch — wie es so oft gleichsam von selbst sich ergibt — auf das Thema „Träume" gekommen war, die Aufgabe, daß jeder seinen Traum als Bildgeschichte aufzeichnen sollte. Einige Kinder nahmen diese Aufgabe sehr ernst und lösten mit ihren Erläuterungen eine intensive Diskussion aus, bei der immer wieder Ähnlichkeiten des Traumgeschehens herausgestellt wurden. Im weiteren Verlauf des Schuljahres zeigte sich, daß Kinder öfter die Gelegenheit ergriffen, von besonders interessanten Träumen zu erzählen. Sie hatten offenbar gelernt, daß Träume in der Schule einen Platz haben können. Dieser Platz war von der betreffenden Lehrerin eingeräumt worden, als sie jene Aufgabe gestellt hatte.

Eine andere Lehrerin pflegte den Stellenwert des Phantastischen auf eher systematische Weise durch die Kombination von Tagebuch und Gespräch. Die Schüler führten ein Tagebuch, in dem sie ihre Erfahrungen und Gefühle notierten; einmal in der Woche wurde ein Gesprächskreis veranstaltet, und einzelne konnten — je nach Bedürfnis — aus ihren Tagebüchern vorlesen. Die dabei auftauchenden Probleme wurden dann in der Gruppe besprochen. Da es der Lehrerin gelungen war, jene vertrauensvolle Atmosphäre herzustellen, ohne die ein solches Unternehmen zur Farce werden müßte, öffneten die Kinder einander gewissermaßen ihre Herzen, und man kann die Protokolle von Gesprächen über

Themen wie beispielsweise „Schulangst" kaum ohne innere Erschütterung lesen (vgl. [141]. Wir lernen, daß die Wünsche und Ängste der Kinder nicht allein denen anderer Kinder gleichen — immer wieder werden die Ähnlichkeiten von den Kindern selbst herausgestellt — sondern erfahren bei der Lektüre, daß sie auch unseren Erwachsenen-Phantasien nicht unähnlich sind. Diese Erfahrung ist die Grundlage dafür, daß derartige Techniken des Gesprächsarrangements nicht zur bloßen Manipulation werden — die Beteuerung des therapeutischen Anspruchs allein hilft dabei wenig —, sondern in dem an anderer Stelle dieser Erörterung entwickelten Sinne eine Transzendierung des Gefälles Therapeut — Patient bewirken, wie sie *Carl Rogers* dargestellt hat. Für den Sachunterricht bedeutet dies die Bereitschaft der Lehrerin / des Lehrers, sich in einen Prozeß hineinzubegeben, der die ganze Person ergreift; außer den Gedanken die Gefühle, und außer den allgemeinen Inhalten des Fachunterrichts die besonderen der eigenen Phantasie. Dies setzt nicht nur ein hohes Maß an persönlicher Stabilität voraus, sondern auch eine Arbeitsatmosphäre, die eher durch wechselseitiges Vertrauen als durch Entfremdung gekennzeichnet ist.

Derartige Voraussetzungen sind nicht überall gegeben und auch nicht innerhalb jeden Bedingungsrahmens herstellbar. Deswegen ist es erforderlich, den Teil des Curriculums in seinen Auswirkungen auf den Sachunterricht zu berücksichtigen, der traditionsgemäß u. a. auch der Kultivation des Phantastischen gewidmet ist, nämlich die sog. Literaturerziehung. Es kann angenommen werden, daß allgemeine Übereinstimmung hinsichtlich der Pflege der Phantasie in diesem Bereich besteht, und zwar sowohl die Rezeption von phantasievollen Texten als auch deren Produktion betreffend: Dem Sachunterricht ist die quasi nüchtern-rationale Beschäftigung mit den Objekten und den die Objekte erforschenden Wissenschaften zugedacht, und die Literaturerziehung befaßt sich mit dem Reich der unendlichen Möglichkeiten — dies Fach korrespondiert mit der Freiheit der Gedanken, so wie jenes mit der Notwendigkeit zu tun hat. Solche Aufteilung der Fachdomänen ist unhaltbar, weil ihr der phantastische Charakter der Realität ebenso widerspricht wie die Unteilbarkeit menschlicher Erfahrung: Die Frage, wie die Schüler das eine mit dem anderen verbinden, darf den Didaktikern des Sachunterrichts nicht gleichgültig sein.

Die Wirklichkeit beeinflußt die Vorstellungen über das Mögliche, wie umgekehrt die Phantasie in die Gestalt der Dinge hineinwirkt; diesem Wechselverhältnis muß der Sachunterricht gerecht werden. Daß die Erscheinung der Realobjekte in die Phantasie derart eingreift, daß darin sogar ein ästhetisches Kriterium zur Beurteilung der Qualität phantastischer Literatur gegeben ist, behauptet *Luigi Santucci*:

„Ein Kürbis kann durch Zauber zu einer Kutsche werden, nicht aber eine Feder, und der schlaue Kater kann den Unhold nur überlisten, wenn dieser sich unvorsichtigerweise in eine Maus verwandelt hatte." [121, S. 53 ff.]

Was hier über die Phantasie des Märchens als „magische Verstärkung, nicht Entstellung" als das „delikate Vergnügen, die Logik der Dinge zu respektieren" aufgezeigt wird, ließe sich beispielsweise gegen die Mißachtung der Eigengesetzlichkeit der Insektenwelt in der „Biene Maja" einwenden — einer im Fernsehen gezeigten Serie von Zeichentrickfilmen nach dem Buch von *Bonsels*, die man offenbar um so besser genießen kann, je weniger man von der Welt der Insekten weiß, und die deshalb dazu geeignet ist, Ignoranz zu bestärken.

Die Angemessenheit der Phantasie, ihr Angelegtsein auf die Dinge der Wirklichkeit hin, ist ein Qualitätsmerkmal, das mit der anderen Seite des Wechselverhältnisses korrespondiert: Phantasie gewinnt Relevanz mit der Bearbeitung realer Probleme. So spiegeln die phantastischen Bücher *Michael Endes* die Probleme der gegenwärtigen Situation wider; der Diebstahl der Zeit — das Thema von „Momo" — ist ein machtvolles Bild der Entfremdung, und die Fähigkeit, zu phantasieren, als Macht zur Veränderung der Welt — das Thema der „Unendlichen Geschichte" — beleuchtet den Gegenstand unserer Überlegungen unter der Perspektive des ewigen Phantasten.

Ein anderes Beispiel problembezogener Phantasie geben viele der Bücher von *Astrid Lindgren,* in denen manchmal die kindliche Ohnmachtserfahrung durch Allmachtsphantasien kompensiert wird, aber auch — und welcher Erwachsene wollte das noch lachhaft finden? — das Problem des Todes mit den Mitteln der Phantasie bearbeitbar, und d. h. angesichts dieses Problems zunächst: überhaupt akzeptierbar, gemacht wird ("Die Brüder Löwenherz"). Wo sich Lehrer und Schüler im Unterricht mit solcher Lektüre einlassen, wird eben nicht allein das betrieben, was man als „Literaturerziehung" zu bezeichnen pflegt. Vielmehr werden Inhalte erarbeitet, Fragen verhandelt, die das Leben jedes einzelnen und den Zustand der Gesellschaft insgesamt betreffen.

Zugleich wird den Schülern die Erfahrung vermittelt, daß Phantasien als Arbeit nicht lediglich für Reklame oder billige Klischees gebraucht werden, die den oberflächlichen Illusionen vieler Menschen entsprechen, sondern auf anspruchsvolle Weise kultivierbar sind — Träume von möglichem Einfluß auf die Gestalt der Dinge, die kommen werden.

Unter didaktischer Perspektive ist es allerdings noch günstiger, an die Stelle solcher rezeptiver Literaturerfahrung, die aufgrund der Verquickung von Sprachkompetenz und Schichtzugehörigkeit nur wenigen Schülern offensteht, eine aktive und kollektive Phantasiearbeit zu setzen. Solche Arbeiten sind möglich, wo es gelingt, die individuellen Phantasien, wie sie sich in „freien Texten" niederschlagen, auf ein gemeinsames Projekt zu beziehen. Einem Lehrer gelang es mit einer siebten Klasse, einen „Gemeinschaftsroman" zustandezubringen, indem er eine gemeinsame Aufgabe als „zündende Idee" auf spielerisch-phantastische Weise stellte: Verkleidet als Zirkusdirektor bat er die Kinder, für die Tiere seines Zirkus je ein Winterquartier zur Verfügung zu stellen. Die imaginären Erlebnisse der Kinder mit den Zirkustieren in ihrer Umwelt, ihrem Zuhause wurden über den Winter hin aufgeschrieben, maschinengeschrieben, kopiert und am Ende als Buch mit dem Titel „Der Alligator im Swimming-pool oder ein Wanderzirkus braucht Hilfe" verteilt. Dabei zeigte sich, daß die Phantasie der Kinder nicht allein dem Unerhörten, Abenteuerlichen galt, sondern vielmehr als Projektionsfläche für reale Konfliktmöglichkeiten behandelt wurde. Es ging ihnen

„vor allem um die Erprobung und Darstellung von sozialen Beziehungen, die Erforschung von eigenen Bedürfnissen: Wie gehe ich mit meinen Eltern und Geschwistern um? Wie stehe ich Konflikte durch? Welche Bedeutung hat für mich eine Freundschaft? Welches Maß an Zuwendung kann ich einem Tier entgegenbringen? Was erhalte ich dabei zurück? Bin ich bereit, Verantwortung zu übernehmen? Dies mit Worten zu beschreiben, will erprobt und gelernt sein" [85, S. 146/147).

Derart konkret gemachte und auf ein gemeinsames Vorhaben gelenkte Phantasie ermöglicht während des Arbeitsprozesses unendlich viele Interaktionen; das fertige Produkt steigert am Ende das Bewußtsein über den bedeutsamen Stellenwert des Phantastischen innerhalb des Unterrichts; das Überschreiten der Grenzen zum Imaginären erweist sich als Beitrag zur Bewältigung realer Probleme in den Lebenssituationen der Schüler.

Ähnliche Phantasie-Projekte sind auch in der Grundschule möglich, wobei zwei methodische Zusammenhänge unterschieden werden können: einerseits bietet es sich an, einen Schritt über die öfters praktizierte Sammlung von Texten zu einem bestimmten Thema hinauszugehen. Die Anhäufung von Tiergeschichten beispielsweise würde durch die o. a. Aufgabe eine neue, verbindende Struktur gewinnen. Der Entwurf des Geländes (Karten und Grundriß zeichnen) und die Erlebnisse in einer imaginären Kinderrepublik, — stadt oder — welt bieten ein anderes Beispiel für ein Thema, das umfassend genug ist, um eine derartige Gemeinschaftsarbeit in Angriff zu nehmen. Andererseits sind Projekte möglich, die auf die Realität abzielen, wobei Phantasien eine wichtige Rolle spielen, beispielsweise der Entwurf und die Einrichtung eines idealen Spielplatzes. In diesem Kontext gewinnt die Phantasie eine neue Qualität.

Phantasien enthalten die Kraft zur Veränderung der Realität;
Kinder können lernen, daß Träume in Pläne umsetzbar und daß Pläne realisierbar sind.

Ein Lehrer unterrichtete eine erste Klasse; der Klassenraum befand sich im Keller der Schule. Es gab viel Platz. Der Lehrer sprach mit den Kindern öfter darüber, in welcher Art von Umwelt sie zu leben sich wünschten. Allmählich kristallisierte sich die Phantasievorstellung von einem Urwald als Leitmotiv heraus. Nachdem die Kinder verstanden hatten, daß diese Idee nicht als „utopisch" oder „unrealistisch" abgetan wurde, überlegten sie, wie man einen Urwald herstellen könnte. Die einen dachten an das, was sie im Botanischen Garten gesehen hatten, und schlugen vor, Palmen und Riesenfarne zu pflanzen; andere dachten an Konstruktionen aus Pappmaché, an Kulissen wie im Theater, an Gestelle und Baumhäuser u. a. m. Die Klasse widmete sich dem Projekt, der Lehrer besorgte Material und sorgte dafür, daß einerseits Lesen, Schreiben und Rechnen nicht zu kurz kamen, und daß andererseits die Arbeit an dem einmal beschlossenen Vorhaben nicht allmählich eingestellt wurde. So füllte sich im Lauf des Jahres der hintere Teil des Kellers mit künstlichen Palmen in Blecheimern, von denen Schlingpflanzen herabhingen, mit Topfpflanzen, die beleuchtet und gepflegt werden mußten, und mit vielen großen und kleinen Tieren, die diesen Urwald bevölkerten. Dazwischen gab es Bänke und Tische: Ein gemütlicher Urwald. Am Ende schien es dem Besucher fast unglaublich, daß kleine Kinder dies alles aufgebaut haben sollten. Über die Bedeutung dieses Stücks praktischer Didaktik, das in mehrfacher Hinsicht phantastisch erscheint, ist oben das Wichtigste gesagt worden.

5. Bedingungen des Handlungslernens im Schnittfeld von individuellen Erfahrungen und allgemeinen Problemen

Das inhaltliche Muster unserer Darstellung folgt einem Bogen, bei dem zuerst die wissenschaftlichen Traditionen mit den fächerübergreifenden Problemen verbunden werden, denen sich die Gesellschaft konfrontiert sieht (Kapitel 3), und anschließend die Disposition der Kinder im Hinblick auf diese gesellschaftlichen Zusammenhänge beschrieben wird (Kapitel 4). Beide Betrachtungsweisen bieten Ausgangspunkte für Wege, die jedesmal zum Handlungslernen führen. Dementsprechend läuft unsere Darstellung jedenfalls auf das Gebiet hinaus, das als Schnittfeld von individuellen Erfahrungen und allgemeinen Problemen bezeichnet werden kann. Es ist das Feld, auf dem Sachunterricht sich anzusiedeln, das er zu kultivieren hat.

Nun gibt es außer den beiden Möglichkeiten, sich dem Überschneidungsbereich ausgehend von seiten der gesellschaftlichen Aufgaben oder von seiten der individuellen Bedürfnisse zu nähern, auch noch Bedingungen des Handlungslernens, die sich weder aus dem einen noch aus dem anderen eindeutig herleiten lassen, sondern ihren Ort unmittelbar bei der Verknüpfung des Individuellen mit dem Allgemeinen finden, die das zentrale Ereignis des Handlungslernens bezeichnet. Von solchen Bedingungen soll hier die Rede sein. Es handelt sich dabei um Gegebenheiten, die Handlungslernen zu erleichtern oder zu erschweren geeignet sind. Sie können einem schuladministrativen, einem zivilisationsspezifischen und einem personenbezogenen Kontext zugeordnet werden.

Während jedem dieser Zusammenhänge mit Recht ein eigenes Forschungsinteresse gewidmet ist, wie bereits an der langen Reihe von Publikationen dazu abgelesen werden kann, soll es hier lediglich darum gehen, die Auswirkungen unter der Perspektive unseres pragmatistischen Ansatzes aufzeigen, bei besonderer Berücksichtigung des Sachunterrichts.

Dabei erweist sich die Wechselbeziehung zwischen inhaltlichen und medienhaften Wirkungsfaktoren. Beispielsweise ist die unermeßliche Bilderflut — ein Wesensmerkmal der Wirklichkeitserfahrung in unserer gesellschaftlichen Situation — nicht nur als Besonderheit des Vermittlungsprozesses zu verstehen, sondern auch als konstitutives Element der Welterfahrung, und somit eben als maßgeblich für die Bestimmung von Inhalten.

Derartige Überlegungen zum Bedingungsrahmen des Handlungslernens sind auf Unterricht insgesamt bezogen. Aber die Folgerungen — also etwa die Frage, wie der Wechselbezug von Medium und Inhalt zu berücksichtigen und in die Tat umzusetzen wäre — sind hier dem Sachunterricht gewidmet.

Zum Stellenwert von Planungsvorgaben

Was über Unterrichtsplanung als Bedingung von Handlungslernen zu sagen ist, gibt im Grunde das Echo von dem, was eingangs über das Projekt als Focus des Erfahrungslernens gesagt worden ist: Die Konstitution des Unterrichtsinhalts durch das Projekt, die dem Entwurf der Verhältnisse durch den planenden Zugriff der menschlichen Gesellschaft in erfahrungsphilosophischem Kontext entspricht; die Bestimmung von Vorgehensweisen und Einstellung der Partizipierenden im Zusammenhang des gemeinsam verantworteten Planes; die systematische Anwendung der Prinzipien von Kontinuität und Wechselwirkung als Strukturmerkmale aller Erfahrung auf die Verhältnisse im Schulunterricht.
Was an dieser Stelle aber deutlich werden soll, sind die Konturen des pragmatistischen Planungsbegriffs angesichts der gegebenen Situation, — gegenüber dem Bedingungsrahmen also, in dem die Planung des Sachunterrichts gegenwärtig zu vollziehen ist.
Dieser Bedingungsrahmen erscheint durch einen allgemeinen Konsensus darüber gekennzeichnet, was üblich ist und irgendwie als erforderlich betrachtet wird. Man kann diesen Konsensus als System regelartiger Sätze beschreiben, die sich ebenso wie andere Erscheinungsformen des Schulwesens — etwa die 45-minütige Dauer von Lektionen, die Jahrgangsklasse und das Sitzenbleiben — eingebürgert und eine nicht mehr hinterfragbar erscheinende allgemeine Anerkennung gefunden haben, obwohl in vergleichbaren anderen Nationen ganz andere Formen Usus geworden sind. Nirgendwo werden Unterrichtslektionen mit derartig viel Brimborium wie in der Bundesrepublik Deutschland vorbereitet, nirgendwo gilt die Übereinstimmung zwischen Unterrichtsentwurf und Unterrichtsdurchführung so selbstverständlich als Maßstab für Qualität, wenn man die Praxis der Referendarausbildung zum Maßstab nehmen möchte.
In der Absolutheit des Anspruchs solcher verhärteter Formen der Planung steckt ein Hindernis für Handlungslernen. Dies liegt nicht nur daran, daß die gebräuchlichen Schemata zur Unterrichtsvorbereitung im Hinblick auf das Verhältnis zwischen Lehrern und Schülern als Manipulationsinstrumente gelten müssen, sondern auch daran, daß sie im Hinblick auf das Verhältnis zwischen Schuladministration und Lehrern als Kontrollinstrumente zu betrachten sind. Es ist eine fatale Schwierigkeit des Schulwesens, daß es an die Observations- und Kontrollfunktionen der Aufsicht gebunden ist, deren innere Verwaltungsstrukturen dem Wesen pädagogischer Prozesse oft diametral entgegengesetzt sind. Daher entsteht folgende Gefahr: In dem Maße, wie die administrative Seite im Schulbetrieb überwiegt, lernt die junge Lehrerin / der junge Lehrer den eigenen Unterricht überwiegend unter dem Blickwinkel der Verwaltungskriterien wahrzunehmen: Statt sich in den Strom einer gemeinsamen Lernerfahrung hineinzugeben, lernt man, eine Art ritualisiertes Theater vorzuführen, in dem man selber die Rolle des Verwalters von Lerngegenständen und des Zuteilers von Stichworten auszuüben hat, — Hauptsache, daß jederzeit alles unter Kontrolle bleibt. Diese Spannung mag überzeichnet erscheinen, und vor allem angesichts der tatsächlich vorhandenen Zwänge — Einfluß der Eltern, Notwendigkeit des Leistungsvergleichs, Situation beim Schulwechsel — auch den Bemühungen vieler Erzieher nicht gerecht werden. Es ist aber andererseits notwendig, die in dieser Situation vorhandenen negativen pädagogischen Momente in aller Deutlichkeit zu erkennen. Das Bedingungsfeld erfahrungsbezogenen Sachunterrichts soll nun, was die Planungsvorgaben betrifft, durch eine Reihe von vier Gegensatzpaaren gekennzeichnet werden. Dies Beschreibungsmuster umfaßt nicht etwa jeweils zwei Gegenpole im Sinne von Extrempunkten am Ende eines Kontinuums, sondern ist eher als Gegenüberstellung typischer Auffassungen zu verstehen, wobei der erstgenannte Satz jeweils der weithin vorherrschenden Auffassung entspricht, also den Konsensus über das weithin erwartete Planungsverhalten ausdrückt, während der ihm jeweils gegenübergestellte zweite Satz die

Position des erfahrungsbezogenen Sachunterrichts markiert. In ganz ähnlicher Form hat bekanntlich *Erik Erikson* Begriffspaare einander gegenübergestellt, die jeweils eine Dimension persönlicher Identität wiedergeben, wie zum Beispiel „Generativität" gegen „Selbstabsorption"; innerhalb der durch solche Gegensatzpaare bezeichneten psychosozialen Krisenphasen ist es jeweils die mit dem ersten Begriff genannte Einstellung, die eine Form der Identität ausdrückt. Auf die folgenden Thesenpaare übertragen, sind es nach unserem Darstellungsmuster die jeweils an zweiter Stelle genannten Sätze, welche gewissermaßen eine Erfahrungsidentität des Planungsverhaltens ermöglichen. Je deutlicher Unterrichtsplanung in ihrem Sinne Realität gewinnt, um so eher wird erfahrungsbezogener Sachunterricht praktiziert werden. Die umgekehrte Aussage ist allerdings ebenso richtig, — je enger sich Planungspraxis an den jeweils ersten Satz anlehnt, um so weiter die Entfernung, um so größer auch das Ausmaß der Entfremdung von den Erfahrungen der Schüler und, wie leicht zu zeigen ist, von denen der planenden Lehrperson selber.

Unterrichtsplanung geschieht zwar im Hinblick auf die Schüler,
erfordert aber keineswegs deren Beteiligung.
vs.
Es gibt bei der Unterrichtsplanung nichts Wichtigeres
als die Beteiligung der Schüler.

Daß die Lehrerinnen und Lehrer die Unterrichtsplanung allein vornehmen sollen, bedeutet ihre Isolation von den Schülern, ihre Separation von deren Lernbedürfnissen; gleichzeitig erleichtert es die Kontrolle des Unterrichts durch die Beamten der Schulaufsicht, was die Verpflichtung auf einen bestimmten Planungsstandard und die Zurechenbarkeit der Verantwortung betrifft. Wenn dagegen die Beteiligung der Schüler an der Unterrichtsplanung als unerläßliche Bedingung gilt, so folgt daraus der Projektcharakter des Sachunterrichts, die Auseinandersetzung mit Dingen und Sachverhalten als gemeinsame Unternehmung; in der Beteiligung der Schüler erblicken wir mehr und anderes als eine Maßnahme zur Motivation, — es ist die Überzeugung, daß Kinder bereits in der Lage sind, ihre eigenen Lernprozesse zu reflektieren und zu steuern und daß Erwachsene im Umgang mit Kindern auch als Lernende profitieren können.
Die Frage, wie derartige Partizipation zu erreichen ist, soll im Abschnitt über „Schülerinteressen und Lehrerrolle" erörtert werden.

Unterrichtsplanung schlägt sich in Aussagen nieder,
die dem Muster eines vorgegebenen Schemas entsprechen.
vs.
Unterrichtsplanung ist ein Reflexionsprozeß,
der sich u. a. in Diskussion und Tagebuchnotizen äußert.

Die schematisierte Form der Unterrichtsplanung bedeutet die Reduktion des Unterrichtsgeschehens auf einzelne, vorher isolierte und herausgehobene Aspekte, und die Isolation der einzelnen Elemente, die getrennt voneinander betrachtet und vorbereitet werden; das Schema kann dem Anfänger die Arbeit insofern erleichtern, als es eine Manipulationshilfe bietet, ebenso, wie es andererseits die Vergleichbarkeit der Planungen verschiedener Lehrer aufgrund der standardisierten Form erst ermöglicht; es ist somit Kontrollinstrument im Hinblick auf den Unterricht und die Beurteilung der Lehrer durch die Schul- und Ausbildungsaufsicht zugleich.
Wo demgegenüber Planung als permanenter Prozeß verstanden wird, ist die Kontrolle auf die Selbstdisziplin aller Beteiligten konzentriert. Typische Formen sind Diskussionen, die in die Aufstellung und Revision von Arbeitsplänen münden, und Tagebücher.

Was die Diskussionen betrifft, so handelt es sich dabei stets auch um Metaunterricht im Sinne von Überlegungen, die sich auf den Sinn der Unterrichtsveranstaltung beziehen. Derartige Besinnungen sind in schematisierter Gestalt kaum realisierbar: Wenn der Versuch *Wolfgang Klafkis*, Sinnreflexion in einem formalisierten Instrument zur „didaktischen Analyse" schematisch zu fassen und der Lehrerausbildung nutzbar zu machen, eine Erfahrung erbracht hat, so doch wohl den Erweis der Gefahr einer Vernutzung im Kontext des Lehrerausbildungsbetriebs.

Was Tagebuchaufzeichnungen im Zusammenhang mit Unterrichtserfahrungen betrifft, so ist zunächst offensichtlich, daß sich diese quasi intime Form der Kontrolle entzieht; allenfalls in einem immer wieder aufs Neue zu begründenden Vertrauensraum werden Öffnung und Austausch solcher Erfahrungen möglich. Der Inhalt der Aufzeichnungen ist einerseits umfassender, als es das Schema gestatten würde — im Tagebuch ist Raum auch für Beobachtungen, die scheinbar am Rande liegen, aber einen hohen Stellenwert besitzen für persönliche Empfindungen, die beispielsweise mit Hilfe psychoanalytischer Kategorien geordnet werden können, u. a. m. —, andererseits legt die Tagebuch-Eintragung auch die Konzentration aufs Wesentliche nahe, wie es sich angesichts der je besonderen Situation und der gegebenen Problematik darbietet. Tagebücher können von Schülern und Lehrern geführt werden. Studenten haben in den Tagebuch-Eintragungen während des Schulpraktikums eine sinnvollere, wenn auch mühsamere Arbeit erblickt, als in den schematischen Unterrichtsentwürfen. Der Erfahrungsaustausch im Gespräch ist bei dieser Idee von Tagebuch-Aufzeichnungen mit einbezogen; die Schwierigkeit liegt dabei darin, daß die Überwindung der Kontrollmechanismen durch ein Vertrauensverhältnis vorausgesetzt ist, — eine Atmosphäre wechselseitiger Offenheit, in der die Dimension sinnbezogenen Handelns sich für den einzelnen überhaupt erst auftut. Damit ist zugleich gesagt, daß die Schwierigkeit, eine solche Atmosphäre zu schaffen, kein Argument für das verbreitete Kontrollverhältnis ergibt, wenn deren Mechanismus auf den ersten Blick auch weniger schwierig zu funktionieren scheint, denn es geht uns um ein Lernen, das auf die Erfahrungen der Menschen bezogen ist, und somit pädagogische Ansprüche erst einlösbar macht.

Die Qualität der Planung erweist sich u. a. am Ausmaß der Übereinstimmung mit dem praktisch durchgeführten Unterricht.

vs.

Plan und Ausführung sind Aspekte ein- und desselben Prozesses, dessen Qualität durch die Arbeit der Lernenden bestimmt ist.

Daß die Aufteilung in Planung und Durchführung einer Sache das Kriterium zu deren Beurteilung bieten soll, ist an sich unsinnig; wenn ein solches Verfahren bei der Unterrichtsbegutachtung verbreitet ist, so kann dies allenfalls mit der Bindung an amtliche Vorgaben — Richtlinien und Stoffverteilungspläne — plausibel gemacht werden, Vorgaben, von denen man annimmt, daß sie den Sinn der Veranstaltung garantieren. Gleichwohl ist damit aber eine weitgehende Enthaltsamkeit im Hinblick auf inhaltliche Kriterien zur Unterrichtsbeurteilung eingeschlossen.

Die wechselseitige Maßgabe von Unterrichtsplanung und Durchführung führt in einen fatalen Kreislauf zu wechselseitiger Nivellierung. Es ist auf die gängige Praxis hingewiesen worden, derzufolge „gute" Planung eine möglichst getreue Vorwegnahme des Unterrichts sein soll, so, wie umgekehrt „guter" Unterricht die zugrundeliegende Planung möglichst getreu reproduzieren soll (vgl. [56, S. 53]). So kommt es zu einem Prozeß wechselseitiger Akkomodation und Verflachung: Geplant wird, was „geht" und Erfolg verspricht, und der Unterricht wird dem Plan angeglichen — als Ergebnis arrangiert man sich langfristig gemäß einem Ritual, das das Mittelmaß des einen wie des anderen festschreibt.

Die Auffassung, derzufolge Planung und Ausführung als Aspekte ein- und desselben Vorgangs zu betrachten sind, folgt der philosophischen Erkenntnis, daß die Praxis des Geschehens selbst ein Moment enthält, das durch planendes Nachdenken allein nicht vorweggenommen werden kann, sondern einen neuen theoretischen Impuls darstellt. *Immanuel Kant* hat diesen Zusammenhang — projiziert auf den moralischen Fortschritt der Menschen im Lauf der Geschichte — am Beispiel der französischen Revolution von 1789 entwickelt:

„Denn ein solches Phänomen in der Menschengeschichte *vergißt sich nicht mehr*, weil es eine Anlage und ein Vermögen in der menschlichen Natur zum Besseren aufgedeckt hat, dergleichen kein Politiker aus dem bisherigen Laufe der Dinge herausgeklügelt hätte, und welches allein Natur und Freiheit, nach inneren Rechtsprinzipien im Menschengeschlechte vereinigt, aber, was die Zeit betrifft, nur als unbestimmt und Begebenheit aus Zufall verheißen konnte" (75, S. 520).

Wenn dies wahr ist, so bliebe zu erklären, weshalb nicht auch bezüglich des Unterrichts gelten soll, daß die Steuerung des Geschehens auch aus der Praxis selber erfolgt, wie es im pragmatistischen Ansatz selbstverständlich ist. Wenn aber die dualistische Trennung von Plan und Ausführung demgemäß aufgehoben erscheint, so wird die Frage nach dem inhaltlichen Qualitätsmerkmal des Unterrichts um so dringlicher. Wir können sie für den Sachunterricht mit dem Hinweis auf ein Kriterium beantworten, das in diesem Buch an zahlreichen Beispielen exemplifiziert wird: Die Vermittlung zwischen den Erfahrungen des einzelnen und den gesellschaftlichen Problemzusammenhängen ist die Aufgabe des Sachunterrichts, an deren Lösung seine Qualität gemessen werden kann.

Unterrichtsplanung spiegelt Fächerstrukturen.
vs.
Unterrichtsplanung spiegelt die projekthafte Perspektive
der gesellschaftlichen Entwicklung.

Die Fächer geben dem Schulbetrieb die äußere Struktur, bestimmen Stundenplan, Fachlehrerprinzip, amtliche Richtlinien und Raumaufteilung; die Systematik der Fächer bestimmt weitgehend auch die inneren Strukturen von Stoffverteilungsplan und Unterrichtsplanung, bis hin zu Gedanken und Vorstellungen: „Das hatten wir schon", sagen die Schüler — „Das kriegen wir später", sagen die Lehrer. Wie das Muster eines riesigen Teppichs erstreckt sich die Fachsystematik in die Länge und Breite schulischen Lernens. (Daß die Systematik der Schulfächer eher ein Konglomerat aus tradierten Versatzstücken darstellt, als eine schlüssige Deduktion der entsprechenden Fachdisziplinen, gibt in diesem Zusammenhang nicht den Ausschlag.) Dieser Tradition gegenüber, sozusagen quer zu den Fächern, liegen die Probleme, die es zu lösen gilt, und da ihre Lösung im Raume gesellschaftlichen Geschehens aus der Perspektive der einzelnen Fächer nicht gelingen kann, müssen die Fächerstrukturen auch im Raum des Schulunterrichts zugunsten angemessenerer Methoden aufgegeben werden. Immer deutlicher tritt angesichts der großen gesellschaftlichen Probleme — von der Möglichkeit des Atomkrieges bis zur Schwierigkeit für junge Leute, eine sinnvolle Arbeit zu finden — die Hilflosigkeit der Fachleute zutage, die mit einer kennzeichnenden Perspektivlosigkeit zusammenhängt, durch die der Gebrauch des Planungsbegriffs gegenwärtig selbst belastet erscheint.

Typisch ist doch, daß man es heute mit Plänen zu tun hat, die zwar fachlich detailliert sind, aber die Wirkungen des Geplanten auf die Gesamtheit des Geschehens so gut wie überhaupt nicht berücksichtigen: die Folgewirkungen auf die Umwelt, auf die nachfolgenden Generationen, für andere Nationen werden auch dann in die Planung nicht einbezogen, wenn sie durchaus kalkulierbar erscheinen. Die gewollte und oft als einzig korrekt empfundene Einschränkung des Planes auf die jeweilige Fachperspektive macht die typische Planung so miserabel. Es ist nicht nötig, einen ursächlichen Zusammenhang zwischen den Fächerstrukturen des Schulbetriebs und dem allgemein vorherrschenden Denken in Fächerkategorien nachzuweisen, um jene innere Reform des Schulwesens für notwendig zu erachten, die bei der Rekonstruktion des Sachunterrichts ihren Ausgang nehmen könnte, — die offensichtliche Unangemessenheit der Fachperspektiven bei der Lösung von Problemen rechtfertigt für sich die Entwicklung sachangemessener Betrachtungsweisen.

Letzten Endes ist die Planung des Unterrichts für und mit einer Schülergruppe, die als *embryonic society* fungiert, ein Spiegel der gesellschaftlichen Entwicklung, die ihrerseits einem immer wieder aus dem Geschehen zu entwickelnden Plane zu folgen scheint, wie es großartig *Ernst Bloch* gesagt hat:

„— ein experimentum mundi, die ganze Welt ein Experiment, mit ungeheurer Gefahr als Möglichkeit, aber auch mit Möglichkeit des Heilenden, auf das nun alle Hoffnungen der Menschen, die Religionen und die Eschatologie gehen. Daher braucht uns der Geschichtsprozeß als letzte Bedingung zur Verwirklichung eines Möglichen. Das Mögliche allein kann sich nicht gebären, es braucht den subjektiven Faktor zur Verriegelung der schlechten, uns feindlichen Möglichkeiten und zur Beförderung der guten, progressiven, fördernden, uns mit uns identifizierenden" [9, S. 132].

Zum medialen Aspekt der Wirklichkeit: Erfahrung aus zweiter Hand

Der Bedingungsrahmen, innerhalb dessen individuelle Interessen mit gesellschaftlichen Problemen zu vermitteln sind, ist wesentlich durch die Schwierigkeit bezeichnet, daß wir in einer Welt leben, die den unmittelbaren Umgang mit Dingen und Sachverhalten kaum noch gestattet. Zwischen die Menschen, die für ihr Weltverhältnis auf Erfahrungen angewiesen sind, und die Welt, die unendliche Möglichkeiten zum Erfahrungsgewinn bereithält, hat sich trennend und gleichsam stellvertretend für die Menschen ein Drittes, irgendwie Abstraktes, in „Black Boxes" Behaustes dazwischen geschoben, das auf Knopfdruck funktioniert und uns Gewünschtes herbeischafft, ohne daß wir uns mit den Dingen und Sachverhalten auseinandersetzen müßten oder könnten: So haben wir Licht und Wärme, ohne Feuer besorgen zu müssen, Nahrungsmittel in Hülle und Fülle, ohne auch nur Wissen zu brauchen, woher sie stammen, Musik und Unterhaltung, ohne uns mit Musikanten oder anderen Menschen einlassen zu brauchen, und für unsere geistigen Bedürfnisse Bilder, eine Flut von Bildern, ohne eines davon erarbeitet oder uns in eines vertieft zu haben.

Es ist offensichtlich, daß dieser Zustand, den wohl als erster *Arnold Gehlen* mit dem Begriff der „Erfahrung aus zweiter Hand" bezeichnet hat, den Sachunterricht in seinem Zentrum betrifft. Nicht nur allgemein, weil im Zuge dieses seltsamen Rückzugs der Wirklichkeit der Unterricht selbst durch Medien ausgesteuert und sozusagen entsinnlicht worden ist, sondern vor allem deshalb, weil es die Sache des Sachunterrichts sein muß, die Erfahrung aus zweiter Hand in eine Erfahrung aus erster Hand, also eine Erfahrung zu überführen, die diesen Namen verdient. Die Frage, wie das denn geschehen soll, bezeichnet eines der wichtigsten Probleme für die Didaktik des Sachunterrichts.

Betrachten wir zunächst das Problem, wie es sich im Konkreten in Schule und Gesellschaft niederschlägt, um in einem zweiten Schritt mögliche Lösungsstrategien zu erörtern.

Einen interessanten Deutungsversuch unseres Problems hat *Guy Debord* mit einer Reihe von Aphorismen und Thesen vorgelegt, die unter dem Titel „Die Gesellschaft des Spektakels" erschienen sind. [30] *Debord* faßt die Produktion von Waren als Selbstzweck der Gesellschaft auf, der einen eigenen metaphysischen Apparat in den Vorstellungen der Menschen betreibe. Seine Deutung des Entfremdungsprozesses, den wir mit *Gehlens* Begriff als „Erfahrung aus zweiter Hand" bezeichnen, knüpft somit an die *Marxsche* Kategorie der Verdinglichung an. Diese Betrachtungsweise ist geeignet, die besondere Form der Verdinglichung zu erhellen, die im Schulunterricht beobachtet werden kann. Zunächst *Debord* mit einer für seinen Argumentationsstrang entscheidenden Aussage:

„Die Trennung selbst gehört zur Einheit der Welt, zur globalen gesellschaftlichen Praxis, die sich in Realität und Bild aufgespalten hat. Die gesellschaftliche Praxis, vor die sich das autonome Spektakel stellt, ist auch die das Spektakel umfassende wirkliche Totalität. Aber die Aufspaltung dieser Totalität verstümmelt sie so sehr, daß sie das Spektakel als ihren Zweck erscheinen läßt. Die Sprache des Spektakels besteht aus *Zeichen* der herrschenden Produktion, die zugleich der letzte Zweck dieser Produktion sind." [30, S. 7]

Zeichen der Produktion, zugleich deren letzter Zweck, sind die Waren, deren Flut sich über uns ergießt, und uns von den Erfahrungen trennt oder vielmehr, genau besehen, eine andere, vermittelte Erfahrungsqualität an die Stelle der unmittelbaren Lebenserfahrung treten läßt.

Will man sich diese Betrachtungsweise einmal zu eigen machen, um sie auf die Situation im Schul- und Unterrichtsbetrieb anzuwenden, so stellt sich dieser im Licht des *Debord'schen* Scheinwerfers ebenfalls als eine Anhäufung von Waren dar: Davon sind nicht nur die Verlagsprodukte — Bücher, Unterrichtsmaterialien, Einrichtungsgegenstände — betroffen, auch nicht bloß die stets gleichförmige und gleichermaßen teure wie öde Architektur der Schulgebäude, der Turnhallen, Pausenhöfe, Verkehrsgärten, der Schulmoden von Lehrern und Schülern, die in bestimmten Taschenformen, Heftmoden, Schreibzeugmoden, Kleidermoden eine Art subkulturelles Eigenleben zu entfalten scheint — über den ganzen Wust von Gegenständen hinaus, die gleichsam Kulisse und Requisitenkammer des Schulbetriebs bilden, sind es vor allem auch die Inhalte des Unterrichts selbst, die zu einer Art Ware geworden sind und von den Lehrern als den Handelsvertretern der zur Ware gewordenen Wirklichkeit in dosierten Unterrichtseinheiten verabreicht werden. Der minutiöse Unterrichtsentwurf ist also nicht allein aus dem Interesse der Aufsichtsbehörden zu erklären, denen er eine effektive Kontrolle des Geschehens in den Schulen ermöglicht, sondern auch als ein Stück zur Ware erstarrter Wirklichkeit, die das komplexe Geschehen der Unterrichtssituation im vorhinein festschreibt und die Illusion ihrer Verfügbarkeit vermittelt.

Was nun den Sachunterricht betrifft, so kann vor allem der massierte Einsatz von sog. Medien als typischer Grundzug vieler Unterrichtsentwürfe, -einheiten und -„konserven" (— wie *Rudolf Mücke* seine Vorlagen selbst zu bezeichnen pflegt —) beobachtet werden. Dieser Blickpunkt ist bei Gelegenheit der Thematik „heimlicher Lehrplan" bereits behandelt worden, wobei herauskam, daß die begriffliche Reduktion der Wirklichkeit, die in vielen Entwürfen zum Sachunterricht das typische Merkmal ist, einer technologischen Grammatik entspricht, die ihrerseits in Materialkoffern und Gerätesätzen eine verdinglichte Gestalt gewinnt. Sachunterricht präsentiert also das gleiche technomorphe Weltbild, das die moderne Welt überall prägt. Damit schließt sich der Kreis, — was *Debord* als Gesellschaft des Spektakels beschreibt, hat den Sachunterricht längst mit Beschlag belegt.

Eine weitere Facette des Problemkreises „Erfahrungen aus zweiter Hand" besteht in dem Verhältnis von Wirklichkeit und Abbild, welches sich so sehr auf die Bilder-Seite verschoben hat, daß die Wirklichkeit eher Bilder nachzuahmen scheint als umgekehrt, so daß für die Heranwachsenden die Schwierigkeit möglicherweise darin liegt, das eine und das andere auseinanderzuhalten. Betrachten wir diese Problematik zunächst unter dem Blickwinkel einer auf den Sachunterricht konzentrierten Sicht, um von dort her die allgemeine Situation zu bezeichnen.

Bilder haben im Sachunterricht von Anfang an eine wichtige Rolle gespielt. So stellt der „orbis pictus" bereits einen Vorläufer jener Abbild-Didaktik dar, die es unternimmt, die Wirklichkeit auf immer raffiniertere Weise modellhaft wiederzugeben: Von den farbigen Wandbildern und Bilderbogen zu Beginn des 19. Jahrhunderts über die Landkarten, die physikalischen und tellurischen Modelle am Ende des 19. Jahrhunderts bis zu den Materialsätzen und Gerätekoffern unserer Zeit spannt sich der Bogen einer höchst erfolgreichen didaktischen Idee, die bereits der „gemalten Welt" zu ungeheurer Verbreitung verholfen hatte. *Komensky* war es aber auch, der die Crux derartiger Abbild-Didaktik bereits erkannte; in einer der Vorreden zu den vielen Neuauflagen des „orbis sensualium pictus" schreibt er:

„Die Menschen müßten nicht aus Büchern, sondern aus Himmel und Erde, aus Eichen und Buchen ihre Einsicht schöpfen."

Mit dem Begriffe der Einsicht ist eine didaktische Kategorie bezeichnet, die sich allein durch den Einsatz von Bildern und Modellen, also durch die sog. anschaulichen Methoden, nicht wird erreichen lassen; es muß etwas hinzukommen, das von den Schülern ausgeht, das einzig und allein sie einbringen können — jenes Interesse, das *Dewey* als *conditio sine qua non* des Lernens nachgewiesen hat, jene Spontaneität, auf der die *Piaget*'schen „aktiven Methoden" aufbauen —, und das durch den Gebrauch von Bildern ebenso gut verhindert wie gefördert werden kann. *Piaget* bemerkt dazu:

„Aber es gibt ebenso einen ‚Verbalismus' des Bildes wie einen Verbalismus des Wortes, und im Vergleich zu den aktiven Methoden leisten die anschaulichen Methoden, wenn sie den elementaren

Primat der spontanen Aktivität und des persönlichen und autonomen Entdeckens des Wirklichen übersehen, nicht mehr, als den traditionellen Verbalismus durch diesen eleganteren und raffinierteren zu ersetzen." [109, S. 66]

Dieses vergleichsweise alte didaktische Problem ist nun aber vor dem Hintergrund der gegebenen kulturellen Situation zu sehen, in der Bilder einen entscheidenden Einfluß gewonnen haben. Der Verbalismus der Bilder ist längst Bestandteil der Alltagserfahrung jedes Zeitgenossen geworden.

Während Bilder in der Vergangenheit Sachverhalte abbildeten, deren Bedeutung die der Bilder selbst überragte, scheinen heute hinter Bildern nur die Ideen von Bildern zu stehen; die Bilderflut hat gewissermaßen begonnen, sich von der Realität zu lösen, ja, diese nach ihrem Bilde zu formen. Die schiere Masse der Bilder bewirkt bereits einen Verlust an Tiefe, als ob hier eine ganze Dimension abhanden käme. Es ist verschiedentlich auf solche Effekte der von Bildern ausgesteuerten Wirklichkeitserfahrung hingewiesen worden. Erich *Fromm* bemerkt über die nivellierende Wirkung von Photographien auf das lebensvolle Erinnerungsvermögen:

„Das Photo dient ihrem Gedächtnis nur als Stütze, um einen Menschen oder eine Landschaft zu identifizieren. Ihre Reaktion auf das Bild ist etwa: ‚Ja, das ist er‘, oder, ‚Ja, da war ich‘. Das Photo wird für die meisten zu einer *entfremdeten* Erinnerung." [52, S. 41]

Aber Bilder sind mehr als nur ein Ersatz für die Wirklichkeit, in deren Raum sich die Erfahrungen abspielen, die unser Weltbild konstituieren. Bilder schaffen eine eigene Wirklichkeit, — so, wie von ihnen eine eigene Faszination ausstrahlt, errichten sie eine eigene Vorstellungswelt, eine Welt des Imaginativen, die gleichsam eine separate Realität darstellt. Die Lage der Dinge wird also dadurch kompliziert, daß nicht nur die Bilderwelt ihr Material dem Raum der ursprünglichen Wirklichkeit entlehnt, sondern daß umgekehrt auch vielfältige und weitreichende Einflüsse von der Welt des Imaginativen ausgehen und die realen Gegebenheiten verändern; es besteht eine Wechselwirkung, und die klaren Konturen unserer Unterscheidung zwischen Objekt und Bild werden verwischt.

Susan Sonntag hat in ihrer Sammlung von Essays „Über Photographie" [133] auf gedankenreiche Weise dargelegt, wie gerade der Grad an Abstraktheit, der die Erfahrungsqualität photographierter Realität auf die Ebene bloßer Information herunterbringt, die Voraussetzung dafür enthält, daß unser Erfahrungsraum sich immer weiter ausgedehnt hat. Man denke in diesem Zusammenhang nur an die zahlreichen Möglichkeiten der Information, die erst durch die Photographie erschlossen worden sind, um die Ambivalenz dieses Zusammenhangs zu erfassen. Niemals vorher in der Geschichte ist es möglich gewesen, daß Kinder sehen konnten, wie ihre längst toten Urgroßeltern, wie ihre Eltern selbst als Kinder ausgesehen haben. Historische Aufnahmen können die gesellschaftliche Wirklichkeit von gestern so deutlich vor Augen führen, wie Mikroaufnahmen die Welt der kleinsten Objekte, Röntgen- und Infrarotaufnahmen das Verborgene, Satellitenbilder die Erde aus dem All, und eine beliebige Serie von Familienfotos die persönliche Entwicklung des Betrachters, — all dies Sachverhalte, die für den Sachunterricht von besonderer Wichtigkeit sind.

Obwohl hier ein Zusammenhang von Informationsgewinn und Erfahrungsverlust zu sehen ist, wie dies *Susan Sontag* ausführt, wäre die naive Schlußfolgerung verkehrt, daß durch die Photographien ebenso viel an Erfahrungstiefe verlorengeht, wie an Informationsbreite gewonnen ist. Viel eher scheint es zuzutreffen, daß die Qualität der Auseinandersetzung mit der Wirklichkeit, also die gegenwärtig vorherrschende Weise der Welterfahrung, nachhaltig durch Bilder beeinflußt ist. Das konkret den Menschen Begegnende hat etwas Imaginäres an sich, wird von ihnen im Hinblick auf Bilder wahrgenommen, ausgewählt und zurechtgerückt; die Welt ist zur Projektionsfläche von Bildern geworden. Das Ausmaß dieser Umkehrung von Wirklichkeit und Abbild wird vor allem in Extrem- und Grenzsituationen erkennbar: Konfrontiert mit solchen Situationen, wenn sie einem bestimmten Genre der Bilderkultur zugeordnet werden können, passiert es, daß wir die Klischees des Genres in der Wirklichkeit zu reproduzieren bemüht sind; dies wird beispielsweise in *Michael Herrs* Erinnerungen an den Vietnam-Krieg deutlich:

Ich muß immerfort an all die Jungs denken, die durch siebzehn Jahre Kriegsfilme kaputtgemacht wurden, ehe sie nach Vietnam kamen, um für immer kaputtgemacht zu werden. Du weißt nicht, was ein Medienfreak ist, bis du gesehen hast, wie einige von diesen Soldaten in einem Gefecht rumrennen, wenn sie wissen, daß ein Fernsehteam in der Nähe ist. In ihren Köpfen kurbelten sie richtig Kriegsfilme runter, führten im Kugelhagel kleine Mut-und-Ehre-Ledernacken-Stepptänzchen auf, ließen sich die Rübe für den Sender runterschießen. Sie waren wahnsinnig, aber nicht der Krieg hatte ihnen das angetan ... Wir hatten allzuviele Filme gesehen, waren zu lange im Fernsehparadies gewesen ... Die ersten paar Male, in denen auf mich geschossen wurde oder ich Kriegstote sah, passierte an sich nichts, alle Reaktionen waren in meinem Kopf eingesperrt. Es war dieselbe altvertraute Gewalttätigkeit, bloß auf ein anderes Medium übertragen: 'ne Art Geländespiel mit riesenhaften Helikoptern und phantastischen Spezialeffekten, da lagen die Schauspieler in ihren Segeltuch-Leichensäcken rum und warteten, daß die Szene zu Ende war, damit sie wieder aufstehen und weggehen könnten. Aber das war 'ne Szene (fandest du raus), bei der's keinen Schnitt gab." [63]

Daß unsere Welterfahrung durch Bilder manipuliert ist, gilt auch für alle anderen, scheinbar weniger dramatischen Bereiche des Lebens, in der Öffentlichkeit wie in der Intimität ...

Auch Kinder haben bereits die gängigen Standards der Bilderwelt internalisiert. Angesichts von Photographien legen sie die überall verbreiteten Maßstäbe an, deren Berechtigung anscheinend nirgendwo diskutiert zu werden braucht: „Das sieht lebendig aus", „Das wirkt natürlich", steht gegen „Das sieht gezwungen aus", „Das wirkt steif". Es sind die gleichen Maßstäbe, denen sie ihr eigenes Verhalten beim Photographiert-Werden anzupassen zu suchen; da ist es gewissermaßen Sitte, sich nicht anmerken zu lassen, daß man photographiert wird; man tut so, als ob man es nicht gewahr werde. Betrachten wir Photographien, die in Unterrichtssituationen zustandegekommen sind, so fällt uns allerdings öfters auf, daß eine Gruppe von Schülern sich diesem Verhaltenskodex nicht anschließt; es sind die Kinder der Arbeitsmigranten, meistens Türken, die offen in die Kamera blicken, statt weiter ihrer Beschäftigung nachzugehen, die sich in Positur setzen, sich offenbar Mühe geben, irgendwie bedeutungsvoll dreinzuschauen. Sie gehören einer Kultur an, in der das gestellte Bild als das einzig Erlaubte, in der es als unfair gilt, Menschen einfach zu photographieren, ohne ihnen eine Chance zu geben, ihr „Photogesicht" aufzusetzen, ganz ähnlich, wie es hierzulande noch vor vielleicht fünfzig Jahren vorherrschende Auffassung war, wie an alten Photographien leicht abzulesen ist. Die Beobachtung zeigt den Prozeß hinsichtlich der Einstellung zur Photographie, eine ästhetische Entwicklung, die auch Möglichkeiten künftiger Einstellungsänderungen eröffnet, die man deshalb vielleicht mit einer zu entwickelnden „Moral des Sehens" in Zusammenhang bringen könnte, und die von *Susan Sontag* eine „Ökologie des Imaginären" genannt wird.

Ein Kulminationspunkt der Bild-Problematik ist mit dem Fernsehen gegeben. Zwischen dem Curriculum der Schule und dem, was als Curriculum des Fernsehens bezeichnet werden kann, besteht ein Spannungsverhältnis. Man hat errechnet, daß ein Kind in den USA vom 5. bis zum 18. Lebensjahr durchschnittlich 15 000 Stunden mit Fernsehen verbringt. Selbst wenn man annehmen möchte, daß die entsprechende Stundenzahl für die Verhältnisse in der Bundesrepublik Deutschland niedriger liegt, ist doch davon auszugehen, daß der Umfang der dem Fernsehen gewidmeten Zeit dem der Schulzeit etwa nahe- oder gleichkommt. Was die Schüler dabei freiwillig verfolgen, ist ein nach Genres aufgeteiltes Curriculum, das ihnen nicht allein durch die Auswahl der abgebildeten Situationen die Auswahl dessen vermittelt, was es zu sehen gilt, sondern auch die Art und Weise der Weltbetrachtung verbindlich werden läßt. Dieses Curriculum mit seiner Fixierung auf Objekte und seinen Werbespots gibt die Einführung in eine im Sinne *Debords* durch eine

Flut von Waren verdinglichte Gesellschaft, ja, verkörpert selbst deren Wesen als „Gesellschaft des Spektakels", d. h., das Curriculum des Fernsehens ist in einem bestimmten Sinne das Fernsehen selber, — „the medium is the message" *(McLuhan).*

Immer wieder werden von Erziehungswissenschaftlern und anderen Fernsehkritikern Überlegungen dazu angestellt, ob und wie das Fernsehen für Zwecke der Erziehung genutzt werden kann. Es bietet sich für unsere Argumentation an, derartige Überlegungen aufzugreifen, um von dort aus zu entwickeln, wie das Problem der „Erfahrung aus zweiter Hand" im Sachunterricht in Angriff zu nehmen ist.

Drei verschiedene Positionen sind in der Diskussion um die Veränderung des Verhältnisses zwischen Erziehung und Fernsehen etabliert: es geht um Versuche, das Fernsehen zu reduzieren, das Curriculum des Fernsehens zu modifizieren und, das Curriculum der Schule als Kontrastprogramm zum Fernsehen attraktiver zu gestalten. Eine vierte Position, die als Versuch bezeichnet werden kann, die Fernseherfahrung in die Lebenserfahrung einzubeziehen, soll hier anschließend an die drei erstgenannten Ansätze vorgestellt werden.

Versuche, die Fernsehzeit möglichst weitgehend einzuschränken, wo nicht völlig zu eliminieren, stehen in der Genese des Spannungsverhältnisses zwischen Schule und Fernsehen am Anfang. Die Restriktion ging folgerichtig aus der dualistischen Auffassung hervor, die der Institution Schule die Sache der Erziehung und damit das Werthafte zuschrieb, dem Fernsehen dagegen allenfalls Unterhaltung zubilligen wollte, eine Sache von zweifelhaftem Wert, die jedenfalls von Erziehung abzulenken oder sie gar zu verhindern schien.

Es folgte eine Phase, in der Bestrebungen vorherrschten, das Fernsehen für Unterrichtszwecke direkt nutzbar zu machen, — was insofern einigermaßen naiv erscheint, als die spezifischen Strukturen und Funktionen dieses Mediums, das ihm innewohnende Momentum übersehen oder gering geachtet wurde. Obwohl diese Phase der Verzahnung von Unterricht und Fernsehen seit Anfang der siebziger Jahre als vergangen betrachtet werden kann, werden immer wieder neue Anläufe unternommen, das Curriculum des Fernsehens so zu ändern, daß es Erziehungsabsichten entspricht, — eine Erscheinung, die vielleicht mit dem mächtigen Einfluß des Fernsehens erklärt werden kann: Es ist verführerisch, davon zu träumen, daß dies mächtige Instrument zur Erziehung der Menschen genutzt werden könnte. In diesem Sinne ist beispielsweise die Attacke des Literaturredakteurs *Jürgen Lodemann* auf dem 5. Kongreß des Schriftstellerverbandes 1980 zu verstehen, der die „soziale Droge" Fernsehen durch Veränderung der inneren Strukturen zu einem Medium umgestalten möchte, das angestrengte Diskussion, Konzentration, ja, die Beförderung der Literatur ermöglicht. [90, S. 47] Noch weiter geht die Hoffnung, welche das Autorenteam des „Club of Rome" mit einem weltweit organisierten Erziehungsprogramm des Fernsehens verknüpft. Sie besteht darin, daß die Massenmedien die Anwendung integrierter Denkformen befördern könnten, die sich auf das Bedenken von Handlungskonsequenzen, auf die Fähigkeit zur Revision und Modifikation einmal gefaßter Planungsbeschlüsse, auf die „Geschicklichkeit im Systemdenken" und auf die Fähigkeit zur Herstellung von gedanklichen Querverbindungen beziehen. Derart integrierende Denkmuster sollen von besonderen Kommissionen weltweit entwickelt und über die Fernsehprogramme überall verbreitet werden. [22, S. 159]

Bezeichnend für derartige Entwürfe erscheint auch die ihnen eigene Bitterkeit bei Beschreibung der gegenwärtigen Lage der Dinge, — sie ist ein Maß für die Distanz zwischen Realität und Wunschbild. Die Autoren des „Club of Rome" berichten in einem Abschnitt „Streiflichter aus der Welt des Fernsehens" u. a.:

„In Bali, Indonesien, hat die Faszination, die von Fernsehcartoons und der Serie ‚Mannix' ausgeht, die Einhaltung der religiösen Tempelzeremonien empfindlich beeinträchtigt." [22, S. 101]

5. Bedingungen des Handlungslernens im Schnittfeld von individuellen Erfahrungen ...

und *Lodemann* erhebt den Vorwurf:

„Was scheren die, die an den neuen Technologien tüfteln, was scheren die unsere traumgestörten Kinder, die morgens in ihren Schulstunden noch an unverarbeiteten Fernsehbildern laborieren, denen weder Eltern noch Großeltern was erzählen *können*?" [90]

Die dritte Phase in der Auseinandersetzung zwischen Schule und Fernsehen ist durch die derzeit aktuellen Plädoyers für die Entwicklung einer Art von Kontrastprogramm bezeichnet, mit dem sich der Schulunterricht vom Fernsehen für die Schüler deutlich und einigermaßen attraktiv unterscheiden soll. Diese Argumentation bringt insofern einen neuen Bewußtseinsstand innerhalb des Auseinandersetzungsprozesses zum Ausdruck, als die Konkurrenz zwischen Schulprogramm und Fernsehprogramm wie zu Zeiten des Versuchs der Fernsehrestriktion klar erkannt wird, gleichzeitig aber auch die Vergeblichkeit des Fernsehverbots bewußt geworden und mitreflektiert ist. Um das zu umreißen, was mit dem Kontrastprogramm des Schulunterrichts gemeint ist, sollen die in dieser Hinsicht typischen Vorstellungen zweier Erziehungswissenschaftler — des New Yorkers *Neil Postman* und des Hamburgers *Wolfgang Schulz* — knapp wiedergegeben werden:

Postman stellt dem „ersten Curriculum des Fernsehens" das „zweite Curriculum" des Schulunterrichts gegenüber. Er entwickelt eine Serie von Attributen, die er dem Fernsehen zurechnet, um die Aussichtslosigkeit eines Wettbewerbes mit diesem Medium auf dessem eigenen Gebiet vor Augen zu führen; das Fernsehen kann demnach beschrieben werden als „aufmerksamkeitszentriert", „nichtstrafend", „affektbetont", „gegenwartsbezogen", „bildorientiert", „erzählend", „moralistisch", „nichtanalytisch", „nichthierarchisch", „autoritativ", „autoritätsverachtend", „zeitbeständig", „raumisoliert", „inhaltlich unbeständig", „sofort und intrinsisch belohnend". [113] Der Schule bleibt demnach keine andere Wahl, als die ihrem eigenen Curriculum entsprechenden Vorzüge zu betonen; es sind in etwa solche Punkte, die den Attributen des Fernsehens genau entgegenstehen, und einen disziplinierten, analytischen Ansatz bezeichnen. Das Kontrastprogramm, das er entwickelt, stellt die Tugenden der alten Schulzucht heraus, die *Postman* zufolge von den Schülern selbst als eine Wohltat empfunden werden: Verbindlichkeit anstelle von Unverbindlichkeit, Beharrlichkeit und Konzentration anstelle von Oberflächlichkeit, systematisch betriebene Analyse anstelle beliebig aneinander gereihter Eindrücke und Sensationen, Studium als disziplinierter Lehrgang anstelle Zuschauertum nach Lust und Laune.

Auch *Wolfgang Schulz* geht von der Überlegenheit des Fernseh-Curriculums im Gegensatz zum Schulcurriculum aus:

„An Aktualität, Anschaulichkeit, Aufbereitung, an Auswahlmöglichkeiten ist das massenmediale Angebot überlegen, in den Möglichkeiten, es rein rezeptiv zu verarbeiten, unverbindlich, unkontrolliert, ist das massenmediale Angebot nicht zu schlagen." [129, S. 59]

Der Katalog von Vorschlägen, den er als Kontrastprogramm vorlegt, betont weniger die Disziplinorientierung der Schulveranstaltung als vielmehr den Vorteil, daß im Raum der Schule die Gemeinsamkeit der Lernarbeit entwickelt und gepflegt werden kann, im Unterschied zu der vereinzelnden, die Menschen voneinander isolierenden Wirkung der Massenmedien. Diese Möglichkeit der Schule korrespondiert mit der Zielvorstellung „Solidarität", die *Schulz* seinem Modell der Unterrichtsplanung — neben den Begriffen „Kompetenz" und „Autonomie" — zugrundegelegt hat.

Die beiden Ansätze von *Postman* und *Schulz* enthalten im Grunde mehr als lediglich ein Kontrastprogramm zum Curriculum des Fernsehens, das einmal stärker auf den Begriff der „Schuldisziplin", das andere mal stärker auf den der „Solidarität" als Leitvorstellung bezogen ist. In ihrem Kontrast stellen sie vielmehr eine Rückbesinnung auf jene Muster dar, die den Schulunterricht seinem Wesen nach kennzeichnen. Eine solche Neubestimmung ist januskopfig: Sie blickt als Rückbesinnung auf alte Werte zurück in die Vergangenheit, um dort die wesentlichen Konstitutionsmerkmale aufzuspüren und die Gegenwart an diese Tradition zu binden, und sie nimmt die Zukunft vorweg, indem sie entlang den theoretisch erfaßten Grundlinien Aktionsmuster entwirft, die auf die Bewältigung der gegenwärtigen, noch ungelösten Probleme gerichtet sind.

In diesem Sinne erscheint auch vieles von dem, was in unserem Entwurf vor allem im vierten Kapitel entwickelt worden ist, als eine Art Kontrastprogramm zum Curriculum der Alltagserfahrungen: Ihre Tristesse, Langeweile und Verzweiflung soll durch ein Schul- und Unterrichtsleben aufgefangen werden, das die genuinen Interessen der Kinder aufgreift, ja, sie im alten Sinne des Wortes verantwortet, für sie die Antwort in der Wirklichkeit findet.

Obwohl die vorliegende Arbeit somit der Idee einer Didaktik verpflichtet ist, die den bewußt entwickelten Widerspruch zum Bestehenden einschließt, stimmt unser Ansatz mit dem der Vertreter des Kontrastes zum Fernsehcurriculum nicht überein. Dies in Konsequenz der Überlegung, daß die Alltagserfahrung insgesamt ein Kontinuum bildet, dessen sämtliche Teile bearbeitet zu werden verdienen. Werden nämlich Teilbereiche isoliert und abgesondert — und sei es auf dem Wege der Konzentration auf bestimmte Verfahrensmuster, die unverbunden neben denen anderer Bereiche bestehen und separat von diesen kultiviert werden —, so kommt es zu einer wechselseitigen Isolation, die erst die lediglich zu analytischen Zwecken brauchbare Unterscheidung des „ersten" vom „zweiten" Curriculum realisiert, — zweier Curricula, welche in den Köpfen der Kinder mit solcher Strenge vorher nie auseinandergehalten worden sind.

Es geht also um eine vierte Position, die insofern dem Ansatz des „Kontrastprogrammes" entspricht, als es dabei gilt, die Defizite des Fernsehens auszugleichen, aber in dem Punkte die dualistisch unterscheidende Auffassung überwindet, daß es grundsätzlich auf eine Verbindung des einen mit dem anderen ankommt. Die Fernseherfahrung der Kinder soll ebenso akzeptiert und bearbeitet werden, wie jede andere ihrer Alltagserfahrungen, die in der gegenwärtigen Situation eben allesamt irgendwie mit der Welt aus Bildern, einer Erfahrung aus zweiter Hand, zu tun haben. Also geht es, über das Fernsehen hinaus, um diese ganze vermittelnde Schicht, die sich zwischen die Menschen und die Möglichkeit ursprünglicher Erfahrungen geschoben hat, wenn jetzt anhand einiger Beispiele erläutert werden soll, welche Handlungsmöglichkeiten der Sachunterricht bietet, um mit diesem Problem umzugehen.

Wir fangen mit der Möglichkeit an, die Fernseherfahrung der Kinder aufzugreifen. Es ist öfter mit Erfolg unternommen worden, eine Übersicht zu der Zeit und der Art der Sendungen anzulegen, die von den Kindern am Fernsehgerät verfolgt werden; eine Tabelle, die mit Hilfe des Programmheftes leicht angefertigt werden kann, vermittelt nach wenigen Wochen, wenn den Eintragungen täglich eine Viertelstunde gewidmet worden ist, einen brauchbaren Überblick zu den Fernsehgewohnheiten der Kinder in einer Klasse. Es wird allerdings bei den bloßen Daten kaum bleiben; Kinder neigen dazu, sich ausführlich über ihre Favoriten auszulassen, — was als ein Entgegenkommen gewertet werden kann, das die Aufgabe erleichtert, die Fernseherfahrungen zu bearbeiten. Man wird dabei erleben, daß es keine Seltenheit ist, wenn Neunjährige spätabends eine Sendung gesehen haben, die sie weiterbeschäftigt, vielleicht sogar verstört hat, daß es ihnen einigermaßen wichtig erscheint, mit jemandem darüber zu reden, um sich ein wenig Klarheit und damit Erleichterung zu verschaffen. Bei Gelegenheit derartiger Besprechungen sind andererseits auch Empfehlungen seitens der Lehrerin / des Lehrers leicht einzuflechten, wobei generell gilt, daß die Empfehlung, sich bestimmte Sendungen anzuschauen, mehr Erfolg verspricht, als die, bestimmte Sendungen nicht zu sehen. (Es gibt allerdings Fälle, in denen die Wirkung eines Films wie etwa Polanskis „Rosemary's Baby", vor allem nachts, wenn die Eltern außer Haus sind, derart traumatisch wirken könnten, daß es legitim erscheint, den Kindern von solchen Fernseherlebnissen abzuraten.) Die Kinder können selbst Tabellen führen, in denen sie die von Ihnen gesehenen Sendungen eintragen, und auch die mit Fernsehen verbrachte Zeit bestimmen. Der Effekt solcher regelmäßiger Eintragungen und Gespräche liegt zum einen darin, daß alle Beteiligten zunächst einmal einen Überblick über Ausmaß und Art der Fernsehgewohnheiten erhalten; zum anderen kann es bereits als ein erster Schritt zur Bearbeitung der Fernseherfahrungen betrachtet werden, wenn über diesen Abschnitt des Tages überhaupt geredet wird, denn allein der Zwang, sprachlich auszudrücken, was man gesehen hat, und überhaupt Buch über eine solche Gewohnheit zu führen, kann bereits eine erste Klärung bewirken.

Was die Führung von Fernsehtagebüchern betrifft, so ist eine weitgehende Verbindung mit dem Deutschunterricht vorstellbar, etwa, indem Kinder als freiwillig gegen eine andere Schulaufgabe auswechselbare Aufgabe eine Fernsehsendung beschreiben, die ihnen besonders zu denken gegeben hat. Ein Beispiel, das der neueren Literatur entstammt, mag illustrieren, in welchem Sinne derartige Berichte als aktueller Gegenstand schriftlicher Sprachgestaltung von Interesse sein könnten, wenn der folgende Aufsatz auch einem 14-jährigen Mädchen zugeschrieben ist:

„Der alte Mann und die sterbende Kuh.
Es war eine Sendung über den Hunger in der Sahel-Zone. Eigentlich über mehrere Hungerkatastrophen, weil man Aufnahmen aus verschiedenen Sendungen zu einem Überblick zusammengestellt hatte.
Eine der Aufnahmen ist mir im Gedächtnis geblieben. Ein alter Mann, der neben einer Kuh sitzt. Der alte Mann ist furchtbar dünn. Seine Rippen schauen hervor, seine Schlüsselbeine und Oberarme sind wie bei einem Gerippe . . .
Die Kuh ist so dünn, sie besteht nur aus Haut, die über die Rippen gespannt ist. Und die Beckenknochen ragen heraus. Man kann schon sehen, wie sie sein wird, wenn sie in ein paar Tagen stirbt . . . Die Kuh fragt sich vielleicht, weshalb sie da liegen muß, und nicht mehr aufstehen kann, neben dem alten Mann, und weshalb überall Sand ist, und weshalb es keinen Regen und kein Futter und Wasser mehr gibt. Die Kuh versteht es nicht. Der alte Mann versteht es auch nicht, aber er sagt, es ist Allahs Wille.
Ich glaube nicht, daß es Allahs Wille ist. Ich denke, daß es eine fürchterliche Sünde ist, und daß Allah uns dafür bestrafen wird, daß wir den alten Mann da sterben lassen, und die arme Kuh in dem heißen Sand sterben lassen." [87, pp. S. 228/229, Eigenübers.]

Wir können diesem Text die Möglichkeit entnehmen, daß die typische emotionale Barriere zwischen dem Betrachter einer Nachrichtensendung und dem, was dort gezeigt wird, stellenweise durchbrochen werden kann, ein Vorgang, der Reflexion und Adressaten als Voraussetzungen braucht. Die Gewohnheit, gesehene Sendungen im Gespräch zu bearbeiten, bietet dafür eine brauchbare Grundlage.

Ein Aspekt, der bei didaktischen Überlegungen zum Thema „Fernsehen" Beachtung verdient, liegt in der Leistung, die das Fernsehen erfordert, und die man als eine Leseleistung bezeichnen kann: Die Bilderfolgen, Schnitte und Szenenwechsel bedürfen der dauernden Interpretation, — ein Vorgang, welcher der Sinnentnahme durch Lesen vergleichbar ist. Kinder haben es also regelrecht lernen müssen, eine Fernsehsendung zu verstehen, und sie sind beim Fernsehen weiter ständig damit befaßt, Bilder und Szenen zu deuten, und immer raffiniertere Arrangements ästhetisch erfassen zu lernen — in einem eigenen Lernprozeß, der nicht nur unter technischen Aspekten wie Aufnahmetechnik, Kameraführung, Schnitt, oder unter künstlerischen Gesichtspunkten gesehen werden kann, sondern auch zur Welterfahrung selbst komplexe Bezüge enthält. Es bietet sich an, die Welt des Fernsehens, der Bilder, der Reklame im Sachunterricht mit den Kindern kritisch unter die Lupe zu nehmen, damit sie die jeweilige „Mache" durchschauen lernen, um ihnen so zu helfen, diesen Teil ihrer Erfahrungswelt zu bearbeiten.

Dieter Urban hat in „Wirklichkeit und Tendenz" [139] gezeigt, wie Kinder die Manipulation von Wählern und Käufern mit Hilfe von Bildern nachvollziehen können. Daß Sympathie oder Antipathie herstellbar sind, ist eine wichtige Einsicht, bezeichnet aber erst die Anfangsgründe einer Art von Kunsthandwerk, das in Funkhäusern, Werbe-

agenturen und Verlagen mit anscheinend immer mehr Raffinesse ausgeübt wird. Die Absicht der Herstellung von Sympathie oder Kaufbereitschaft zu decouvrieren, genügt allein nicht, um die Menschen dagegen gefeit zu machen. Hinzu kommt, daß die Manipulateure die Bilderflut nicht nur lenken, sondern selbst dabei sind, die Sprache der Bilder zu erlernen, was gegenwärtig sicherlich als eines der aufregendsten Unternehmen gelten darf, aber auch als eines der sinnvollsten, die mit jener Zielvorstellung einer „Ökologie des Imaginären", einer „Moral des Sehens" korrespondiert, von der oben die Rede war.
Es müßte, auf den Sachunterricht bezogen, gelingen, mit Kindern nicht nur die vergleichsweise plumpen Manipulationsversuche zu entlarven und nachzubauen, auf die eh keiner mehr hereinfällt, sondern auf einer anspruchsvolleren Ebene über die Sprache der Bilder zu verhandeln.
Der Schweizer Filmregisseur *Alain Tanner* („Messidor") beispielsweise gehört zu denen, die eine neue Sprache der Bilder finden wollen; er lehnt ab, was er als „Grammatik Hollywoods" bezeichnet, und versucht, dadurch Authentizität zu gewinnen, daß er ganze Szenen ohne Unterbrechung durch einen Schnitt aufnimmt, daß er die Kamera als Mittel für den Zuschauer erkennbar werden läßt, usw. Andere experimentieren mit anderen Methoden, aber eines zeichnet sich bei aller Bewegtheit dieser neuen Bildermanipulationstechniken als Resultat bereits ab: Das Experiment bildet die Zuschauer weiter, führt zu deren zunehmender *sophistication;* es ist, als ob alle — Erwachsene wie Kinder — anhand der unablässigen Bildvorführungen eine neue Sprache verstehen lernten; und bereits Grundschulkinder sind in der Lage, hier mitreden zu können.
Ein Vergleich der beiden Unterrichtsfilme „Antonio — wo ist er zu Hause?" und „Der versteht uns nicht", die beide dem gleichen Gegenstand gewidmet sind — den Lebensproblemen von Migrantenkindern in der Bundesrepublik Deutschland — zeigt das sichere Urteilsvermögen vieler Kinder: So echt und überzeugend der erste Film auf die meisten wirkt, so künstlich empfinden sie den zweiten, so unangenehm sind viele von diesem geradezu berührt. „Der versteht uns nicht" ist eine Geschichte, die um eine Verständigungsschwierigkeit herumgebaut ist, als ob die Probleme der Gastarbeiterkinder verschwinden würden, sobald sie des Deutschen mächtig sind. Ein spanischer Junge nimmt das Kaleidoskop eines deutschen Jungen und gibt dafür ein spanisches Feuerzeug, in der Annahme, es handle sich um den Austausch von Geschenken, während der deutsche Junge sein Kaleidoskop behalten wollte. Aus diesem Mißverständnis folgt eine Serie von Komplikationen, die ein hilfsbereites Geschwisterpaar nur mit Mühe auflösen kann.
„Antonio — wo ist er zu Hause?" zeigt einen Jungen, der mit seinen italienischen Eltern in Frankfurt/M. lebt und dort die Tage mit Schule, Fußballspielen, Fernsehen verbringt; in den Ferien ist er dann im Haus der Großeltern in Kalabrien zu sehen, beim Essen, bei der Feldarbeit, beim Fußballspielen. Dieser Film gewinnt seine Authentizität aus der Art der Darstellung: Antonio kommentiert den Film selbst, rechnet selbst Vorzüge und Nachteile der beiden Welten gegeneinander auf, denen er bis zu einem Grade zugehört, und die ihm doch kein Zuhause geben, mit dem er sich identifizieren könnte. Es passiert hier nichts, das man im üblichen Sinne als „dramatisch" bezeichnen könnte, aber gerade das scheint zu bewirken, daß sich die Zuschauer rasch in die Lage Antonios versetzen. An einer Stelle verharrt die Kamera minutenlang bei einem Gespräch zwischen Antonio und dem Großvater auf dem Dach der Kirche des kalabrischen Städtchens, und die beiden reden italienisch, was Antonio im Kommentar übersetzt; es geht um die Ursachen der Wanderung: keine Industrie, kein Auskommen in der Landwirtschaft, — das alte Lied, aber man glaubt, dabei zu sein und es zum ersten Mal zu hören. Die Kinder schauen aufmerksam zu.
Dagegen überschüttet „Der versteht uns nicht" den Betrachter mit einer Flut von Szenen, die allemal dramatisch aufgeputzt sind. Da wird gerannt, jemand wird verfolgt, es gibt eine Prügelei, Szenen von grenzenloser Hilfsbereitschaft wechseln mit solchen von Igno-

ranz und Brutalität. Die häufigen Schnitte bringen zusätzlich Bewegung in diese Geschichte, aber das macht sie nicht besser. Der unruhige Eindruck überlagert die dick aufgetragene Botschaft des Filmes: Seid hilfsbereit zu den Ausländern, denn sie verstehen uns schlecht. Am Ende erzeugt dieser Film eine Art Gleichgültigkeit seiner Aussage gegenüber, was wahrscheinlich eher auf die „Grammatik der Bilder" als auf die mangelnde Überzeugung im Hinblick auf die transportierte „Botschaft" zurückzuführen sein dürfte, obwohl man das eine letztlich vom anderen nicht trennen kann. Die Möglichkeit des kritischen Filmvergleichs eröffnet also ein Feld, auf dem Kinder die „Mache" komplexen Bildarrangements auf einer anspruchsvolleren Ebene erkennen und diskutieren können, als es durch Übungen wie beispielsweise das Retuschieren von Photographien erreichbar scheint.

Eine weitere Möglichkeit der Auseinandersetzung mit der Bilderwelt bietet die eigene Produktion von Filmen, Photos und Tonbandaufnahmen. Die materiellen Voraussetzungen dürften zwar nur in seltenen Fällen gegeben sein, doch kann nicht ausgeschlossen werden, daß die Aufnahmetechnik mit Videokameras in der Zukunft auch für den Primarbereich des Schulwesens Interesse gewinnt. In der Literatur gibt es Berichte, die auf geradezu enthusiastische Weise den Erfolg derartiger Filmprojekte mit Grundschulkindern beschreiben, so z. B. die mehr oder weniger ironische Bearbeitung einer bekannten Fernsehserie unter dem Titel „Cattlestar Galactica" durch Neunjährige [44].

In Italien wird im Sekundarbereich verschiedener Schulen ein Curriculum zur Fernsehaufnahmetechnik und -gestaltung vorangetrieben auch im Hinblick auf die Versuche mit dem von der Bevölkerung selbst verantworteten regionalen Fernsehen. Derart breit angelegte aktive Arbeitsformen eröffnen die Möglichkeit einer intensiv und im radikal-demokratischen Sinne verantwortlich geführten Diskussion um die weitere Entwicklung der sog. Massenmedien, und die Vermutung ist sicher nicht abwegig, daß die Wellen solcher Diskussion auch im Bereich des Grundschulunterrichts Bewegung erzeugen werden, was die kritische Begutachtung von Sendung und die aktive Produktion von szenischen Spielen, photographischen Aufnahmen, Tonbandreportagen usw. betrifft.

Ein Ansatz, der mit vergleichsweise geringem Aufwand verbunden ist und eine Reihe von vielversprechenden Resultaten bereits erbracht hat, ist mit dem Gebrauch von Photoapparaten durch Schüler gegeben. Der erforderliche Geräte-Satz — für möglichst jedes Kind sollte eine Kamera vorhanden sein — kann als einmalige Ausgabe vom Schulträger oder über die Anschaffung von Lehr- und Lernmitteln erworben oder auch aus Mitteln der Elternspende besorgt werden; in vielen Familien sind alte, billige Apparate vorhanden, die nicht mehr benutzt werden, und von den Eltern leihweise oder als Geschenk für die Schulklasse meistens gerne zur Verfügung gestellt werden. Die Kinder, nachdem ihnen der Gebrauch der Kamera gezeigt worden ist, nehmen nun die Dinge der alltäglichen Erfahrung auf: gegenseitig sich selber, das Klassenzimmer, das Schulgebäude, bemerkenswerte Gebäude in der Nachbarschaft oder am Schulweg, Leute aus der Nachbarschaft bei typischen Besorgungen, Haustiere, die eigene Familie. Die besten Bilder werden gemeinsam ausgewählt — ein Prozeß, bei dem einiges über den Aussagewert und die Ästhetik von Photographien gelernt werden kann —, auf ein Papier geklebt und für alle kopiert, so daß jeder einen Text hinzuschreiben kann, der gemeinsam erarbeitet oder in Einzelarbeit angefertigt wird. Der Text kann auch von Arbeitsgruppen entwickelt werden, die für jeweils ein oder zwei bestimmte Photos zuständig sind; er wird dann mit der Schreibmaschine geschrieben oder mit Bleilettern gesetzt und mit Hilfe einer Klappflügelpresse eingedruckt. Durch die Kopie entsteht eine Art Eigenfibel, eine Art Schultagebuch, ein Buch, das die Verbindung zum Elternhaus herstellen hilft und dem Inhalt der gesamten Schularbeit Richtung und Sinn geben kann.

Ein Lehrer nutzte dies Mittel dazu, den Gruppenzusammenhalt zwischen deutschen und ausländischen Kindern von der ersten Klasse an zu fördern. Er teilte die Gesamtgruppe zu Beginn der Schulzeit in Partnergruppen auf, die jeweils binational zusammengesetzt waren und photographierte die Kinder gemeinsam; dann klebte er das Bild auf einen Bogen Papier, auf dem beide Kinder ihren Namen und ihre Adresse aufschrieben (viel Übung kam vorher, — Name und Adresse war das Erste, was diese Kinder schreiben lernten); der Bogen wurde mit Bild und Text kopiert und als erstes Blatt der Eigenfibel an die Schüler ausgegeben. Später photographierten sie selber ihre Familien und gaben dazu knappe Beschreibungen: wo die Eltern arbeiten, wie die Geschwister heißen, was gerade zu sehen ist.

Nach einiger Zeit photographierten die Kinder diejenigen Gebäude im Ort, die ihnen besonders wichtig erschienen — Wohnhaus, Schule, Bahnhof, Kaufhaus, Bushaltestelle, Spielplatz usw. —, und schrieben dazu einige Sätze. Es ist leicht zu sehen, daß auf diesem Wege die systematisch betriebene Anbindung von Bilderfahrungen an die Lebenserfahrung der Kinder möglich wird, und daß damit die Grundlage für so etwas wie eine erfahrungsorientierte Medienerziehung gelegt wird, die für das Verhältnis der Zeitgenossen zu der sie umgebenden Bilderflut ausschlaggebend sein könnte: Es geht um eine Art Alphabetisierung gegenüber der Bilderwelt, einen Leselernprozeß, der den Sinn aus der Beziehung zur Welt der eigenen Erfahrungen bezieht.

Die Partizipation an der Produktion von Bildern erleichtert auch die Analyse bestimmter ästhetischer Strukturen, die ja einer bestimmten Weltsicht entsprechen, beim Vergleich etwa von Photos aus Schule oder Familie früher und heute und sie eröffnet ein weites Feld, dessen didaktische Möglichkeiten noch längst nicht ausgeschöpft sind. So ist beispielsweise die Photoreportage eine Möglichkeit zur Umwelterkundung, die bereits in der Grundschule von Schülergruppen unternommen werden kann; naheliegende Themen sind Berichte über den Heimatortsteil, wo die Schüler einer Klasse aus verschiedenen Orten mit dem Bus in eine sog. Mittelpunktschule gebracht werden, oder Berichte aus der Arbeitswelt, wobei der Text möglichst als Interview mit den betreffenden Eltern eingebracht wird. Kinder im 3. und 4. Schuljahr besitzen sehr häufig einen Kassettenrecorder, und es ist gar nicht einzusehen, weshalb dies Gerät nur für Musikaufnahmen gebraucht werden sollte. Wo es im Sachunterricht systematisch eingesetzt wurde, stellte sich der Wert dieses Instrumentes heraus, das eben nicht nur die Aussagen von Leuten wiedergibt, denen die Kinder eine Frage gestellt haben — beispielsweise zu deren Schulerfahrungen oder zu einem bestimmten Problem, das in der Bevölkerung kontrovers diskutiert wird —, sondern überhaupt erst das Vorhaben veranlaßt, derartige Aussagen festzuhalten, zu sammeln, zu ordnen und auf die eigene Auffassung rückzubeziehen.

Es kennzeichnet den gegenwärtigen Stand der Didaktik, daß derartige Ansätze eher tastenden Versuchen als etablierten und systematisch in der Lehrerausbildung vermittelten Methoden gleichen; die Möglichkeiten sind weitgehend noch unergründet, und die Arbeit der Schulpraktiker ist erforderlich, um das Spektrum der Möglichkeit überblicken und theoretisch durcharbeiten zu können. Allerdings wird man bei aller Unsicherheit der Konturen dieses didaktischen Arbeitsgebietes die Notwendigkeit nicht übersehen dürfen, daß in der bezeichneten Richtung gearbeitet werden muß. Der Versuch, den Mangel an Erfahrungen aus erster Hand durch ein Kontrastprogramm im Sachunterricht auszugleichen, kann eben nicht genügen, auch wenn die möglichst weitgetriebene Ergänzung von Erfahrungen ein wichtiger Weg bleibt. Denn das bloße Alternativprogramm ist gegen Vernutzung durch solche Strukturen nicht gefeit, die der ihm zugrundeliegende Ansatz zu durchschauen nicht hinreichen kann, und muß daher den Entfremdungsprozessen anheimfallen, die es zu überwinden eingerichtet worden ist. Ein Beispiel bilden die kompletten Materialsätze, die das Kontrastprogramm des Sachunterrichts bestücken, kaum daß die Idee geäußert war, — vom Minitreibhaus, in dem die Erfahrung des pflanzlichen Wachstum als *package deal* angeboten wird, bis zur Papierherstellung aus Altpapier im Material- und Gerätekoffer, der den alternativen Gehalt gewissermaßen nach Art eines sofort löslichen Kaffees aufgußbereit anbietet. Die Welt ist zur Ware geworden, und was immer an Inhalten neu erscheinen mag, fällt der Verdinglichung anheim.

So führt kein Weg daran vorbei, die Entfremdung selbst zum Gegenstand des Unterrichts zu machen, indem ihr Medium, die Welt der Bilder, bearbeitet wird. Denn die Sache, um die es geht, ist nicht durch Objekte bezeichnet — ein fatales Mißverständnis besteht ja darin, den Gegenstand auf die Manipulation von Objekten einzuschränken —, sondern umfaßt vor allem Vorstellungen der Menschen, so daß der alte Sachbegriff des Rechtshandels, des verhandelten Sachverhalts, den Bezugspunkt gibt. Daß die Vorstellungen der Menschen heute vor allem durch Bilder geprägt und manipuliert werden, erfordert, daß die Didaktik des Sachunterrichts sich diesem Problem stärker widmet, als es bisher üblich war; es geht für unsere Didaktik nicht nur darum, sich von der Fixierung auf die Auseinandersetzung mit fachpropädeutischen Ansprüchen zu lösen, sondern gleichzeitig die Herausforderung durch die gegebene gesellschaftliche Situation anzunehmen. Es kommt darauf an, Wege zu finden, die geeignet sind, den quasi objektivierten, von der Erfahrung zunächst abgehobenen und jedem einzelnen begegnenden Strom von Bildern wieder rückzubeziehen auf das tatsächlich Erfahrene, ihn einzubinden in menschliche Erfahrung.

Zur Verantwortung der Lehrenden und Lernenden: Lehrerrolle und Schülerinteressen

Während die beiden vorausgehenden Abschnitte mit den im Schulbetrieb erforderten Planungsvorgaben und mit der in der gesellschaftlichen Wirklichkeit vorherrschenden Tendenz zur Verdinglichung menschlicher Erfahrung befaßt waren — beides Teile eines Bedingungsfeldes, das den Sachunterricht gleichsam von außen umschließt —, geht es jetzt um die Voraussetzungen im Unterrichtsprozeß selbst, dessen innere Struktur durch das jeweilige Beziehungsmuster zwischen Lehrerinnen/Lehrern und Schülern geprägt ist. Zuerst sollen grundsätzliche Aspekte dieser Schlüssel-Beziehung durchgespielt, dann sollen Konsequenzen für die Organisation des Sachunterrichts vorgestellt werden.
Wie in anderen Bereichen, so herrscht auch hinsichtlich des Verhältnisses zwischen Lehrenden und Lernenden eine Betrachtungsweise vor, die das Gegensätzliche betont und es als das Wesensmerkmal heraushebt, das dies Verhältnis im Grunde definiert. Die Lehrenden stehen den Lernenden demnach gegenüber als Repräsentanten eines Systems, das die nachfolgenden Generationen sich einzuverleiben bestrebt ist, in einem Angleichungsprozeß, der schmerzhaft verlaufen muß. So stellen Kinder „Schule" im Spiel dar, und dem gleichen Verständnis entspringt die verzweifelte Frage mancher Lehrerstudenten, die einer für autoritäre Töne besonders empfindlich gewordenen Generation angehören: Woher nehme ich eigentlich die Legitimation, zu bestimmen, was die Schüler im Unterricht treiben sollen?
Die Veranstaltung Schulunterricht gleicht diesem dualistischen Betrachtungsmuster zufolge einer gerichtlichen Verhandlung, welche Lehrer und Schüler als Kontrahenten einander gegenüberstellt, und während alle naturrechtlich begründeten Sympathien den Schwächeren gehören, verfügen die Repräsentanten des Systems stets über genügend Macht, um den Prozeß zu ihren Gunsten entscheiden zu können.
Wenn der Gegensatz auch nicht überall derart kraß zum Ausdruck gebracht wird, so lassen sich die verbreiteten Auffassungen sowohl zur Lehrerrolle wie zu den Schülerinteressen doch auf dies Grundmuster zurückführen.
Die Auffassung, derzufolge Lehrer von Ansprüchen aufgerieben werden, die einander wechselseitig ausschließen, hängt beispielsweise mit diesem Dualismus zusammen. Auf der einen Seite der pädagogische Anspruch, die Verbindung zu den Schülern, in der eine spezifisch erotische Komponente enthalten ist, auf der anderen Seite der Anspruch der Amtspflichten, der Zwang, Leistungen an vorgegebenen Standards zu messen und Kinder entsprechend zu bewerten, ja, zu selegieren. *Arno Combe* hat das Resultat dieses Zwiespalts mit dem Ausdruck vom „Lehrer als erotisch kastrierten Typ" bezeichnet. [25, S. 96 ff.] Obwohl die besondere *déformation professionelle* mancher Lehrertypen sicherlich nach diesem Muster angemessen interpretiert werden kann, erscheint der Rollenkonflikt als struktureller angesichts der Tatsache eben doch konstruiert, daß es vielen Lehrern auch zu gelingen scheint, die widersprüchlichen Anforderungen persönlich zu integrieren.
Ebenso kommt es im Hinblick auf die Interessen der Schüler — der verbreiteten Auffassung zufolge — zu nicht überbrückbaren Spannungen. Nachdem die Unhaltbarkeit der hergebrachten Annahme nachgewiesen ist, wonach ein Kind als *tabula rasa* — gleichsam ein unbeschriebenes Blatt — betrachtet wurde, in das die Lehrer die Kulturbegriffe eintragen oder hineintreiben oder auch wie bei einer Radierung hineinätzen mußten, hat sich inzwischen die Vorstellung durchgesetzt, daß Kinder über eine eigene Weltsicht verfügen, gleichsam eine eigene Form der Kultur repräsentieren, und daß die Lehrenden im Unterricht diese besondere Interessenlage berücksichtigen müssen. In dieser Erkenntnis ist ein objektiver Fortschritt zum Besseren gegeben. Und doch hat auch hier die alte Saat des Dualismus wieder einen Keim hervorgebracht, indem einer weit verbreiteten Auffassung zufolge ein Gegensatz zwischen den ursprünglichen Interessen der Kinder und den Unterrichtsabsichten der Lehrer gesehen wird; dieser Gegensatz muß der landläufigen Meinung

zufolge immer wieder zu Reibungen führen. Als Unterschied zwischen den „subjektiven Interessen" der Lernenden und deren eigenen „objektiven Interessen" ist dieser Punkt in der pädagogischen Diskussion der siebziger Jahre erörtert worden. *Wolfgang Schulz* beispielsweise kommt zum Ergebnis, daß es pädagogisch legitim ist, notfalls auch gegen die subjektiven Interessen der Lernenden zu entscheiden, wenn es deren objektives Interesse erfordere. Abgesehen von dem hohen Ethos, das *Schulzens* pädagogischen Ansatz auszeichnet und ihn über jeden Verdacht erhebt, etwa einer im negativen Sinne autoritätsfixierten Schule das Wort reden zu wollen, müssen wir bei genauer Betrachtung dieser Argumentation doch die folgende Crux erblicken: In dem Planungsprozeß, der als gemeinsame Unternehmung von Lehrern und Schülern konzipiert ist, erhält der Lehrer gleichwohl eine Art Veto-Recht auf der Grundlage eines Gegensatzes zwischen subjektivem und objektivem Schülerinteresse, das er allein zu durchschauen vermag. Was unterscheidet ihn dann noch, streng genommen, von dem Lehrer alten Schlages, der die Schüler als unbeschriebene Blätter wahrnahm?

Innerhalb der didaktischen Diskussion um den Sachunterricht hat der Gegensatz zwischen dem, was die Lehrerinnen und Lehrer repräsentieren, und den Interessen des Kindes in zwei einander entgegengesetzten Richtzielen des Lehrplanes Gestalt gewonnen. Der Orientierung an den Fachinhalten — ob sie nun als Wissenschaftsorientierung, als Orientierung an der Struktur der Disziplin oder als Fachpropädeutik erscheint — steht die Orientierung am Kinde und seiner Lebenswelt gegenüber. Die Trennung der beiden Richtziele hat im Lauf der Jahrzehnte zu einer Art von Pendelbewegung geführt, bei der mal stärker das Kind, dann wieder stärker „die Sache" in den Vordergrund gerückt worden ist.

Der Beobachter dieses Hin und Her, das ich an anderer Stelle ausführlicher beschrieben habe, wird zugestehen müssen, daß das Wechselspiel erst durch Berücksichtigung einer dritten Bezugsgröße beendet werden könnte, in der die Kindorientierung wie die Sachorientierung aufgehoben sein müßten. Es möchte nun die zukunftweisende Leistung des instrumentalistischen Ansatzes darin bestehen, daß er die theoretische Grundlage zur Überwindung der Fixierung auf die eine oder andere Seite zur Verfügung stellt, also den Ansatz liefert, der das fruchtlose Hin und Her in eine fortschreitende Bewegung überführt.

Dem Pragmatismus zufolge sind die Erfahrungen der Menschen weder zufällig noch voneinander isoliert, sondern Teile eines Problemzusammenhanges, an dem jeder partizipiert, und der seinerseits erst durch die menschliche Erfahrung konstituiert wird. Im Knäuel der Erfahrungen des einzelnen ist, bildlich gesprochen, der Ariadnefaden enthalten, der zum übergreifenden Problemzusammenhang hinführt, — während es insofern zwecklos bleiben muß, „objektive Interessen" gegen meinen inneren Widerstand zu verfolgen, als ich darin meine subjektiven Interessen nicht zu erblicken vermag, ist der Zusammenhang zwischen den subjektiven und objektiven Interessen doch gegeben, — es kommt darauf an, das eine mit dem anderen zu vermitteln.

Diese Einsicht korrespondiert mit der inzwischen trivial gewordenen Erkenntnis, daß die sog. subjektiven Interessen keinesfalls subjektiv im Sinne von „genuin dem ursprünglich individuellen Interesse entsprungen" sind, sondern das Resultat eines gesellschaftlichen Vermittlungsprozesses darstellen. Insofern enthalten die subjektiven Interessen von Anfang an eine nicht-subjektive Komponente; das Kind ist kein unbeschriebenes Blatt, aber die Schriftzeichen, die es trägt, stammen ursprünglich nicht von ihm selber. Der Erfahrungsstrom im Leben des Menschen setzt sich aus vielerlei Einflüssen zusammen. Einer davon ist — in unserer Gesellschaft — der Schulunterricht.

Umgekehrt erscheint das „objektive Interesse", wie auch immer in der jeweiligen Situation inhaltlich ausgelegt, durch das allgemeinste subjektive Bedürfnis bestimmt, das auf möglichst uneingeschränkte Teilhabe am Leben der Gesellschaft gerichtet ist. So ist die

Unterscheidung zwischen subjektiven und objektiven Interessen nicht haltbar; was es dagegen wirklich gibt, ist die Partizipation am gesellschaftlichen Erfahrungsprozeß, ihre Vollständigkeit und Intensität. Für die Bestimmung der Funktion der Lehrerrolle im Unterrichtsprozeß ergibt sich demnach der Ausgang von einer gemeinsamen Partizipation von Schülern und Lehrern am gesellschaftlichen Erfahrungsprozeß; diese Partizipation ist hinsichtlich der Verwirklichung in Problemsituationen, hinsichtlich des Engagements, des Überblicks, der Einsicht, aber nicht dem Grundsatz nach bei Schülern und Lehrern verschieden. (Es ist demnach durchaus wahrscheinlich, daß Schüler im Hinblick auf besondere Interessen und Erfahrungen den Lehrern einiges voraus haben werden, was im Unterrichtsprozeß genutzt werden sollte.)

Das Geschäft der Lehrenden, das, worauf ihre Absicht gerichtet sein muß, ist die Vermittlung zwischen den Problemen der Gesellschaft und den Interessen der Lernenden, — ein Zusammenhang, der schematisch dargestellt werden kann:

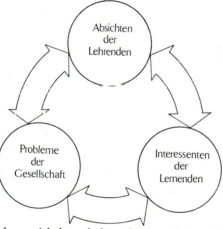

Dies Schema eines Beziehungszirkels enthält auch die wichtige Aussage, daß die Lernenden nicht allein durch die Absichten der Lehrenden, sondern auch auf direktem Wege an den Problemen der Gesellschaft zu partizipieren in der Lage sind: Nicht allein durch die Schule, sondern auch durch das Leben lernen wir, wie man in Abwandlung eines bekannten Schulmottos sagen könnte. Bezogen auf das Verhältnis zwischen Lehrenden und Lernenden deutet das Schema die entscheidende Verbindung mit den gesellschaftlichen Zusammenhängen an, die der Lehrerrolle erst einen Sinn verleiht: Nur insofern, als sie die Teilhabe am gesellschaftlichen Leben in die Wege leiten, vermitteln oder wenigstens erkennbar erleichtern, können die Lehrenden das Interesse der Lernenden gewinnen.

Unter dieser Perspektive ist es möglich, den Begriff der Autorität, der durch die Vernutzung in totalitären Kontexten Glaubwürdigkeit eingebüßt hat, pädagogisch mit Sinn zu füllen. Wie *Friedrich Trost* in seinen Vorlesungen über die Erziehungsmittel zu sagen pflegte: „Das Geheimnis der Autoritäten besteht darin, daß sie selbst gehorsam sind. Sie gehorchen dem Anspruch der Sache, der durch sie für andere vernehmbar wird." *Auctoritas* — geistige Urheberschaft, ist diesem Verständnis zufolge eine Art Nebenwirkung eines tiefen und ernsten Kontakts mit den Problemen, um die es geht: Man hört auf einen Lehrer, weil man spürt, daß man durch ihn mit Sinnzusammenhängen Kontakt gewinnt, die eine weitere Teilhabe am gesellschaftlichen Leben möglich werden lassen. Der vermeintliche Widerspruch zwischen den Interessen der Lernenden und den Absichten der Lehrenden ist diesem Verständnis zufolge prinzipiell, auf der Ebene der didaktischen Theorie, nicht vorhanden; es handelt sich hier allenfalls um eine Frage des methodischen Geschicks, was anhand eines Beispiels illustriert werden soll.

Sonja Schulte berichtet in einem Aufsatz „Meine Erfahrungen mit dem Thema ‚Dritte Welt' in der Schule" von ihren Bemühungen, Schülern einer 10. Klasse die Probleme Tanzanias nahezubringen. Die mit den üblichen Mitteln — Textauszüge und Diskussion — eingerichtete Unterrichtseinheit scheiterte am Desinteresse der Schüler, die mit ihren eigenen näherliegenden Problemen befaßt waren, also mit den Berufsaussichten, der Auseinandersetzung mit den Eltern oder ersten sexuellen Beziehungen zu tun hatten.

Dazu *Sonja Schulte*:

„Ich wollte daraus aber nicht die Konsequenzen ziehen, in den oberen Jahrgängen nur noch Themen im Umkreis von Sexualität und Jugendarbeitslosigkeit zu behandeln, obwohl ich mit diesen Themen unmittelbar gute Erfahrungen machte. Wie ich bereits zu Anfang sagte, empfinde ich eine gewisse Verpflichtung, das Thema ‚Dritte Welt' in der Schule zu behandeln — die Frage war nur, wie." [128, S. 6]

Bei nächster Gelegenheit — im Rahmen einer Projektwoche an der Schule — unternimmt sie einen neuen Anlauf; diesmal geht es um die Flüchtlingslager in der West-Sahara, und der methodische Ansatz ist handlungsbezogen:

„Die Möglichkeit, materielle Hilfe leisten zu können, erfüllt die Jugendlichen mit Stolz und dem Gefühl der Verantwortlichkeit, sie sehen Handlungsmöglichkeiten. Weit entfernte gesellschaftliche Verhältnisse bekommen auf einmal Namen und Gesichter. Es sind Menschen, die als Flüchtlinge ihr Hab und Gut nicht mitnehmen konnten, für die man deswegen Kleider sammelt, verpackt und verschickt, damit sie in der Lage sind, für die Befreiung ihres Landes kämpfen zu können" [128, S. 6]

Wie die meisten Projekte entwickelt auch dies einen eigenen Schwung; über die bloße Sammel- und Bastelarbeit hinaus gewinnt die Perspektive, mit jenen Menschen in Kontakt treten zu können, Bedeutung:

„Wir wollten als Zeichen der Freundschaft für die sahrauischen Jugendlichen ein Fotobilderbuch über uns und unsere Lebenssituation herstellen. Am 2. Tag schwärmten wir also mit unseren Fotoapparaten aus und die Schüler sahen — mit der Vorstellung von Menschen in Flüchtlingslagern im Hinterkopf — mit neuen Augen. Sie stellten Vergleiche an: ‚Haben die Sahrauis denn schon mal 'ne Straßenbahn gesehen?' — ‚Haben die denn überhaupt größere Städte?' ... Und Sabine meinte: ‚Das ist ja eigentlich ganz toll, wir drücken bloß auf'n Knopf und haben Licht. Wir drehen am Hahn und haben Wasser, während die sich da mit den Kanistern abschleppen'." [128, S. 7]

Das Beispiel ist aufschlußreich in zweierlei Hinsicht, erstens wirft es ein Licht auf die besondere Rolle der Lehrerin, die sich mit dem Problemkreis „Dritte Welt" besonders befaßt hat und diesen Sachverhalt auch gegen die scheinbare Interesselosigkeit der Schüler aufrecht erhält, die von ganz anderen, hautnahen Problemen mit Beschlag belegt sind. Der stolze Satz „Ich wollte daraus aber nicht die Konsequenzen ziehen, ..." ist auch gegen eine Didaktik gesprochen, die immer nur das Kind mit seinen Interessen behandelt sehen möchte. In dem Respekt, den wir als Leser dieses Satzes empfinden, klingt etwas an, das der Einstellung der Schüler zu dieser Lehrerin entsprechen mag: Autoritäten sind selbst gehorsam.

Zweitens zeigt das Beispiel die methodische Dimension als die entscheidende, denn der Erfolg des Unterrichts stellt sich ein, sobald es gelingt, einen Handlungsbezug sichtbar werden zu lassen. Es ist dabei von Interesse, daß die Bastel- und Photoarbeiten nur äußere Zeichen für ein inneres Engagement waren, das sich in Diskussionen äußerte, die letztlich den Bewußtseinsstand der Schüler im Hinblick auf den verhandelten Problemzusammenhang befördert haben:

„Vieles kann man besser machen. Ich bin aber sicher, daß die meisten Schüler in dieser Woche eine ganz neue Erfahrung gemacht haben. Sie haben nicht nur Informationen über die Situation in der Sahara bekommen. Sie haben auch ein Gefühl von Verantwortlichkeit gegenüber dem politischen Geschehen in dieser Welt bekommen." [128, S. 8]

Alles in allem bleiben also zwei Punkte entscheidend: Didaktisch die Lehrerrolle, die mit den Worten von *Sonja Schulte* durch „eine gewisse Verpflichtung" den Sachverhalten gegenüber bezeichnet ist, und methodisch die Erfindung von Handlungsmöglichkeiten, die auf den jeweiligen Sachverhalt bezogen werden können.

Überträgt man diese beiden Grundsätze speziell auf den Sachunterricht, so stellt sich heraus, daß sie miteinander auf mehrfache Weise verzahnt sind. Die Verpflichtung der Lehrerin / des Lehrers gegenüber relevanten Problemzusammenhängen läuft auf die Aktualität der Themen hinaus, die ein Moment darstellt, das aus sich heraus Handlungsmethoden nahelegt, so daß beides — Aktualität und Handlungsbezug — aus ein- und demselben Blickwinkel bei der Vorbereitung des Unterrichts hervorgeht. Hilfreich kann dabei ein Katalog von Fragen sein, die herzustellende Verbindungen und Handlungsbeziehungen anführen:

— Welche Tätigkeiten können im Zusammenhang mit dem vorgesehenen Thema in Gang gesetzt werden? (z. B. Erkundungsaufträge, Interviews, Vorträge, darstellende Spiele, Kontroversen, Experimente, Langzeitbeobachtungen)

— Welche Produkte können von den Schülern hergestellt werden? (z. B. Berichte und Tagebücher, Zeichnungen, Photos und Drucke, Aufführungen und Veranstaltungen, Sammlungen und Ausstellungen)

— Welches Material läßt sich finden, das mit dem Unterrichtsthema zu tun hat? (z. B. Bücher und Zeitschriftenbeiträge, Museen und Ausstellungen, Arbeits- und Lebensräume, Objekte und Gerätschaften, Dias, Filme, Fernsehaufzeichnungen)

— Mit welchen Kollegen kann ich bei dem vorgesehenen Thema zusammenarbeiten? (z. B. Fachlehrer und andere Experten, Interessenten an kooperativen Arbeitsformen o. a.)

— Welche Experten, Fachleute, Behördenvertreter außerhalb der Schule kann ich zur Mitarbeit gewinnen? (in die Schule einladen oder mit den Schülern, mit einer Schülergruppe besuchen: Vertreter von Berufsgruppen, Verwaltung, Minoritäten u. a.)

— Wie können Eltern der Schüler am Unterricht beteiligt werden? (z. B. als Helfer, als Referenten, bei der Arbeit im Klassenzimmer, auf Exkursionen, beim Bau von Einrichtungsgegenständen, bei der Vorbereitung von Festen u. a. m.)

— Welche Mitbürger haben Interesse, ihre Erfahrungen mit den Schülern zu teilen? (Alte Leute, die von vergangenen Lebensumständen berichten, selten gewordene Arbeitstechniken vorführen, Zeugen historischer Ereignisse sind, Vertreter bestimmter Gruppen u. a. m.)

— Wie kann die Alters- und Leistungsdifferenz unter den Schülern selbst im Sinne des Themas genutzt werden? (Gibt es z. B. „Experten" oder solche, die dazu werden könnten?)

Außerdem trifft die verantwortliche Auffassung der Lehrerrolle aber vor allem auch in der Verpflichtung zum gemeinsamen Plan mit dem Handlungs- und Partizipationsinteresse der Schüler zusammen. Hier liegt die didaktische Basis der methodischen Entscheidung, die dem als gegeben vorausgesetzten Handlungsinteresse der Schüler entgegenkommt. Dieses Entgegenkommen des planenden Lehrers ist der Ausgangspunkt des Projekts, das wir mit „gemeinsamer Plan" bezeichnen, und das den jeweiligen Gegenstand des Sachunterrichts erst konstituiert. Was die Gemeinsamkeit des Planes betrifft, so handelt es sich dabei eben nicht um eine didaktische Idee, die vom Lehrer wieder und wieder in neuen Anläufen versuchsweise realisiert werden müßte, sondern vielmehr um das Resultat eines bestimmten Unterrichtsarrangements; der gemeinsame Plan ist ein Handlungs- und Verhandlungsprozeß, der als eine Funktion des unterrichtlichen Bedingungsrahmens beschrieben werden kann. Er ist eine Sache, die nicht durch Willensbekundung, sondern dadurch entsteht, daß ihre Voraussetzungen zugestanden, ihr Arbeitsfeld eingeräumt wird.

Dies ist zuerst wörtlich zu verstehen: Das Muster, nach dem der Klassenraum in der Schule aufgeteilt und eingerichtet ist, ist ein Spiegel der Unterrichtspraxis, aber auch der Rahmen, in dem bestimmte Umgangsformen erleichtert, andere verhindert werden. Die Vergeblichkeit der Mühen einer jungen Lehrerin / eines jungen Lehrers, mit den Schülern gemeinsame Planung des Unterrichts zu realisieren, in einem Raum, der den erstarrten Ausfluß frontalunterrichtlicher Praxis darstellt, ist gleichsam vorprogrammiert. Die Last der Verantwortung für solches Scheitern kann den Lehrerinnen und Lehrern nicht zugerechnet werden, so lange die Gegebenheiten des Bedingungsrahmens ihren Intentionen entgegenstehen.

Man betrachte demgegenüber einmal die Grundrisse von Klassenzimmern aus den Schulen, die den Interessen der Lernenden entsprechend eingerichtet sind.

Ob es sich nun um eine englische *open plan school* handelt oder die Einrichtung eines Raums nach *Freinet*, um eine amerikanische *free school* oder bestimmte schwedische und dänische Grundschulklassen, — jedesmal ist der dezentralisierte Charakter des Unterrichts am materialen Rahmen des Klassenzimmers ablesbar, ob es nun separate Ateliers sind wie bei *Freinet* oder Lernecken wie in der *free school*, ob die Aufteilung durch Trennwände, spanische Wände, Kartonstapel oder einfach durch den besonderen Charakter der im Raum aufgestellten Dinge — Ausstellungstische, Tierkäfige, Blumenbänke — erreicht wird, immer handelt es sich um ein nebeneinander verschiedener Departements.

Dort im Sinne des alten Frontalunterrichts zu arbeiten, ist sicher eine Tortur. Ein besonders hartnäckiger Schulmeister mag es vielleicht trotzdem fertigbringen, aber seine erste Maßnahme gälte wohl der Veränderung der Sitzordnung und der Beseitigung jener Nischen und Winkel, in denen sich die Schüler seinem kontrollierenden Zugriff entziehen könnten. Wir sehen, daß die Einrichtung des Unterrichtsraumes mit den Interessen der Schüler in Korrespondenz steht, geradezu so, als ob hier der Prüfstein für die Ernsthaftigkeit des Angebots von Gemeinsamkeit gegeben sei.

Diese ganze Betrachtung des Raumes ist nicht ohne Relevanz auch auf der Ebene erziehungswissenschaftlicher Theoriebildung. So hat *Georges Snyders* sein Werk „Die große Wende der Pädagogik" [132] auf die Gegenüberstellung von „geschlossenen" und „offenen" pädagogischen Konzeptionen aufgebaut, wobei die „geschlossenen" durch doppelte Abgeschlossenheit gekennzeichnet sind, indem sie die Kinder von der Welt der Erwachsenen isolieren und zugleich Disziplinen vermitteln, die keinen direkten Bezug zu aktuellen Fragen und Gegenständen aufweisen; die „offenen" Konzepte stellen dagegen die Verbindung mit dem gegenwärtigen Leben her. Interessant im Zusammenhang unserer Argumentation ist es nun, daß *Snyders* die Offenheit und Geschlossenheit von der Architektur und der Einrichtung der Schulen abliest: Prototyp des ersten Konzeptes sind die geschlossenen Festungen der Jesuiten-Kollegien, während das zweite Konzept durch die Einrichtung offener Werkstätten, ja, letztlich einfach durch Teilnahme am Leben der Gesellschaft bezeichnet ist. Die räumlichen Gegebenheiten sind es, die die deutlichste Sprache sprechen; es ist eine Sprache, die jedem Kinde direkt verständlich ist, und die, in strenger Konsequenz der tatsächlich vorherrschenden pädagogischen Auffassung, nicht immer die Verbindlichkeit der Aussagen bestätigt, die als pädagogische Programme verkündet werden.

Es zeigt nur die Bestätigung dieser Wirkung der Sprache des Raumes, wenn man die Verbindung zur Unterrichtspraxis herstellt. Die räumliche Einrichtung ist ja kein Selbstzweck, sondern ein konkreter Niederschlag der gesamten Situation, die vor allem anderen als Gruppensituation gesehen werden muß.

Die Untergliederung des für den Sachunterricht verfügbaren Raumes in kleinere Arbeitseinheiten steht in Korrespondenz mit der Aufteilung der gesamten Klassengruppe in kleinere Arbeitsgruppen, die zu einem gewissen Grade der permanenten und direkten Kontrolle durch den Lehrer entzogen sind. Sowohl *John Dewey* als auch *Jean Piaget* haben in den reichen Sozialerfahrungen, die bei derart selbstbestimmten Arbeiten zu erwerben sind, den eigentlichen Ausgangspunkt für eine staatsbürgerliche Erziehung gesehen. Dahinter steht die Vorstellung, daß das Sozialgefüge der Klassengruppe in gewisser Weise das der gesamten Gesellschaft spiegelt, so daß Erfahrungen aus der *embryonic society* der Schülergruppe auf gesamtgesellschaftliche Erscheinungen übertragen werden können.
Tatsächlich ist es nicht schwierig einzusehen, daß Grundschulklassen in ihrer Zusammensetzung manchmal den Zustand dieser Gesellschaft besser wiedergeben als jede der nachfolgenden anderen Institutionen, in denen sich einzelne Gruppen nicht immer repräsentiert finden. Zum Beispiel sind die Kinder der Arbeitsmigranten in vielen Grundschulklassen besser repräsentiert als ihre Eltern im Rahmen der Gesamtgesellschaft.
Wo es gelänge, die Erfahrungen der ausländischen mit denen der heimischen Kinder zu verbinden, hätte die Schule eine Leistung vollbracht, die im gesamtgesellschaftlichen Rahmen noch aussteht.
Immer wieder haben die pädagogischen Schulversuche — angefangen mit *Deweys* Laborschule an der Chicagoer Universität im letzten Jahrzehnt des 19. Jahrhunderts — das hohe Maß an Verantwortung erwiesen, das Kinder selbst für ihren Lernfortschritt zu übernehmen in der Lage sind. In unseren Tagen staunen die Besucher der dänischen Tvind-Schulen oder der Kinderrepublik Benposta über die immer wieder überraschenden Fähigkeiten von Kindern, den eigenen Lebensunterhalt zu erwirtschaften und sich selbst in kleinen Gemeinwesen zu verwalten, — grandiose Bestätigungen der Idee einer *embryonic society*. Es ist zu befürchten, daß die im Raum unserer Schulen demgegenüber weithin stattfindende Entmündigung der Kinder sich im Sinne des heimlichen Lehrplans ebenfalls gemäß dem Prinzip eines gesellschaftlichen Keimes auswirken könnte, nämlich als Vorbereitung auf ein staatsbürgerliches Leben aus zweiter Hand, das vor allem durch die Bereitschaft zur Hinnahme sämtlicher Maßnahmen der Mächtigen gekennzeichnet ist, auch dann, wenn diese Maßnahmen im Widerspruch zu den allgemeinen Normen stehen sollten. Es würde ja nicht zum ersten Male geschehen ...
Was die Möglichkeiten selbstverantwortenden Lernens im Sachunterricht betrifft, so leiten sie sich alle aus dem Prinzip ab, den Sinn der Unterrichtsveranstaltung in der Öffentlichkeit der Gruppe gemeinsam zu bestimmen und zu reflektieren. Der Unterricht folgt also einem Plan, der nach Inhalt und Verfahren von allen Beteiligten gemeinsam beschlossen wird, nachdem alle vorher den ihnen gemäßen Anteil beigesteuert haben, was u. a. die Legitimation für die Lehrerin / den Lehrer einschließt, das eigene Engagement, den eigenen weiteren Überblick und Durchblick einzubringen. Ebenso ist die Diskussion der Arbeitsergebnisse in diesem Unterricht eine öffentliche Angelegenheit. Es gehört dazu, daß Ergebnisse der Unterrichtsarbeit erwartet werden, von den Gruppen oder den einzelnen, die sie erarbeitet haben, vorzustellen und zu vertreten sind.
Der Prozeß permanenter gemeinsamer Planung steuert die Arbeit der Gruppe und begründet die dezentralisierte Weise des Vorgehens. Die technischen Voraussetzungen dieses Prozesses beziehen sich auf Gesprächsregeln und Diskussionsführung. Beides muß vom Anfang der Schulzeit an vereinbart, geübt und weiterentwickelt werden. (Zur Einübung derartiger Techniken bietet die methodische Literatur eine Reihe unterrichtsorganisatorischer Vorschläge; hier sei verwiesen auf: *Sharan/Sharan*: Gruppenzentrierter Unterricht. [131] Was Ausschüsse, Vorbereitungsgremien und Lehrplankommissionen innerhalb einer Schulklasse angeht, so deuten Erfahrungen auf die Tendenz derartiger Mittelinstanzen hin, sich selbst überflüssig zu machen, sobald die selbstbestimmte Arbeit

tatsächlich zu funktionieren beginnt (vgl. den entsprechenden aufschlußreichen Bericht bei *H. A. Thelen:* Education and the Human Quest. [137]

Neben den technischen Voraussetzungen hat der Prozeß gemeinsamen Planens auch spezifische Folgen; die Veröffentlichung der Arbeitsergebnisse gehört dazu, sei es als gedruckter Text für alle Beteiligten und eine breitere Öffentlichkeit, die beispielsweise andere Schulklassen und die Eltern miteinschließt, sei es als Ausstellung auf Tischen, in Schaukästen, an Pinnwänden oder sei es als Aufführung eines szenischen Spieles — in jedem Fall werden solche Konkretisierungen ihre Spuren im Raum hinterlassen und als Ablagerungen der Arbeit allmählich zu einer Veränderung des Bedingungsrahmens führen. Material und Gerät für die Druckerei muß zugänglich sein und erfordert einen eigenen, werkstattartigen Platz; Bilder und Berichte bedecken die Wände und einige Ausstellungstische; Requisitenkisten und ein kleiner Fundus stehen für szenische Spiele zur Verfügung, außerdem muß es eine Ecke geben, die rasch zur Bühne umgebaut werden kann usw.

Auch die Notwendigkeit, immer wieder in Kleingruppen arbeiten und die Planung doch auch im Plenum besprechen zu müssen, führt auf längere Sicht zu einer Anordnung der Tische und Stühle, die eine rasche Umgruppierung gewährleisten kann.

Die Allmählichkeit der Veränderung des Raumes geht Hand in Hand mit der Umstellung der Arbeitsweise. In dem Maß, in dem die Arbeit gewissermaßen zur Ablagerung von Sedimenten im Klassenraum führt, entsteht eine den besonderen Bedürfnissen der jeweiligen Kindergruppe angemessene Umwelt. Es handelt sich um einen ökologischen Zusammenhang, bei dem der materiale Bedingungsrahmen den Arbeitsbedürfnissen immer besser gerecht wird. Dieser Vorgang der gleichzeitigen Entwicklung von Interessen und des Aufbaus der Lernumwelt wird begleitet von einem zweifachen Identifikationsprozeß, bei dem einerseits die Klasse als Gruppe mit dem Klassenraum als einer Art Lernheimat verwächst, und andererseits ein Gruppenzusammenhalt der Kinder untereinander entsteht. Dies kann für die Lehrerin / den Lehrer zu einer äußerst befriedigenden Erfahrung werden: die Überwindung des entfremdenden Lernens durch die Lernenden schließt die Überwindung der Entfremdung der eigenen Arbeit für die Lehrenden ein.

Nun sind gerade in den letzten Jahren einige Publikationen erschienen, die sich mit Vorschlägen zu einer „kindgemäßen" Umgestaltung der Lernumwelt befassen (beispielsweise *H. Kasper* [76], *K. Burk / D. Haarmann* [19]. Wer wollte es nicht begrüßen, wenn sich das Augenmerk der Grundschuldidaktiker diesem so lange vernachlässigten Aspekt des Schulbetriebs zuwendet? Und doch enthält diese Zuwendung auch Gesichtspunkte, die eine ambivalente Einschätzung nahelegen. Die Schulumwelt in ihrer gegenwärtig gegebenen, immer noch verbreiteten Öde und Rigidität ist ja nicht etwa deshalb das vorherrschende Erscheinungsbild, weil Lehrer und Rektoren zu wenig Informationen darüber haben, wie man es freundlicher und angemessener machen könnte, sondern stellt vielmehr das Produkt einer bestimmten Unterrichtsauffassung dar. Unter Berücksichtigung der infolgedessen mangelhaften theoretischen Verankerung der um sich greifenden Schulraumumgestaltungen liegt die Vermutung nahe, daß es sich dabei um eine vorübergehende Modeerscheinung handeln könnte, oder daß es eine Facette der sich ausbreitenden Kinderkultur werden könnte, die den Kindern ein buntes und lustiges kinderzimmerartiges Reservat bietet, was selbstverständlich etwas völlig anderes ist, als eine Umwelt zum selbständigen Lernen und Arbeiten. Dieser Verdacht erscheint mir in all den Fällen begründet, in denen die Kinder an der Umgestaltung ihrer Räume selbst nicht beteiligt werden, sondern Lehrer und Eltern vor Schuljahresbeginn eifrig die Räume als eine Art von Geschenk herrichten. Die *faits accomplits,* mit denen man Kinder überrascht, können auch bei allerbesten Absichten, bei Berücksichtigung sämtlicher Normen und hoher Qualitätsstandards so gut nicht sein, daß sie den allmählichen Aufbau der eigenen Lernumwelt zu ersetzen vermöchten. In der Gestaltung des Raumes durch die Betroffenen selbst ist ein Moment enthalten, das durch Vorarbeit von anderer Seite nicht vorweggenommen werden kann. Dieses Moment hängt einerseits mit der Selbständigkeit der Arbeit zusammen, welche über das Gefühl, etwas erreicht zu haben, zu einem Identifizierungseffekt beiträgt, der sich bei noch so schönen Geschenken weniger leicht einstellen wird. Andererseits enthält die Raumnutzung durch Kinder stets eine Komponente, die von Erwachsenen nicht vorherzusehen ist; bei allem guten Willen ist die Sache der Kinder durch Erwachsene nicht substituierbar, sondern unersetzlich genuin.

Ein Beispiel, das diesen Punkt illustrieren kann, bieten die nach neuestem Muster und aufwendig eingerichteten Spielplätze im Freien, die von Kindern oft genug verlassen sind, während das verwilderte Grundstück in der Nachbarschaft, der Bahndamm oder irgendein Winkel, der anscheinend außerhalb der als Nutzflächen definierten Gebiete liegt, eine höchst anziehende Wirkung auszuüben scheint. In seinem bemerkenswerten Buch „Das Kind in der Stadt" hat *C. Ward* [145] einmal eine Reihe typischer Kinderspiele und die dazu erforderlichen Requisiten zusammengestellt. Soll man es überraschend finden, daß die räumlichen Voraussetzungen solcher Spiele, wie sie der geduldige Beobachter registrieren kann — „durchgehende Mauern oder Zäune", „eine dicht stehende Gruppe von Bäumen", „Simse, Geländer, Querstangen, Sockel, Äste, Freitreppen", „zwei parallele Mauern, die einen Abstand von mindestens 15 Metern haben sollten" auf modernen Schulhöfen und sogar auf den eigens für Kinder zum Spielen eingerichteten Flächen kaum noch zu finden sind? Charakteristisch für *Wards* Beobachtungen ist seine folgende Aussage: „Das Versteckspiel erfordert Winkel, Nischen, Bäume, Gebüsch, Mauervorsprünge, Türen, kurz alles, was der moderne Schulhof nicht hat." [145, S. 89] „Die er nicht haben darf", könnte man in Anbetracht der juristischen Bestimmungen ergänzen, die der Schulgestaltung oftmals die Fessel enger Vorschriften anlegen.

Aber dieser zwanghafte Bedingungsrahmen ist selber nicht ohne Freiräume, Nischen, in denen die didaktische Phantasie der Lehrer sich mit der spielerischen Phantasie der Kinder verbinden könnte.

Die Einsicht der Erwachsenen, die den kindlichen Lebens- und Lernbedürfnissen angemessene Welt nicht ohne Mitwirkung der Kinder einrichten zu können, müßte solche Vorhaben verbieten, bei denen die Kinder mit einer fix und fertig eingerichteten Lernumwelt konfrontiert werden. Der gemeinsame und allmähliche Ausbau eines Klassenraumes bezeichnet die Konkretion des gemeinsamen Planungsprozesses.

Fassen wir zusammen:

Letzten Endes sind die Schülerinteressen ebenso wie die Wahrnehmung der Lehrerrolle durch ihre Funktion als Instrumente definiert, die ihnen im Prozeß der an die Erfahrung gebundenen Lernarbeit zuwächst. Die Aufgabe ist, die Alltagserfahrungen der Menschen zum Gegenstand eines lebenslangen Lernprozesses zu machen, damit die unsere Verhältnisse kennzeichnende Entfremdung überwunden und jene Idee realisiert werde, die seit alter Zeit als Demokratie bezeichnet wird, ohne je anders als in kurz aufleuchtenden Szenen wirklich gewesen zu sein. Die Schule als Institution kann ein Instrument solchen Lernens werden.

Sachunterricht, das habe ich zu zeigen versucht, kann ein Kernbereich solchen Lernens werden, wenn es gelingt, die Alltagserfahrungen der Kinder mit den aktuellen gesellschaftlichen Problemen durch handelnde Auseinandersetzung zu vermitteln. Solche Projekte sind an die jeweilige Situation gebunden, in der die Lehrerin / der Lehrer eine entscheidende Rolle spielt.

5. Bedingungen des Handlungslernens im Schnittfeld von individuellen Erfahrungen ...

Während es auf der Grundlage unseres erfahrungspädagogischen Entwurfes nicht möglich ist, Handlungsanweisungen zur Exekution durch die Unterrichtspraktiker zu geben — das wäre kein erfahrungsbezogener, sondern ein technokratischer Ansatz —, weist der vorliegende Entwurf einer Didaktik die Erfordernis nach, daß die Sache im Raum praktischen Handelns je aufs Neue angemessen konstituiert werden muß. Theorie kann immer nur die Schau der Zusammenhänge bieten, aber Praxis gewinnt die Realität.

Die Rekonstruktion des Sachunterrichts im Sinne des Erfahrungsbezuges ist auf das Einverständnis der Praktiker angewiesen.

Literaturverzeichnis

1. *Adorno, Th.:* Erziehung zur Mündigkeit. Frankfurt/M., 6. Aufl. 1979.
2. *Allgemeiner Deutscher Automobilclub* (Hrsg.): Analyse der Unfälle von Kindern und Jugendlichen. Entwicklung im Bundesgebiet 1969—1977. München 1980.
3. *Apel, H.-J.:* Theorie der Schule in einer demokratischen Industriegesellschaft. Rekonstruktion des Zusammenhangs von Erziehung, Gesellschaft und Politik bei John Dewey. Düsseldorf 1974.
4. *Bennet, N.:* Teaching Styles and Pupil Progress. London 1976.
5. *Bernfeld, S.:* Sisyphos oder die Grenzen des Erziehers. Frankfurt/M. 1973.
6. *Bertaux, P.:* Hat das Ungeheuer von Kraft sich selbst vergiftet? In: „Die Zeit", 27. April 1979.
7. *Bloch, E.:* Das Prinzip Hoffnung. 3 Bde. Frankfurt/M. 1959.
8. *ders.:* Spuren. Frankfurt/M. 1969.
9. *ders.:* Abschied von der Utopie? Frankfurt/M. 1980.
10. *Bohnsack, F.:* Erziehung zur Demokratie. John Deweys Pädagogik und ihre Bedeutung für die Reform unserer Schule. Ravensburg 1976.
11. *Bollnow, O. F.:* Was ist Erfahrung? In: *R. E. Vente* (Hrsg.): Erfahrung und Erfahrungswissenschaft. Stuttgart 1974.
12. *Brecht, B.:* Flüchtlingsgespräche. (Gesamtausgabe) Frankfurt/M. 1976.
13. *Brück, H.:* Die Angst des Lehrers vor seinem Schüler. Reinbek b. H. 1978.
14. *Bruner, J.:* Toward a Theory of Instruction. Cambridge, Mass. 1970.
15. *ders.:* Der Prozeß der Erziehung. Berlin, Düsseldorf 1970.
16. *Buber, M.:* Die Schriften über das dialogische Prinzip. Heidelberg 1954.
17. *ders.:* Reden über Erziehung. Heidelberg 1960.
18. *Burk, K.:* Kinderschule oder Vorschule der Wissenschaften? Frankfurt/M. 1976.
19. *Burk, K., Haarmann, D.* (Hrsg.): Wie viele Ecken hat unsere Schule? 2 Bde., Frankfurt/M. 1980.
20. *Canetti, E.:* Die gerettete Zunge. Geschichte einer Jugend. München, Wien 1977.
21. *ders.:* Masse und Macht. Frankfurt/M. 1980 (ursprgl. Düsseldorf 1960).
22. *Club of Rome* (Hrsg.): Das menschliche Dilemma. Zukunft und Lernen. Wien u. a. 1979.
23. *Cohn, R.:* Von der Psychoanalyse zur Themenzentrierten Interaktion. Stuttgart 1976.
24. *Coleman, J. S.:* Youth in Man-made Environments. In: „character", April 1980.
25. *Combe, A.:* Kritik der Lehrerrolle. München 1971.
26. *Council on Environmental Quality* (Hrsg.): Global 2000. Der Bericht an den Präsidenten. Frankfurt/M. 1980.
27. *Cropley, A.:* Gastarbeiterkinder in der Bundesrepublik. Kinder zwischen zwei Welten. Ravensburg 1980.
28. *Curriculum Development Associates:* Man — A Course of Study. Washington D. C. 1968.
29. *Dahlmüller, G.* u. a.: Politische Fernsehfibel. Reinbek b. H. 1974.
30. *Debord, G.:* Gesellschaft des Spektakels. Hamburg 1978.
31. *Delessert, E.:* Dann fiel der Maus ein Stein auf den Kopf. Seelge 1972.
32. *Dewey, J.:* Demokratie und Erziehung. Braunschweig, 3. Aufl. 1964.
33. *ders.:* Experience and Nature. New York 1929.
34. *ders.:* Art as Experience. New York 1934.
35. *ders.:* Erfahrung und Erziehung. In: Dewey, Psychologische Grundfragen der Erziehung. München, Basel 1974.
36. *ders.:* A Common Faith. New Haven, Conn., 10th pr. 1950.
36a. *ders.:* Educational Essays. London 1910.
37. *Dillard, A.:* Pilgrim at Tinker Creek. Toronto, New York, London 1974.
38. *Dubos, R.:* The Wooing of Earth. New York 1980.
39. *Ende, M.:* Momo. Stuttgart 1973.
40. *Erikson, E.:* Identität und Lebenszyklus. Frankfurt/M. 1966.
41. *ders.:* Dimensionen einer neuen Identität. Frankfurt/M. 1975.
42. *Faraday, M.:* Die Naturgeschichte einer Kerze. Bad Salzdetfurth 1979.
43. *F., Christiane:* Wir Kinder vom Bahnhof Zoo. Reinbek b. H., 12. Aufl. 1980.
44. *Freeman, J.:* Twenty-five Nine-Year-Olds make a Film. In: „Phi Delta Kappan", Nov. 1979.

45. *Freinet, C.:* Die moderne französische Schule. Paderborn, 2. Aufl. 1980.
46. *ders.:* Der freie Text. In: *C. Koitka* (Hrsg.), Freinet-Pädagogik. Berlin 1977.
47. *Freud, S.:* Traumdeutung. 2 Bde., Frankfurt/M. (Tb.) 1967.
47a. *Fürstenau, P.:* Zur Psychoanalyse der Schule als Institution. In: Zur Theorie der Schule. Weinheim und Basel 1972.
48. *Giel, K.:* Perspektiven des Sachunterrichts. In: *Giel, Hiller, Krämer:* Stücke zu einem mehrperspektivischen Unterricht. I. Stuttgart 1974.
49. *Garlichs, A., Groddeck, N.:* Erfahrungsoffener Unterricht. Freiburg i. B. 1978.
50. *Fromm, E.:* Ihr werdet sein wie Gott. Reinbek b. H. 1980 (Tb.).
51. *ders.:* Die Kunst des Liebens. Frankfurt/M. 1979.
52. *ders.:* Haben oder Sein. Stuttgart 1976.
53. *Gorz, A.:* Ökologie und Politik. Reinbek b. H. 1978.
54. *Grisebach, E.:* Die Grenzen des Erziehers und seine Verantwortung. Halle/Saale 1924.
55. *Habermas, J.:* Die Moderne — ein unvollendetes Projekt. In: „Die Zeit", 19. 9. 1980.
56. *Hänsel, D.:* Der heimliche Lehrplan des Grundschullehrers. In: *T. Knauf* (Hrsg.), Handlungsorientiertes Lernen in der Grundschule. Bensheim 1979.
57. *Heck, I.:* Ökologische Denkweise als didaktische Dimension und schulische Aufgabe. Darmstadt 1976.
58. *Heisenberg, W.:* Das Naturbild der heutigen Physik. Reinbek b. H. 1958.
59. *ders.:* Der Teil und das Ganze. München 1972.
60. *Hentig, H. v.:* Schule als Erfahrungsraum? Stuttgart 1973.
61. *ders.:* Lebenserinnerungen des Moses Maimon. In: „Neue Rundschau", Sept./Okt. 1979.
62. *Henry, J.:* Der erlebte Alptraum. Lernziel Entfremdung. In: *J. Zinnecker* (Hrsg.), Der heimliche Lehrplan. Weinheim 1975.
63. *Herr, M.:* Dispatches (An die Hölle verraten). München 1978.
64. *Her Majesty's Stationary Office:* Keeping Animals in Schools. London o. J.
65. *Hofmann, F.:* Erziehungsweisheit. Paedagogia. Pädagogik. Berlin (Ost) 1976.
66. *Höcker, G.:* Inhalte des Sachunterrichts im 4. Schuljahr. Eine kritische Analyse. In: „Die Grundschule. Beiheft zu Westermanns Pädagogische Beiträge" 3/1968.
67. *Höllerer, W.:* Wir wollen keine Zombies sein. Extrablatt aus dem Dreißigjährigen Frieden. In: „Die Zeit", 27. 6. 1980.
68. *Huchel, P.:* Die Magd. In: *C. Hohoff* (Hrsg.), Flügel der Zeit. Deutsche Gedichte 1900 bis 1950. Frankfurt/M. 1956.
69. *Huisken, F.:* Zur Kritik bürgerlicher Didaktik und Bildungsökonomie. München 1972.
70. *Humboldt, W. v.:* Schriften (hrsg. v. d. Berliner Akademie d. Wiss.) 1903 ff.
71. *Hilpert-Mattstedt, I.:* Lernen und Leben im Klassenzimmer. In: *T. Knauff* (Hrsg.), Handlungsorientiertes Lernen in der Grundschule. Bensheim 1979.
72. *Imhof, M.:* Selbsterfahrung in der Schule. München 1978.
72a. *Jackson, P.:* Einübung in eine bürokratische Gesellschaft. Zur Funktion der sozialen Verkehrsformen im Klassenzimmer. In: *J. Zinnecker* (Hrsg.), Der heimliche Lehrplan. Weinheim und Basel 1975.
73. *Jaspers, K.:* Wahrheit und Wissenschaft. München 1960.
74. *Junge, F.:* Der Dorfteich als Lebensgemeinschaft. Kiel 1885.
75. *Kant, I.:* Erneuerte Frage: Ob das menschliche Geschlecht im beständigen Fortschreiten zum Besseren sei? In: Von den Träumen der Vernunft. Leipzig und Weimar 1979.
76. *Kasper, H.* (Hrsg.): Vom Klassenzimmer zur Lernumgebung. Ulm 1979.
77. *Klafki, W.:* Studien zur Bildungstheorie und Didaktik. Weinheim 1963.
78. *Koch, F.:* Gegenaufklärung. Zur Kritik restaurativer Tendenzen in der Gegenwartspädagogik. Bensheim 1979.
79. *Köhler, B., Schreier, H.:* Sachunterricht — Natur. München 1981.
80. *Koroljow, F. F., Gmurman, W. J.:* Allgemeine Grundlagen der marxistischen Pädagogik. Pullach b. M 1973.
81. *Kuhn, T. S.:* Die Struktur wissenschaftlicher Revolutionen. Frankfurt/M. 1967.
82. *Laing, R.:* Phänomenologie der Erfahrung. Frankfurt/M. 1969.
83. *Lamar, D. L., Merifield, P. M.:* Cambrian Fossils and Origin of the Earth-Moon-System. In: „Bulletin of the Geological Society of America", No. 78, 1967.
84. *Lampe, K.:* Geschichte in der Grundschule. Kronberg i. T. 1976.
85. *Lange, G.:* Ich war Marinelli. Nachwort zu „Der Alligator im Swimmingpool". Wilhelmschule, Kassel 1979.
86. *Leiris, M.:* Die eigene und die fremde Kultur. Frankfurt/M. 1977.
87. *Lessing, D.:* SHIKASTA. London 1979.
88. *Lessing, G. E.:* Die Erziehung des Menschengeschlechts und andere Schriften. Stuttgart (Reclam) 1976.
89. *Lenzen, K. D.:* Kinderkultur — die sanfte Anpassung. Frankfurt/M. 1978.

90. *Lodemann, J.:* Soziale Droge Fernsehen. In: „Die Zeit", 7. 3. 1980.
91. *Lovins, A.:* Sanfte Energie. Reinbek b. H. 1979.
92. *Mead, G. H.:* Geist, Identität und Gesellschaft. Frankfurt/M. 1968.
93. *ders.:* Movements of Thought in the Nineteenth Century. Chicago 1936.
94. *Michels, V.* (Hrsg.): Unterbrochene Schulstunde. Frankfurt/M. 1977.
95. *Miller, H.:* Wendekreis des Steinbocks. Reinbek b. H. 1953.
96. *Mislin, A.:* Wie der Text eines Dichters den Ausdruck eines Kindes beeinflussen kann. In: „Fragen und Versuche", 4/1978.
97. *Mittelstrass, J.:* Konvergente Bedingungen neuzeitlicher Erfahrungsbegriffe. In: R. E. Vente (Hrsg.), Erfahrung und Erfahrungswissenschaft. Stuttgart 1974.
98. *Mitscherlich, A.:* Die Unwirtlichkeit unserer Städte. Anstiftung zum Unfrieden. Frankfurt/M. 1965.
99. *Moschnitzka, U.:* Schreib-Zeit. Freie Texte im 1. und 2. Schuljahr. In: „Fragen und Versuche", Dezember 1980.
100. *Müller, H.:* Affirmative Erziehung. Heimat- und Sachkunde In: J. Beck u. a.: Erziehung in der Klassengesellschaft. Einführung in die Soziologie der Erziehung. München 1970.
101. *Mumford, L.:* Mythos der Maschine. Frankfurt/M. 1977.
102. *Munz, R.:* Der Specht — ein Rindenspezialist. In: „Die Scholle", Mai 1979.
103. *Nolte, J.:* Sterben für Bonn? In: „Zeit-Magazin", 22. 2. 1980.
104. *Packard, V.:* Die ruhelose Gesellschaft.
105. *Peccei, A.* (Hrsg.): Das menschliche Dilemma. Zukunft und Lernen. Wien 1979.
106. *Petersen, P.* (Hrsg.): Der Projektplan. Weimar 1935.
107. *Pfeiffer, R.:* Die Stockente. Ein Beispiel für die Anpassung eines Wasservogels an seinen Lebensraum. In: Pädagogisches Zentrum (Hrsg.), Planungsbeispiele für den Sachunterricht. Berlin 1973.
108. *Phillipps, J.:* Höhle, Damm und Fluß. In: *H. Schreier* (Hrsg.), Sachunterricht — Vorschläge und Beispiele. Paderborn 1981.
109. *Piaget, J.:* Theorien und Methoden der modernen Erziehung. Frankfurt/M. 1974.
110. *ders.:* Das Recht auf Erziehung. München 1975.
111. *ders.:* Das Weltbild des Kindes. Frankfurt, Berlin, Wien 1980.
112. *Popper, K. R.:* Die offene Gesellschaft und ihre Feinde. 2 Bde. Bern, München 1957 f.
113. *Postman, N.:* Teaching as a Conserving Acitivity. New York 1979.
114. *Portmann, A.:* An den Grenzen des Wissens. Frankfurt/M. 1976.
115. *Prange, K.:* Pädagogik als Erfahrungsprozeß. 2 Bde. Stuttgart 1978 und 1979.
116. *Pukies, J.:* Das Verstehen der Naturwissenschaften. Braunschweig 1979.
117. *Richter, H. E.:* Eltern, Kind und Neurose. Reinbek b. H. 1974.
118. *Rogers, C.:* Lernen in Freiheit. München 1974.
119. *ders.:* Marriage and its Alternatives. Dt.: Partnerschule. München 1975.
120. *Roth, P.:* Writing American Fiction. In: *Roth*, Reading Myself and Others. London 1977.
121. *Santucci, L.:* Das Kind, sein Mythos und sein Märchen. Hannover 1964.
122. *Sattler, K. O.:* Leben in der Wohnmaschine. In: „Frankfurter Rundschau", 18. 10. 1980.
123. *Schäffer, B.:* Erfahrung als Grundlage politischen und sozialen Lernens. In: *Preuss-Lausitz* u. a., Fachunterricht und politisches Lernen. Weinheim, Basel 1976.
124. *Schreier, H.:* Sachunterricht — Themen und Tendenzen, Paderborn 1979.
125. *ders.:* Eine Kerze für Michael Faraday. In: „Grundschule", März 1980.
126. *ders., Vollmers, E.:* Mein Schulweg — unser Schulweg. In: „Grundschule", Dez. 1980.
127. *Schottmeyer, G., Schaack, E., Herrmann, P.:* Der Bauspielplatz. Freizeitpädagogik und Freizeitareale in Dänemark. In: dies., Abenteuerspielplätze. Ein Plädoyer für wilde Spiele. Düsseldorf und Wien 1972.
128. *Schulte, S.:* Meine Erfahrungen mit dem Thema „Dritte Welt" in der Schule. In „Grundschule", Dez. 1979.
129. *Schulz, W.:* Unterrichtsplanung. München 1980.
130. *Schumacher, E. F.:* Die Rückkehr zum menschlichen Maß. Reinbek b. H. 1977.
130a. *Seymoor, J.:* Leben auf dem Lande. Ravensburg 1979.
131. *Sharan, S., Sharan, Y.:* Gruppenzentrierter Unterricht. Stuttgart 1976.
132. *Snyders, G.:* Die große Wende in der Pädagogik. Paderborn 1971.
133. *Sontag. S.:* Über Photographie. München 1978.
134. *Soostmeier, M., Gramm, A., Rappinger, E., Haupt, W.:* Wir richten ein Aquarium ein. In: „Sachunterricht und Mathematik in der Primarstufe", Juli 1980.
135. *Spranger, E.:* Vom Bildungswert der Heimatkunde. Stuttgart (Reclam) 1953.
136. *Tütken, H.:* Einleitende Bemerkungen zu den „neuen" naturwissenschaftlichen Elementarschulcurricula in den USA. In: *H. Tütken, K., Spreckelsen* (Hrsg.), Naturwissenschaftlicher Unterricht in der Grundschule. Band 1, Zielsetzung und Struktur des Curriculum. Frankfurt, Berlin, München, 2. Auf. 1971.

137. *Thelen, H. A.:* Education and the Human Quest. New York 1960.
138. *Tyndall, J.:* Faraday und seine Entdeckungen. Braunschweig 1870.
139. *Urban, D.:* Wirklichkeit und Tendenz. Essen 1970.
140. *Vester, F.:* Das faule Ei des Kolumbus. Ein Energiebilderbuch von F. V. Studiengruppe für Biologie und Umwelt. München 1978.
141. *Vollmers, E.:* Schultagebuch und Gruppengespräch. In: *H. Schreier* (Hrsg.), Sachunterricht — Vorschläge und Beispiele. Paderborn 1981.
142. *Wagenschein, M.:* Ursprüngliches Verstehen und exaktes Denken. 2 Bde. Stuttgart 1965 und 1970.
143. *ders.:* Verstehen lehren. Weinheim und Basel, 6. Aufl. 1977.
144. *Wagenschein, M., Banholzer, H., Thiel, G.:* Kinder auf dem Wege zur Physik. Stuttgart 1973.
145. *Ward. C.:* Das Kind in der Stadt. Frankfurt/M. 1978.
146. *Wieland, D.:* Bauen und Bewahren auf dem Lande. In: Deutsches Nationalkommitee für Denkmalschutz (Hrsg.), Bauen und Bewahren auf dem Lande. Bonn 1978.
147. *Whitehead, A. N.:* Adventures of Ideas. Dt.: Abenteuer der Ideen. Frankfurt/M. 1971.
148. *Wocke, M. F.:* Heimat- und Erdkunde. Hannover, 7. Aufl. 1968.
149. Richtlinien und Lehrpläne für die Grundschule in Nordrhein-Westfalen. Sachunterricht. Ratingen, Kastellaun, Düsseldorf (1973). BI III.